Zimbabwe – Zambia – Botswana

Regionalführer

Viktoriafälle und Umgebung

Victoria Falls, Hwange Nationalpark,
Livingstone (Zambia) und Chobe Nationalpark (Botswana)

Ilona Hupe Verlag
München

„Reisen veredelt den Geist und räumt mit unseren Vorurteilen auf"
von Oscar Wilde

Wissenswertes über die Viktoriafälle

Geschichte

Landeskunde

Zur Einstimmung

Besuch der Viktoriafälle

Ausflug nach Zambia

Ausflug nach Botswana

Hwange Nationalpark (Zimbabwe)

Reisevorbereitung

Landkarten und Ortspläne

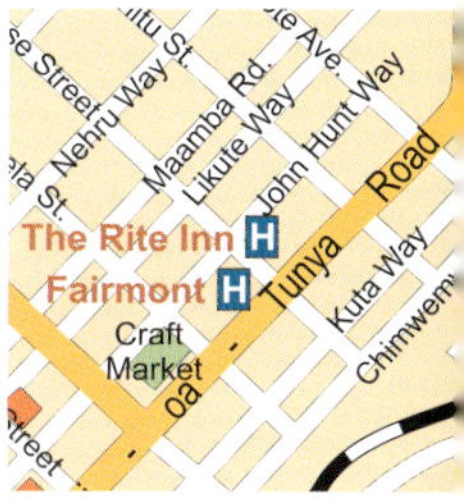

Oben: Weltweit gehören rund 20 % aller Käfer zur Familie der Curculionidae. Die Wissenschaft geht von mindestens 40 000 bis 60 000 verschiedenen Arten aus. Damit gelten die Rüsselkäfer als artenreichste Tierfamilie der Welt.

Liebe Leser und Afrikafreunde,

Danke, dass Sie unseren Reiseführer ausgewählt haben.

Zimbabwe strudelte vor 16 Jahren vom Brotkorb Afrikas und einem der charmantesten Reiseziele der Region zum krisengebeutelten Armenhaus. Wirtschaftliche Not, eine zusammenbrechende Infrastruktur und die instabile Rechtslage verschreckten in wenigen Jahren all die Touristen, die bis dahin begeistert in dieses schöne und herzliche Land gereist waren.

Positive Entwicklungsansätze seit 2009 ließen den Tourismus wie ein zartes Pflänzchen wieder anwachsen. Wir hatten Zimbabwe auch in den Krisenjahren zuvor regelmäßig besucht und Dank der Verbesserungen im Frühjahr 2010 erstmals diesen Regionalreiseführer für die "Viktoriafälle und Umgebung" veröffentlicht.

Und die vorsichtig positive Entwicklung hält an. Seit Sommer 2012 erscheint auch wieder „Reisen in Zimbabwe", der lange erwartete Reiseführer für ganz Zimbabwe. Und hiermit veröffentlichen wir nun bereits die dritte Auflage dieses Regionalführers für die touristische Region der Viktoriafälle.

Zimbabwe, das wir in seinen unbeschwerten Zeiten so intensiv kennen lernen durften, hat sich tief in unsere Herzen gebrannt. Das Land hat spektakuläre Naturschönheiten und eine ausgesprochen liebenswerte Bevölkerung. Selbst in den trübsten Jahren der Krise blieb die Randregion an den Viktoriafällen stets sicher und bereisbar. Der Mangel an Industrie und Landwirtschaft, der dieses Gebiet früh zu einer reinen Touristenhochburg werden ließ, kommt ihm dabei entgegen. Es ist beeindruckend, mit welchem kollektiven Engagement und mit welch' großer Hoffnung die Menschen – egal welcher Hautfarbe – den Wiederaufbau betreiben. Wer heute in Victoria Falls urlaubt, wird von der Notlage und den Fehlentwicklungen im restlichen Land kaum etwas ahnen. Die Naturschönheiten begeistern unverändert. Die touristische Infrastruktur ist erstaunlich gut und vielseitig, und von Jahr zu Jahr kehren mehr Besucher aus aller Welt zurück. Und sie werden mit großer Gastfreundschaft empfangen. Auch der Hwange Nationalpark, für Kenner einer der angenehmsten im Südlichen Afrika, bietet Naturfreunden wieder glückliche Safarierlebnisse.

Da ein überwiegender Teil der Reisenden per Flug nach Victoria Falls gelangt und in der Region mehrere Tage verbringt, integriert dieser Regionalführer alle umliegenden Sehenswürdigkeiten, die vor Ort für Tages- und Kurzausflüge angeboten werden: Zambias Seite der Viktoriafälle, Botswanas Safari-Hochburg am Chobe River und den weitläufigen Hwange Nationalpark.

Alle Angaben und Informationen wurden mit größt möglicher Sorgfalt zusammengetragen und recherchiert. Preise ändern sich jedoch in ganz Afrika schnell und ohne Vorankündigung; für Zimbabwe gilt das im Augenblick ganz besonders. Daher mag das Eine oder Andere vielleicht schon wieder verändert sein, ehe dieses Buch überhaupt gedruckt wurde.

Bitte schreiben Sie uns, wenn Ihnen Veränderungen auffallen. Ihre positive Beurteilung bestärkt uns in unserer Arbeit. Ihre Anregungen oder Kritik sind für uns eine wertvolle Hilfe, damit der Reiseführer weiterhin aktuell und leserfreundlich bleibt.

Dieser Regionalführer beinhaltet keine politische Bewertung Zimbabwes. Es ist nicht mehr und nicht weniger als eine aktuelle touristische Bestandsaufnahme für die interessante Region an den Viktoriafällen und den Hwange Nationalpark.

Wir wünschen Ihnen viel Spaß beim Lesen und Reisen!

Ilona Hupe und Manfred Vachal, im Januar 2017

Geschichtlicher Überblick

Die Besiedlung des heutigen Staates Zimbabwe reicht nachweislich bis in das Paläolithikum (50 000 bis 20 000 v. Chr.) zurück. Seit ungefähr 10 000 v. Chr. haben umherstreifende Jäger und Sammler Werkzeuge aus Knochen und Steinen verwendet und erste Felsbildmalereien der Nachwelt hinterlassen. Ein deutlicher Entwicklungsschub passierte rund 300 Jahre vor unserer Zeitrechnung mit der Zuwanderung von Bantu-Volksgruppen aus dem nördlichen Zentralafrika. Die Neuankömmlinge waren den Ureinwohnern überlegen, denn sie besaßen landwirtschaftliche und handwerkliche Kenntnisse und organisierten sich in größeren Verbänden. Rasch besiedelten sie das fruchtbare Hochland und drängten die Ureinwohner in unwirtliche Gegenden, wie die Kalahari, ab. Nun entstanden Dörfer, in denen Ziegen und Schafe gehalten, Wanderhackbau (Hirse und Sorghum) betrieben und Eisen verarbeitet wurde.

Im 5. Jh. setzte ein wenig Goldhandel mit der Ostküste Afrikas ein; 400 Jahre später bestand bereits ein reger Handel mit Indien und dem Fernen Osten, der über arabische Handelsschiffe abgewickelt wurde. Gold und Elfenbein wurden gegen feine Stoffe und Perlen getauscht. In dieser Entwicklungsphase erfuhr das Rind eine Aufwertung zum Symbol für Wohlstand und Macht. Das sich nun entwickelnde individuelle Bestreben, größtmöglichen Viehbestand zu erwirtschaften, lebt bis heute fort.

Zum Ende des ersten Jahrtausends hatten die Menschen im zimbabwischen Hochland eine Zivilisationsstufe erreicht, die den Vergleich mit dem damaligen Mitteleuropa kaum zu scheuen brauchte. Die Landwirtschaft war gut entwickelt und ertragreich, und der Goldabbau sicherte den Handel mit fernen Zivilisationen und wurde bereits über gut erschlossene Handelswege zu den Küstenstädten abgewickelt. Auf diesem günstigen Nährboden sollten sich bald blühende Kultur- und Machtzentren entwickeln.

Great Zimbabwe und andere Großreiche

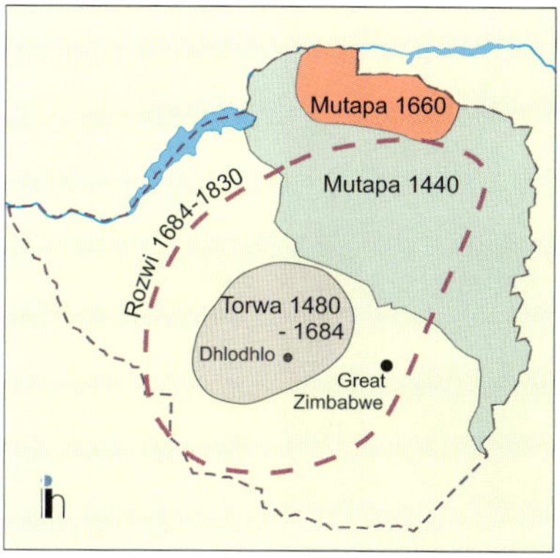

Die berühmteste Hochkultur im ganzen südlichen Afrika sollte dem modernen Staat einmal seinen Namen geben. Dank der Handelsrouten zwischen den Gold-Produktionszentren im Westen und den Handelsstädten an der Ostküste gelangten die Kalanga-Shona-Ansiedlungen im zentralen Hochland, nahe der heutigen Stadt Masvingo, zu großem Wohlstand. Etwa ab 1100 n. Chr. begannen sie mit der Befestigung ihrer Wohnsiedlungen aus Steinen (Dzimba Dza Mabwe heißt Steinhäuser). Die größte der steinernen Anlagen, heute als die Ruinen von Great Zimbabwe bekannt, war der Wohnsitz des Königs und der Oberschicht. Zugleich befand sich dort ein religiöses Zentrum, in dem zu Spitzenzeiten bis zu 17 000 Menschen lebten. Damit war Great Zimbabwe seinerzeit die größte Stadt südlich der Sahara. Während seiner Blütezeit vom 13. bis frühen 15. Jh. beherrschte das Großreich Zimbabwe den gesamten Gold- und Elfenbeinhandel der Region. Ton- und Porzellangefäße sowie Perlen aus Indien und China belegen den wirtschaftlichen Reichtum, kunstvoll bearbeitete Plastiken und mythische Tierfiguren dokumentieren eindrucksvoll die kulturelle Entwicklung jener Epoche.

Der Niedergang des Reiches setzte plötzlich ab 1450 n. Chr. ein, und im 16. Jh. wurde das Zentrum schließlich endgültig verlassen. Das Land spaltete sich nun in zwei Lager. Das Kernreich im Zentrum und Nordosten wurde vom Mutapa- bzw. Monomatapa-Reich absorbiert, während sich im Westen das Torwa-Reich (auch Khami Empire und Königreich von Butwa genannt) etablierte. Beide Staaten standen fortan für Jahrhunderte in Konflikt. Stets gründete sich der Reichtum eines Großreichs auf der Macht über den Goldhandel und es wurde traditionell in riesige Viehbestände investiert. Dies war zugleich der wunde Punkt aller Großreiche, denn aufstrebende Dynastien erschütterten deren Machtstellung mit Überfällen auf die Viehbestände. Mit dieser Taktik und durch den Einfluss der Portugiesen, die im 16. Jh. die mosambikanische Küste besetzten, gelangten die Changamire an die Macht und schufen das Rozwi-Reich. Es bestand zwischen 1684 und 1838.

Oben: Ein typisches Mauerwerk aus der Zimbabwe-Epoche

Nach dem Tod Mzilikazis 1868 regierte sein Sohn Lobengula (Bild oben) und pflegte zunächst freundschaftliche Kontakte zu den Europäern, die als Jäger, Händler oder Missionare vereinzelt sein Reich besuchten

Info Eine Biografie von Cecil Rhodes finden Sie auf S. 14

Unten: Ein restaurierter Ochsenkarren aus der Zeit der Frühkolonisation in Rhodesien

An der Südspitze Afrikas breiteten sich die Buren aus, eroberten das Land der Zulus und lösten dort Erbfolgekriege aus. Unter Shaka Zulu überzog die militärisch straff geführte Zulu-Armee das Land mit Plünderungen, Krieg und Chaos. Vor diesem verheerenden Krieg flohen immer mehr Menschen nach Norden und Westen. Unterwegs formierten sie sich zu neuen Einheiten, die Krieg und Plünderung weitertrugen. Auf diese Weise entstanden neue Volksarmeen, die in den nächsten Jahrzehnten über die Shona im Rozwi-Reich hinwegfegten. Zu ihren ersten Opfern zählten ab 1820 die Manyika-Shona im östlichen Bergland. Sie wurden unter der Führung von Soshangane von Sotho-Ngoni-Soldaten unterworfen und 1831 in den neu gegründeten Gaza-Staat eingebunden. Im westlichen Hochland gab es gleich mehrere Invasionswellen. In den 30er Jahren des 19. Jh. wurde das Rozwi-Reich viermal von nordwärts ziehenden Ngoni- und Sothogruppen unter den Herrschern Zwangendaba und Nxaba überrannt und geplündert, konnte die Einfälle aber letztlich überstehen und sein Staatsgefüge behaupten. Erst der Einfall der Ndebele unter König Mzilikazi stürzte die Rozwi-Dynastie 1838/39 endgültig. Die Ndebele ließen sich daraufhin im westlichen Hochland nieder.

Die Europäer greifen nach dem Land

Doch dann begannen die Europäer, Afrika unter sich aufzuteilen. Cecil Rhodes, ein Self-Made-Mann und Millionär mit imperialistischen Ideen, wurde 1884 zum Finanzminister der britischen Kapkolonie ernannt. Wenig später erklärte Großbritannien die unabhängigen Batswanastaaten zum Britischen Protektorat. Dann sandte Rhodes Unterhändler an den Hof Lobengulas, die den Analphabeten zur Unterzeichnung eines folgenschweren Vertrags überredeten, der faktisch den mächtigen Ndebelestaat und die ihm tributpflichtigen Shona-Gebiete für ein Almosen an die Briten verschacherte. Ehe der Betrug publik werden konnte, ließ sich Rhodes für seine British South Africa Company (BSAC) ein königliches Privileg verleihen,

das ihm das alleinige Recht auf Ausbeutung der Gebiete zwischen Betschuanaland und den portugiesischen Besitzungen zusprach. Das Rad, das nun ins Rollen geriet, war nicht mehr aufzuhalten.

In Juni 1890 verließ eine Wagenkolonne, die sich über 2 km Länge ausdehnte, die Kapkolonie. Sie bestand aus 196 „Pionieren" in 117 Ochsenwagen, allesamt Abenteurer, die Rhodes mit großzügigen Versprechen angeworben hatte. Sie wurde begleitet von einer Handvoll Prospektoren, einer Schutzmannschaft aus 500 BSAC- und Betschuanaland-Protektoratspolizisten und 1000 Mann Fußvolk. Im September 1892 erreichte die Pionierkolonne ihr Ziel im Mashonaland und gründete die spätere Hauptstadt Salisbury (heute Harare). Wenige Monate später übernahm die BSAC die Verwaltung Mashonalands, stellte eine Streitmacht zusammen und zettelte einen Krieg gegen die Ndebele an. Der Feldzug gegen die waffentechnisch deutlich unterlegenen Ndebele führte zur vollständigen Vernichtung des Ndebelestaates mit 15 000 Opfern.

Auf britischer Seite hatten 50 Soldaten im Ndebelekrieg ihr Leben gelassen. Die weißen Siedler konnten dafür ihr Einflussgebiet, das fortan nach Cecil Rhodes „Rhodesien" heißen sollte, verdoppeln

Erster bewaffneter Volksaufstand (First Chimurenga)

Die wirtschaftliche Entwicklung verlief nun rasant. Während die afrikanische Bevölkerung durch Landraub, Zwangsarbeit, Hüttensteuer und Viehenteignungen völlig verarmte, blühte die weiße Siedlergemeinschaft auf. 1896 brachen Aufstände aus, die das Land in den Ruin zu treiben drohten und erst nach Monaten von 3000 britischen Soldaten niedergeschlagen werden konnten. Nach dem Ende des Volksaufstands förderte die BSAC eine rasche Besiedlung Rhodesiens und überschrieb Neuankömmlingen große Landflächen. Die Eisenbahn verband schon im Folgejahr Bulawayo mit den britischen Besitzungen am Kap. Tausende Siedler, Farmer und Händler zogen jetzt nach Rhodesien, die Ndebele und Shona wurden in abgelegene Reservate ausgegrenzt. 1898/1899 erwarb die BSAC die Gebiete nördlich des Sambesi (heute Sambia) und nannte ihre Kolonien Nord- und Südrhodesien. 1902 siegte Großbritannien im Burenkrieg über die niederländischen Buren. Zu dieser Zeit lebten bereits mehr als 10 000 Siedler in Rhodesien, und zwanzig Jahre später, 1930, verfügte die inzwischen auf 52 000 Siedler angestiegene weiße Bevölkerung über den größten Teil der fruchtbaren Landflächen. Zahlreiche diskriminierende Gesetze verfestigten die unterdrückte Lage der Afrikaner. Es war naheliegend, dass sich nach dem Zweiten Weltkrieg auch in dieser Kolonie der aufkeimende afrikanische Nationalismus ausbreiten würde.

Unten: Das Pongo Memorial am Shangani River gedenkt der Siedler, die beim Aufstand starben
Oben: Verwitterte Grabschrift in Fort Rixon

Cecil Rhodes, der rücksichtslose Imperialist

Der lungenkranke Londoner Jüngling Cecil Rhodes wird 1870 mit 16 Jahren nach Südafrika geschickt, wo er sich auf der Baumwollfarm seines älteren Bruders erholen soll. Gemeinsam verfallen die Brüder dort dem Goldrausch und strömen mit Zehntausend anderen Glücksrittern nach Kimberley. Ihre Claims sind ergiebig. Cecil handelt mit Lebensmitteln, Werkzeug, Büchern und spekuliert erfolgreich an der Börse. Mit 20 Jahren hat Cecil Rhodes finanziell ausgesorgt, doch treibt ihn sein Ehrgeiz zurück nach England, wo er sich mit einem Studium in Oxford den passenden Grundstock für eine politische Laufbahn erwirbt. 1881 kehrt er nach Afrika zurück und wendet sich der Politik zu. Er verursacht schon damals einige Skandale, ohne daran allerdings großen Schaden zu nehmen. So vertuscht er mit dem befreundeten Arzt Dr. Jameson die Pockenepidemie in den Diamantlagern von Kimberley, was Hunderte unnötige Opfer zur Folge hat.

1884 wird der Millionär **Finanzminister der Kapprovinz** und beherrscht ab 1887 weltweit den Diamantenhandel. Zur selben Zeit forciert er seine imperialistischen Pläne zur Ausweitung des britischen Einflussgebiets und plant eine **Bahnlinie vom Kap bis Kairo**.

Mit erschwindelten Verträgen setzt er 1888 den ersten Fuß ins Matabeleland. Ein Jahr später weitet er seinen Einfluss nach Norden aus, indem er dem Lozikönig von Barotseland Schutzverträge gegen die Ndebele aufdrängt. In Nyasaland bietet er der maroden African Lakes Company seine Unterstützung an. Dann folgt der Einmarsch der Pionierkolonne in die spätere Kolonie Rhodesien. Es gelingt ihm sogar, der britischen Krone eine „Royal Charta" abzuschwatzen, obwohl die Königin und Mitarbeiter des Auswärtigen Amtes Rhodes misstrauen. Finanziell verausgabt er sich zwar mit der Eroberung Mashonalands, dafür steht er jetzt auf dem Höhepunkt seiner Macht. Rhodes regiert über ein 1 143 000 km² großes Gebiet, fünfmal so groß wie sein Heimatland. Den Überfall auf das Matabeleland plant Rhodes von langer Hand und verkauft den Gewaltakt im heimatlichen empörten England als Akt der Notwehr. Er versteht es, die Presse für sich einzunehmen und bestimmt so die öffentliche Meinung. Nach der Vernichtung des Ndebelestaates lässt sich Cecil Rhodes als Held und Imperator feiern. Südlich und nördlich des Sambesi installiert er die BSAC-Verwaltung, riesige Gebiete werden von nun an zielstrebig zwangskolonisiert.

Doch dann wendet sich das Blatt: Vom Erfolg verwöhnt verliert er den Sinn für die Realität und heckt den abstrusen Plan aus, mit einem Blitzüberfall unter Dr. Jamesons Kommando den Burenstaat unter Paul Krüger zu annektieren. Doch diesmal entgleiten ihm die Zügel. Der Plan sickert durch, der Überfall misslingt und Dr. Jameson wird verhaftet. Der Fall ist ein **internationaler Skandal**, eine Blamage für Großbritannien und der Ruin für Cecil Rhodes, der alle politischen Ämter niederlegen muss. Als politisch geächteter Privatmann, der von der Macht und dem Schicksalspielen nicht lassen kann, engagiert er sich anschließend im Matabeleaufstand in Südrhodesien. In den Matobobergen handelt er mit den aufständischen Ndebele einen **Friedensvertrag** aus und verschafft sich dabei den Ruf eines mutigen Friedensstifters. Es ist das erste Mal in seinem Leben, dass er etwas wirklich Gutes tut. Nicht, dass er nach seinen Rückschlägen etwa geläutert wäre – sein Engagement für den Frieden deckt sich nur zufällig mit seinen Privatinteressen, denn der BSAC droht der finanzielle Ruin, je länger der Aufstand andauert. Nebenbei bereichert er sich bei den Verhandlungen geschickt und nennt anschließend in Rhodesien riesige Ländereien sein Eigen. Eine charakterliche Wendung bleibt dagegen aus und den Shona-Aufstand lässt er anschließend brutal und rücksichtslos niederschlagen.

Gesundheitlich ist Cecil Rhodes nach den turbulenten 1890er Jahren schwer angeschlagen. Geistig ist er fit und voller Elan, doch sein Körper verfällt von Tag zu Tag, und am 26. März 1902 stirbt er.

Vieles an Cecil Rhodes' Persönlichkeit bleibt unverständlich, so z. B. seine Einstellung zu Frauen. Das weibliche Geschlecht schien für ihn nie zu existieren. Niemals ließ er sich auf Affären oder Bekanntschaften ein, nur jugendliche Männer durften in seinem Haushalt arbeiten, und verheirateten Genossen blieb die Karriere bei Rhodes automatisch verwehrt. Er selbst wendete nie rohe Gewalt an und galt sogar als wehleidig, während er skrupellos Tausende Menschen seinen ehrgeizigen Zielen opferte. Er glaubte an Ehre und Moral, und verriet doch seinen engsten Freund Dr. Jameson nach dem „Jameson Raid", wie der missglückte Überfall auf den Burenstaat genannt wird. Er war einer der reichsten Männer seiner Zeit, und trotzdem schien Geld für ihn immer nur das Mittel zum Zweck zu sein. Rhodes mobilisierte die Massen, liebte es, im Rampenlicht zu stehen, und hatte zeitlebens doch nur sehr wenige Vertraute. Er betrog die Ndebele, missbrauchte ihr Vertrauen und kolonisierte sie gewaltsam, und dennoch wurde er nach seinem Tode von ihnen verehrt. Trotz all dieser negativen geschichtlichen Fakten, die heute im Zusammenhang mit Cecil Rhodes bekannt sind, wird sein Ansehen erstaunlicherweise noch immer hochgehalten.

Rechts: Sein Grab in den Matobobergen

Politisches Erwachen der schwarzen Bevölkerung

In den britischen Kolonien brodelte es. Überall forderten die Schwarzen Mitbestimmung und Gleichberechtigung. Um die Region politisch zu stabilisieren, vereinigte Großbritannien 1953 auf Drängen der weißen Siedler und gegen den Willen der Afrikaner die Kolonien Njassaland, Nord- und Südrhodesien zur Zentralafrikanischen Föderation. Die Afrikaner gründeten erste politische Parteien, die verboten wurden, und Nachfolgeparteien, die meistens auch bald wieder polizeilich verfolgt wurden. Zahlreiche politische Aktivisten wurden verhaftet, manche gingen ins Exil, andere riefen zu Boykotten auf, und die britische Regierung versuchte von London aus, das Schlimmste zu verhindern. Die Zentralafrikanische Föderation brach zum Jahreswechsel 1963/64 auseinander. Nordrhodesien und Njassaland wurden von Großbritannien in die Unabhängigkeit entlassen (als die Republiken Sambia und Malawi), Südrhodesien dagegen zur Kronkolonie zurückgestuft, denn Großbritannien forderte eine afrikanische Regierungsbeteiligung als Voraussetzung für die künftige Unabhängigkeit. Dazu waren die Weißen unter dem Einfluss radikaler Rechtskonservativer allerdings nicht bereit. Im Oktober 1965 erklärte sich die Kolonie Südrhodesien einseitig unabhängig vom britischen Mutterland. Völkerrechtlich war dies eine offene Rebellion, isolierte den Staat und führte international zu Wirtschaftssanktionen. Ein halbes Jahr später brach zudem der zweite bewaffnete Befreiungskampf (Second Chimurenga) aus.

Unten: Nach dem Zweiten Weltkrieg warb die Kolonie verstärkt um Zuwanderer aus Europa

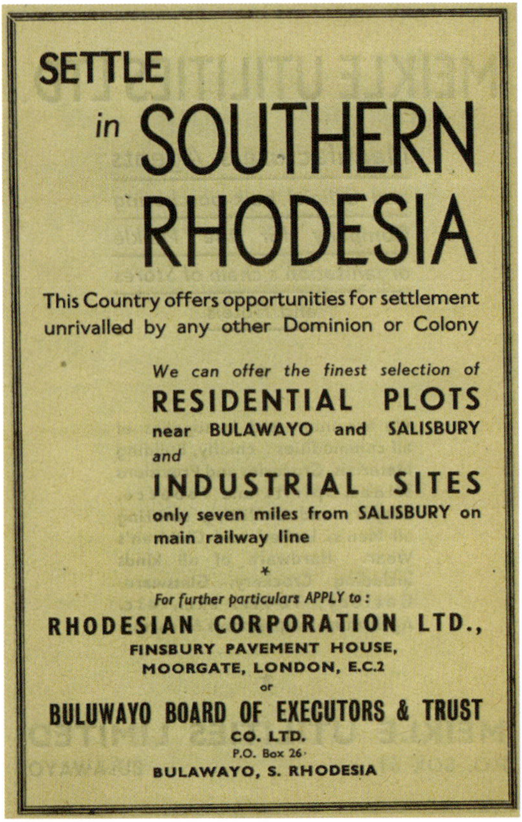

Die Jahre des Bürgerkriegs

Was mit vereinzelten Guerillaaktionen und nächtlichen Terroranschlägen in den Randgebieten der Kolonie begann, weitete sich in den 1970er Jahren kontinuierlich zum Bürgerkrieg aus, der auch die Zivilbevölkerung immer mehr involvierte. Die Aufständischen zwangen Tausende Frauen und Kinder, ihnen als Spione zur Nachrichtenübermittlung und bei der Nahrungsmittelversorgung zu dienen. Die rhodesischen Streitkräfte wiederum gingen brutal gegen vermeintliche Sympathisanten der Aufständischen vor. Am Ende kämpften 35 000 Afrikaner im Untergrund, waren Tausende Zivilisten in Lagern zwangsverschleppt und fast 150 000 Menschen auf der Flucht. Erst auf diesem Tiefpunkt gelang es 1979, in London einen Waffenstillstand und den Übergang zu freien Wahlen auszuhandeln. Diese fanden Ende Februar 1980 statt. Der überragende Sieg ging an den sozialistischen Rebellenführer und Freiheitskämpfer Robert Mugabe und seine Partei. Mit bangen Gefühlen und großen Sorgen erlebten die weißen Rhodesier im April 1980 die Ausrufung der unabhängigen Republik Zimbabwe.

Oben: Das Heldendenkmal in Harare ließ Präsident Mugabe von Nordkoreanern errichten. Es zeigt den entschlossenen Unabhängigkeitskampf gegen die weiße Herrschaft.

Unten: Das im ganzen Land verbreitete und beliebte Chibuku-Bier besteht aus Mais oder Sorghum-Hirse.

Links: Landminen, wie hier in den Eastern Highlands, sind eines der größten Übel in afrikanischen Konflikten.

Oben: Das Stadtwappen der Hauptstadt und die stolze Fahne Zimbabwes. Unten: Namengeber des jungen Staates sind die Vogelplastiken von Great Zimbabwe

Mugabe will die Macht nicht abgeben und stürzt den blühenden Staat in eine verheerende Krise

Die unabhängige Republik

Zunächst kam vieles anders, als die Weißen befürchtet hatten. Premierminister Mugabe reichte den Europäern in seinem Land die Hand zur Versöhnung. Zum Amtsantritt überraschte er alle mit den Worten: "Wenn ich Euch gestern als Feind bekämpft habe, so habt Ihr mich heute als Freund. Wenn Ihr mich gestern gehasst habt, so könnt Ihr heute nicht die Liebe ausschlagen, die Euch an mich und mich an Euch bindet." Die Schrecken während des zweiten Chimurenga sollten Vergangenheit bleiben, statt Sühne sollte eine gemeinsame Zukunft aufgebaut werden. Mugabe ernannte zwei weiße Minister für Landwirtschaft, Handel und Industrie. Die ausgehandelte Verfassung gewährte den Weißen (3% der Bevölkerung) eine ganze Reihe von Garantien, wie z. B. für sieben Jahre 20 der 100 Parlamentssitze, ehe sie durch Mehrheitsbeschluss abgewählt werden konnten. Für Verfassungsänderungen sollte eine zehnjährige Sperrminorität bestehen. Auch eine Änderung des Bodenrechts, sprich die notwendige gerechtere Verteilung von Farmland, sollte frühestens nach zehn Jahren möglich werden. Damit erhielten die weißen Farmer zunächst einen zeitlichen Aufschub.

Das Jahr 1987 brachte dann viele Veränderungen. Der politische Einfluss der weißen Rhodesier verringerte sich beträchtlich, als ihre verfassungsmäßige 7-jährige Reservierung von 20 Parlamentssitzen auslief. Mugabe änderte nun die Verfassung zu seinen Gunsten und regierte fortan autokratisch und mit eiserner Hand. Doch sein Rückhalt in der Bevölkerung sank zusehends, weil er sich mit seinem Regierungsstil immer weiter von seinem Volk entfremdete. Um einer drohenden Wahlniederlage zu entgehen, spielte der Premierminister zur Jahrtausendwende seinen größten Trumpf, die längst überfällige Landfrage, aus dem Ärmel. Er entfesselte Jugendgangs, die sich als „Kriegsveteranen" ausgaben und im ganzen Land gewaltsam weiße Farmen besetzten. Unter diesem Gewaltpotenzial begann die Zwangsenteignung des weißen Farmlands. Von ehemals 5000 Farmen blieben kaum 200 in weißen Händen, alle anderen wurden zwangsenteignet oder zerschlagen. Der Exodus der

Farmer führte zum wirtschaftlichen Zusammenbruch des einstigen „Brotkorbs" Afrikas. Soziale Unruhen waren die Folge, denen Mugabe mit drastischen Maßnahmen begegnete. Die Pressefreiheit wurde aufgekündigt, der Rechtsstaat ausgehebelt, die Opposition ausgeschaltet. Wahlen gerieten immer mehr zur Farce, international isolierte sich Mugabe, fand jedoch mit seinem anti-weißen Führungsstil auch viele Anhänger in Afrika. Oppositionsführer Morgan Tsvangirai von der MDC errang bei Wahlen trotz aller Manipulationen stetig größeren Zulauf. Unter dem Druck des Auslands und um einen drohenden Bürgerkrieg zu verhindern, rangen sich Mugabes Regierungspartei und die Oppositionspartei MDC im Februar 2009 zu einer gemeinsamen Regierungsbildung und Machtteilung durch. Die Landeswährung Zimbabwe-Dollar wurde angesichts einer Hyperinflation von zuletzt über 230 Millionen Prozent (!) im Frühjahr 2009 aus dem Verkehr gezogen. Dadurch stabilisierte sich das Wirtschaftsleben endlich, die Hyperinflation verschwand, das Warenangebot in den Geschäften verbesserte sich schlagartig und auch die Treibstoffsituation entspannte sich deutlich.

Die wackelige Koalitionsregierung hat zwar vieles erreicht, steht aber weiterhin vor immensen Schwierigkeiten. Noch in diesem Jahr stehen neue Parlamentswahlen an. Der Tourismus gilt als Hoffnungsträger für die wirtschaftliche Regenerierung. An den Viktoriafällen, dem touristischen Nadelöhr der Region, scheint das auch zu gelingen. Im August 2013 richtet Zimbabwe hier gemeinsam mit dem Nachbarland Zambia die weltgrößte Tourismusversammlung, die Generalversammlung der UNWTO, aus.

Info Im Juni 2009 geht eine Meldung durch die deutsche Presse: Zimbabwes Sportminister beklagt sich über Fußballfans, die den 430 000 Euro teuren Rasen des Nationalstadions ruinierten, indem sie Tausende Glücksbringer und Amulette, Muti genannt, dort vergrüben

Unten: Ausufernde Inflation: Die Landesbank lässt bis 2008 Inhaberschecks drucken mit Werten, die in die Billionen und Billarden Zimbabwe-Dollar gehen

Die Menschen in Zimbabwe

Die stärkste Volksgemeinschaft des Landes bilden mit 82 % die **Shona**, eine Gemeinschaft ursprünglich unabhängiger und nur lose verwandter Bantu-Kleingruppen. Die Ndebele und später auch die Briten betrachteten die Shona-Volksgruppen als kulturelle Einheit. Im Selbstverständnis der Shona bilden sie erst seit dem 20 Jh. eine kulturelle Einheit, in der weiterhin unterschiedliche Dialekte und kulturelle Besonderheiten zwischen den verschiedenen Gruppen, wie Kalanga, Korekore, Ndau und Manyika, stark ausgeprägt sind. Traditionell betreiben die Shona gemischten Ackerbau mit Viehzucht und zeichnen sich besonders durch kunsthandwerkliche und musische Begabung aus. Shona leben vor allem im zentralen Hochland und den östlichen Landesteilen.

Info Viele Ndebele haben von Geburt an ein Totem, das sie als persönlichen Schutzgeist und Familienabzeichen betrachten. Es handelt sich dabei fast immer um Tiere. Weil der Totem zugleich den Familiennamen vorgibt, haben viele Ndebele Tiernamen als Nachnamen. Häufig sind z. B. Ndluvu (Elefant), Nkala (Büffel), Shumba (Löwe), Ncube (Pavian) und Ngwenya (Krokodil). Ihr Totemtier dürfen die betroffenen Personen keinesfalls töten und essen; das wäre ein schrecklicher Tabubruch und würde viel Unheil heraufbeschwören.

Zweitgrößte Ethnie sind die **Ndebele**. Sie machen etwa 14 % der Gesamtbevölkerung des Landes aus und bevölkern seit ihrem Feldzug in den 1830er Jahren hauptsächlich die südwestlichen Landesteile, Matabeleland Nord und Süd. König Mzilikazi und seine kampferprobten Soldaten brachten aus dem Zululand moderne Kriegstechniken und Waffen mit, wodurch sie ihren neuen Nachbarn gegenüber überlegen waren. Kurz vor der Ankunft der ersten Europäer auf dem heutigen Staatsgebiet Zimbabwes hatten die Ndebele einen machtvollen, zentral regierten Staat geschaffen. Dennoch waren die Ndebele keineswegs die gottlosen, brutalen Barbaren, als die sie die ersten europäischen Berichterstatter beschrieben. Die Ausmalung von Ndebele-Greueltaten diente vielmehr der moralischen Rechtfertigung für eine rücksichtslose Kolonialpolitik.

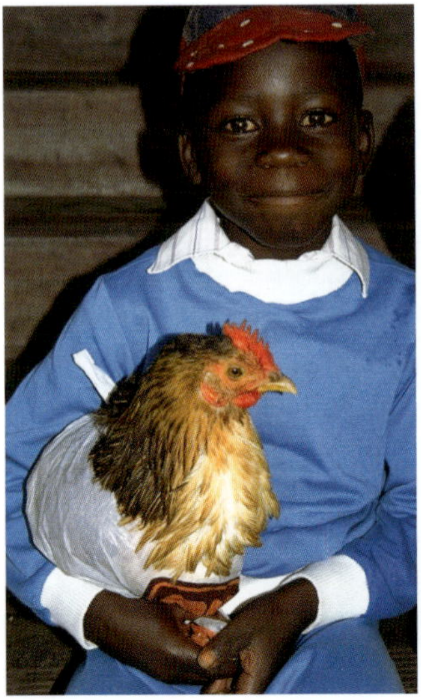

Zwei Prozent der Gesamtbevölkerung bilden **afrikanische Minderheiten** wie Tonga, Sotho, Hlengwe und Vendao, die meist in grenznahen Randgebieten siedeln. Die Tonga bilden die größte ethnische Minderheit, sie besiedeln schon seit der Eisenzeit Flussniederungen, wie den Sambesi und den Limpopo. Der Anteil der **Europäer** an der Gesamtbevölkerung sank von knapp 5 % vor der Unabhängigkeit auf unter 1 %. Drei Viertel der Europäer leben in den zentralen und östlichen Städten des Landes. Geringfügig höher fällt jeweils die Anzahl der **Farbigen** (Mischlinge aus weiß-schwarzen Beziehungen) und der **Asiaten** aus, von denen die meisten indischer Herkunft sind.

Die Tonga – ein zwangsweise umgesiedeltes Volk am Karibasee

Das kleine Volk siedelte seit Jahrhunderten im Sambesital und verstand es, in Einklang mit der Natur durch Fischfang und Jagd in dieser trockenen, unwirtlichen Region zu überleben. Ihre Kultur war voller geheimer Bräuche und Riten. Den mächtigen Sambesi mit seinen jahreszeitlichen Schwankungen verehrten sie als zentrale Lebensader. Als der Strom in den 1950er Jahren zum Karibasee gestaut wurde, reagierten die Tonga mit Unglauben. Der Aufforderung zur Umsiedlung in das trockene Hinterland widersetzten sie sich vehement. Die Regierungen von Nord- und Südrhodesien versuchten die Tonga umzustimmen, indem ihnen Schulen, Krankenhäuser und Brunnen versprochen wurden. Doch die Erkenntnis, durch den riesigen Stausee für immer von den Freunden und Verwandten am gegenüberliegenden Ufer getrennt zu werden, verstörte die Tonga. Sie weigerten sich, das Staubecken zu verlassen. Schließlich wiesen die Kolonialherren den betroffenen Dörfern am Fluss einfach neues Land zu und begannen mit der Zwangsumsiedlung von 57 000 Menschen. Die Umsiedlung verlief für die meisten Tonga traumatisch. Sie wurden mit ihrem Hab und Gut auf Lkws verladen und in das karge Hinterland verfrachtet. Verzweifelt versuchten viele, die Verbindung zu den Ahnen, die nach ihrem Glauben in den alten Bäumen am Sambesi ruhten, dadurch aufrechtzuerhalten, dass sie große Zweige dieser Bäume abhackten und in die neue Heimat mitnahmen, ehe die Bäume für immer unter dem Sambesiwasser versanken.

Bilder: Ältere Frauen rauchen noch gerne die Tonga-Pfeife; Typische Tonga-Trommeln

Kunst und Kunsthandwerk

Das Rohmaterial traditionellen Kunsthandwerks bilden natürliche, meist pflanzliche Produkte. Heutzutage werden auch moderne Abfallprodukte, wie Gummi und Draht, phantasievoll eingebunden. Traditionell arbeiten Männer mit Holz, Stein und Metall, Frauen dagegen mit Ton, Stoff und Schilf. Getöpfert wird meist noch in jahrtausendealter Tradition ohne Töpferscheibe und Brennofen. Die Korbwaren sind regional sehr unterschiedlich, zeichnen sich aber immer durch eine bemerkenswerte Stabilität aus. Als Material dienen eingeweichte und gekochte Palmgräser und Schilfrohr. Unterschiedliche Färbung erhalten die Gräser durch einen Sud aus Wurzeln, Pilzen, Blut, Kuhdung oder Lehm. Das Flechten ist eine reine Frauentätigkeit. Muster entstehen durch die Verwendung unterschiedlich gefärbter Gräser. Insbesondere die künstlerische Ausdruckskraft der Shona hat in verschiedenen Bereichen eigene Stilrichtungen hervorgebracht. Hier ist neben der Malerei vor allem die Steinbildhauerei zu nennen.

Shona-Steinskulpturen

Die moderne Steinbildhauerei der Shona wird heute zu den weltweit besten Bildhauerstilen gerechnet. Dabei existiert diese Kunstform erst seit den 1960er Jahren. 1962 eröffnete die erste Bildhauerwerkstatt in der National Gallery von Harare, vier Jahre später gründete Tom Blomefield das Künstlerdorf Tengenenge. An diesen Stätten reiften die bildhauerischen Fähigkeiten der Künstler, die zuerst mit unterschiedlichen Materialien arbeiteten, sich aber sehr bald dem Serpentin- und Granitgestein verschrieben. Das künstlerische Talent der Steinbildhauer war beachtlich; Männer wie Henry Munyaradzi, Bernard Matemera, Boira Meteki, Nicholas Mukomberanwa und die Künstlerfamilie Takawira schufen in Kürze einen ausdrucksstarken Steinkunststil, der weltweite Beachtung fand. Die Motive der Kunstwerke bilden häufig stilisierte Gesichter, verschlungene Mensch-Tier-Figuren und Fabelwesen. Immer stehen die dargestellten Figuren in einer speziellen Beziehung zueinander, oft tragen die Werke auch hintergründige Titel. Stilistisch sind alle Ausdrucksformen von naiv bis surrealistisch möglich; naturalistisch wird allerdings seltener dargestellt.

Dem Touristen begegnen Steinskulpturen in Victoria Falls quasi auf Schritt und Tritt. Mehrere Galerien und zahlreiche Anbieter auf dem offenen Straßenmarkt offerieren dem Reisenden eine umfangreiche Auswahl origineller Skulpturen in jeder Größe und Ausführung. Die Qualität ist dabei recht unterschiedlich, denn viele Trittbrettfahrer haben sich an den Ruhm der berühmten Skulpturenbildhauer angehängt und überschwemmen nun den Markt mit eher mittelmäßigen Figuren.

Klima in Victoria Falls

Monat	Jan	Feb	Mar	Apr	Mai	Jun	Jul	Aug	Sep	Okt	Nov	Dez
Temperatur ~ max	29	29	29	28	27	24	25	27	31	33	31	29
Sonnenstd.	7	8	8	9	9	9	10	10	10	8	8	6
Temperatur ~ min	18	18	17	14	10	6	6	9	13	18	18	18
Regentage	15	13	7	2	1	1	0	1	1	4	4	14

Man unterschiedet vier Jahreszeiten:

Der trockene, sonnige Winter herrscht von Ende Mai bis August. Die Tagestemperaturen erreichen angenehme 24-29° C, nachts kann die Temperatur unter 10 Grad absinken. Daran schließt sich die noch trockene, warme Jahreszeit zwischen September und November an, in der Tagestemperaturen im Oktober auf bis über 40°C ansteigen können. Im Laufe des November kündigt sich die sommerliche Regenzeit mit heftigen Gewittern und länger anhaltenden Regengüssen an. Klimatisch ist diese Jahreszeit besonders starken Temperaturschwankungen ausgesetzt, so regnet es manchmal tagelang, und bleibt anschließend auch wieder eine längere Zeit sonnig und freundlich. Die Temperaturen pendeln in dieser Zeit zwischen 17 Grad (nachts) und 28-36 Grad tagsüber, die Luftfeuchtigkeit ist hoch. Die Monate April und Mai entsprechen einem kurzen Herbst, mit wenig Regen und stetig absinkenden Temperaturen.

Klima

Die Viktoriafälle liegen auf 915 Höhenmeter in einem Gebiet mit wechselfeuchtem subtropischen Kontinentalklima. Zwischen April und September herrscht hier eine nahezu ganz regenlose Trockenperiode, die als „Südlicher Winter" bezeichnet wird und der die „Sommerliche Regenzeit" ab Oktober/November folgt. Der Südostpassat ist für die Regenfälle verantwortlich; und die Jahresniederschläge an den Viktoriafällen liegen durchschnittlich bei 650-700 mm. Das Land gilt als relativ dürreanfällig. Die Jahresdurchschnittstemperaturen liegen bei 15 ° C, die Sonnenstunden im Jahresmittel bei acht Stunden täglich.

Info In der Stadt Livingstone liegen die Tagestemperaturen durchschnittlich um 1 Grad höher als in Victoria Falls. Die sambische Stadt erhält mit 77 Regentagen im Jahr auch deutlich mehr Niederschlag als Victoria Falls mit durchschnittlich nur 63 Regentagen.

Reisezeit

Die Viktoriafälle sind im April und Mai am gewaltigsten, aber wegen der unglaublichen Gischt dann auch kaum zu sehen. Juli und August gewähren dagegen gute Sicht auf zumeist tosende Wasserfälle.

Die trockenen Monate direkt nach der Regenzeit (April/Mai bis August) eignen sich wegen der angenehmen Tagestemperaturen hervorragend für Rundreisen und Wanderungen. Safaris und Tierbeobachtungen werden allerdings zum Ende der Trockenzeit, in den heißen Monaten September bis November, immer spektakulärer. Denn die Wildtiere sammeln sich jetzt um die letzten verbliebenen Wasserlöcher und kommen auch näher an die Camps heran.

Ab November treiben die Bäume wieder und geben der ausgedörrten Landschaft frische Farbe. Die Viktoriafälle haben jetzt allerdings nur wenig Wasser. Die Regenzeit zwischen Dezember und März schränkt das Reisen in manchen Regionen ein, so schließen z. B. einige Nationalparks in dieser Zeit je nach Straßenzustand ihre Pforten. Andererseits sind Februar, März und April Monate mit geradezu atemberaubender tropischer Fülle und Pracht. Zu Ostern und Weihnachten herrscht wegen der regionalen Ferien Hochsaison.

Bilder unten: Die Viktoriafälle in unterschiedlichen Jahreszeiten

Der Sambesi

Mit 2700 km Länge ist der Sambesi der bedeutendste Strom im südlichen Afrika und der viertlängste des Kontinents. Sanft und gemächlich legt der Sambesi von seiner unscheinbaren Quelle im äußersten Nordwesten Zambias bis zu den Viktoriafällen 1440 km Strecke zurück. Als unscheinbarer Bach windet er sich von der „Lundaschwelle" im kongolesischen Grenzgebiet durch subtropische Wälder und fließt schon nach wenigen Kilometern ins westliche Nachbarland Angola. Auf seinem Weg durch das angolanische Bergland führen ihm zahlreiche Zuläufe Wasser zu, ehe er dann wieder nach Zambia zurückkehrt.

Breit strömt er nun südwärts den Barotseflutebenen im Land der Lozi entgegen. In diesen weiten Ebenen schwillt der Sambesi alljährlich bei Hochwasser zu einem gigantischen, 50 km breiten See an. Danach gelangt der Strom zu den Caprivi-Sümpfen, vereint sich dort mit dem Chobe River und strömt bis drei Kilometer vor den Viktoriafällen gemächlich in östlicher Richtung. Dann knickt er plötzlich nach Süden ab und gewinnt merklich an Geschwindigkeit. Über viele Stromschnellen rauscht er der scharfen Abbruchkante entgegen. Ohne Vorankündigung und wie ein Vorhang stürzen die Wassermassen schließlich über 100 m senkrecht in die schmale Schlucht. Brodelnd wirbelt das Wasser hoch, steigt als riesige Wolke in den Himmel und regnet als feiner Sprühregen wieder ab. Tief im schmalen Spalt sammeln sich die tosenden Wassermengen wieder. Nun zwängt sich der Sambesi mit immenser Kraft im Zickzackkurs durch steile, schmale Schluchten, erhält durch den Songwe-Zufluss neue Wassermengen und bricht im weiteren Verlauf durch die Batokaschlucht. Dabei verliert er rapide 260 Höhenmeter, während beiderseits die Felswände immer steiler und höher ragen. Er überwindet 60 Stromschnellen bis er nach 100 km das Gwembe-Valley erreicht und nach der Devil's Gorge in den aufgestauten, 5230 km² großen Karibasee mündet (der See ist zehnmal größer als der Bodensee). Die Seeoberfläche hat eine Länge von 280 km bis zur Staumauer in Kariba. Danach zwängt sich der Fluss wieder in sein natürliches Bett im mittleren Sambesital. Hier liegen legendäre Safarigebiete und die von hohen Felsen gesäumte Mupataschlucht, ehe der Fluss nach 260 Flusskilometern nach Mosambik gelangt und dem nächsten gewaltigen Stausee zuströmt, dem 2660 km² großen Cahora Bassa See. Nach 270 km liegt in Songo die Staumauer, anschließend fließt der mächtige Strom ohne weitere Hindernisse durch das heiße, trockene Tiefland dem Indischen Ozean entgegen. Das riesige Sambesidelta erreicht eine Ausdehnung von 1 330 000 km² und erstreckt sich über 120 km Küstenlinie. Diese drittgrößte Drainage Afrikas bildet einen eigenständigen Naturraum.

Die Viktoriafälle, ein Touristenmagnet

Info Der durchschnittliche Aufenthalt der Touristen beträgt nur zwei Nächte, und während dieser Zeit erwartet die Besucher ein breites Angebot zum aktiven Zeitvertreib. Professionell hat sich Victoria Falls dem Aktiv- und Unterhaltungstourismus verschrieben. Hotelanlagen, Souvenirläden, Galerien und Reiseagenturen dominieren im Ortszentrum. Bei genauerem Hinsehen entdeckt man in der Kleinstadt zahlreiche koloniale Gebäude, romantische Aussichtsplätze am Sambesiufer und eine vielfältige Tierwelt, die trotz all der Besucherströme in Victoria Falls ausharrt.

Als „Mosi-Oa-Tunya" („Donnernder Rauch") hatten die ansässigen Kololo diese gewaltigen Wasserfälle bezeichnet, ehe David Livingstone sie zu Ehren seiner Königin Viktoriafälle taufte. Die Gelehrten streiten zwar darüber, welche die größten Wasserfälle der Welt sind, und je nach Kriterium – Wassermenge, Einzelfälle, Breite oder Tiefe – kommt man auch zu unterschiedlichen Ergebnissen. Ein Superlativ gehört den Viktoriafällen aber sicher: Sie sind der breiteste einheitlich herabstürzende Wasserfall der Welt.

Die Viktoriafälle brechen jäh in eine 1688 m breite Basaltspalte mit einer maximalen Falltiefe von 108 m und sind somit doppelt so hoch wie die Niagarafälle und anderthalb Mal so breit. Neben diesen beachtenswerten Ausmaßen bestechen die Fälle auch durch ihre außergewöhnliche Formation. Vor den Augen des Betrachters verschwinden die Wassermassen förmlich in der brodelnden Tiefe einer quer zum Fluss verlaufenden Bodenspalte. Bei Hochwasser entfesselt sich hier ein tobender Hexenkessel in einem unglaublichen Spektakel aus Gischt, Getöse und ungebändigter Naturgewalt. 10 000 Liter Wasser kippen dann in jeder Sekunde über die Felskante in den Abgrund und bilden einen tosenden, auf der Welt einmaligen Wasservorhang. Der alte Kololo-Name hätte das Naturschauspiel nicht treffender beschreiben können!

Der Entdeckungsreisende und Afrikaforscher David Livingstone gelangte im November 1855 erstmals an die Viktoriafälle und machte damit ein bisher völlig unbekanntes Gebiet im Innern Afrikas weltberühmt. Die unwirtliche, malaria- und tsetseverseuchte Region galt damals als nur hartgesottenen, mutigen Abenteurern und Großwildjägern zumutbar. Doch schon 21 Jahre später setzte der „internationale Tourismus“ ein, als der Händler Harry Ware in einer Londoner Zeitung für Jagd- und Sightseeing-Touren zu den Fällen warb. Um die Jahrhundertwende ließen sich schließlich die ersten europäischen Siedler an der Furt „Old Drift“ nahe der Fälle nieder, an der die Jäger, Missionare und Händler über den Sambesi gelangten. Mit dem Bahnbau von Bulawayo nach Norden wurde für die Bahnarbeiter am Südufer eine kleine Siedlung gegründet, die sich schnell vergrößerte, als im Juni 1904 die Schienenstrecke eröffnet wurde. Die Eisenbahnbrücke über den Sambesi folgte im nächsten Jahr und das Victoria Falls Hotel eröffnete 1906. Die kleine Siedlung, noch immer kaum mehr als eine einsame Bahnstation, wuchs in den nächsten Jahrzehnten zur gemütlichen Ortschaft heran. Eine industrielle Entwicklung hat niemals stattgefunden, vielmehr blickt Victoria Falls auf ein Jahrhundert der touristischen Entfaltung zurück, mit zahlreichen Höhen und Tiefen, bedingt durch die politischen Prozesse in Zimbabwe. 155 Jahre nach der Entdeckung der spektakulärsten Wasserfälle Afrikas liegt hier nicht nur die meist besuchte Sehenswürdigkeit des Landes; Victoria Falls ist zusammen mit seinen umliegenden Safarigebieten regelrecht zum Nadelöhr des Tourismus geworden. Besucher aus aller Welt verbringen hier zumindest ein paar Tage in Verbindung mit Safaris im südlichen Afrika.

Bilder unten: Älteres Werbeplaket; Einkaufszentrum in Victoria Falls und der Aussichtspunkt auf der Zambia-Seite

Obwohl Victoria Falls für rund 8000 Menschen konzipiert war, leben hier inzwischen mehr als 25 000 Menschen, von denen die allermeisten im Tourismussektor beschäftigt oder direkt davon abhängig sind. Dass dies nicht spur- und problemlos von der überlasteten Umwelt aufgefangen werden kann, ist naheliegend. Es sind immense Anstrengungen nötig, um in einem verarmten, wirtschaftlich desolaten Staat eine solche Gastronomie und Hotellerie aufrecht zu erhalten, wie sie der Reisende in Victoria Falls genießen kann. Das Ungleichgewicht zwischen Armut und Reichtum wird hier sehr deutlich, wo Touristen für eine Übernachtung oder einen Wildwassertrip oft mehr ausgeben, als die Hotelangestellten im Monat verdienen.

Kurioses und Wissenswertes

zur historischen Entwicklung an den Fällen

Das in jeder Richtung mindestens 1000 km von den Küsten Afrikas entfernte, tief im Herzen des Kontinents liegende Gebiet von der Quelle des Sambesi bis zu den Viktoriafällen war bis zur Mitte des 19. Jahrhunderts ein ziemlich weißer Fleck auf den europäischen Landkarten. Zwar hatten sich die Briten, Portugiesen, Buren und Franzosen längst an den unterschiedlichsten Küsten niedergelassen und trieben eifrig Handel mit den Völkern im Innern Afrikas, doch geschah dies durch arabische Mittelsmänner oder afrikanischen Kleinhandel. Wirtschaftliche oder wissenschaftliche Forscher-Interessen erwachten erst spät, und die Region blieb von den Vorgängen im Rest der Welt weitgehend abgeschottet.

Als Dr. Livingstone 1855 erstmals an den Sambesi gelangte, herrschten die Kololo über diese Region, ein Sotho-Volk aus dem Süden Afrikas, das ansässige Tongavölker, wie Toka und Leya, unterjochte. Nach Norden schloss sich das stolze Lozi-Königreich mit Sitz in Lealui an. Es gab damals also drei Machtblöcke: Die Ndebele südlich der Fälle (im Raum Bulawayo), die Kololo, Leya und Toka direkt an den Fällen, und die Lozi weiter im Norden in den Barotseflutebenen des Sambesi.

Oben: David Livingstones erste Skizze von den Viktoriafällen

Mitte des 19. Jahrhunderts erhöhte sich der Bevölkerungsdruck an der Südspitze Afrikas, wodurch Buren und Briten stärker nach Norden vordrangen und dort ihre Einflussgebiete abzustecken versuchten. Bereits um 1840 tauchten im britischen Teil Südafrika afrikanische Jäger auf, die von einem „Donnernden Rauch" im Norden erzählten, aber wenig Beachtung fanden. 1851 erreichten David Livingstone und William Cotton Oswell den Sambesi auf Höhe der Kleinstadt Sesheke, wo auch sie von den Wasserfällen hörten, aber keine Erkundungsfahrt unternahmen.

Livingstones Reise an die Viktoriafälle

Als David Livingstone im November 1855 schließlich gezielt zur Erkundung der Fälle aufbrach, wurde er von rund 200 Afrikanern und dem Kololo-Chief Sekeletu begleitet. Er verbrachte eine Nacht auf Kalai Island und ließ sich dann in einem Kanu bis zur Insel „Livingstone Island" direkt an der Fallkante bringen. Der Missionar mit dem Entdeckervirus war zutiefst angetan und begeistert. In seinem Tagebuch versuchte er die Eindrücke zu beschreiben: „It had never been seen before by European eyes; but scenes so lovely must have been gazed upon by angels in their flight" und „the most wonderful sight I had witnessed in Africa". Es schien ihm angebracht, diesem Spektakel, das die Afrikaner „Mosi oa Tunya" (der „Donnernde Rauch") nennen, zu Ehren seiner Königin einen neuen Namen zu geben. Dann entschloss er sich noch zu einer ungewöhnlichen Tat: Er legte direkt vor der Fallkante, auf Livingstone Island, einen Obstgarten mit Aprikosen, Pfirsichen und Kaffeesetzlingen an und gab den Einheimischen den Auftrag, diesen wegen der Flusspferde zu umzäunen.

Wie alt ist der Tourismus an den Viktoriafällen?
Ein gewisser Harry Ware warb bereits 1876 in einer Londoner Zeitung für seine Jagd- und Sightseeing-Touren dorthin. Zu einer Zeit, in der es noch keine einzige europäische Siedlung in der Region gab, lange bevor die BSAC die ersten Verträge schloss.

Erste Besucher

Nach seiner Rückkehr in England wurden David Livingstones Entdeckungen rasch berühmt. Es dauerte dennoch fünf Jahre, ehe wieder Europäer an die Viktoriafällen reisen sollten.

Oben: Durch die Zeichnungen von Thomas Baines wurden die Fälle schon im 19. Jh. weltberühmt

Zeitgleich mit Dr. Livingstones zweitem und letztem Besuch 1860 tauchte dort der Großwildjäger William Baldwin auf. Diesmal wurden erste Messungen, Zeichnungen und Erkundungen beider Ufergebiete unternommen. 1862 unternahmen James Chapman und Thomas Baines eine Expedition, die sie auch zu den Viktoriafällen führte. Zu diesem Zeitpunkt war Livingstones kleiner Gemüsegarten auf Livingstone Island bereits überwuchert und von Hippos zertrampelt worden. Thomas Baines war ein talentierter Naturmaler und zeichnete damals die ersten und bis heute berühmtesten Ansichten von den Fällen. Als erste weiße weibliche Person, die ebenfalls 1862 die Fälle sah, ist Mrs. Reader überliefert, die Frau eines Händlers.

Der Entdeckungsreisende Emil Holub, 1881: "Dies ist wahrhaftig ein Ort, an dem einem Mann seine eigene Bedeutungslosigkeit bewusst wird"

Mit jedem Jahr verdoppelten sich nun praktisch die Besucherzahlen. Eine einflussreiche Persönlichkeit dieser Zeit war der Großwildjäger und Händler George Westbeech aus Pandamatenga, der mit dem Monopol auf die Elefantenjagd im Barotseland ein Vermögen machte. Er war es auch, der den tschechischen Forschungsreisenden Emil Holub 1875 zu den Fällen begleitete. 1878 bestaunte wieder einmal eine Frau die Fälle: Die Missionarsgattin Mrs. Coillard, die damals mit ihrem Gatten monatelang auf die Erlaubnis König Lewanikas wartete, im Barotseland eine Mission gründen zu dürfen.

Der berühmte Großwildjäger F. C. Selous schrieb nach seinem Besuch der Viktoriafälle 1881: „Such are the Victoria Falls – one of, if not *the*, most transcendentally beautiful natural phenomena on this side of Paradise."

Das Land wird britisch

Noch um 1886 hatte es den Anschein, dass die Portugiesen die Region unter ihre Fittiche nehmen würden, denn die britische Regierung zeigte zunächst wenig imperiale Ambitionen. Doch kam zu diesem Zeitpunkt ein Mann ins Spiel, der mittels seines Reichtums, seiner politischen Ämter und seiner visionären Ausstrahlung die Geschicke am Sambesi entscheidend gestalten sollte: Cecil Rhodes. Er schwatzte den afrikanischen Königen kurzerhand Schutzverträge und Konzessionen für den Abbau von Bodenschätzen auf, die sein

Mutterland letztlich in die Rolle der Schutzmacht für riesige Ländereien brachten. Das Interesse von Cecil Rhodes an den Mineralrechten im Barotseland und die Tatsache, dass das Deutsche Reich den Caprivi-Zipfel für sich reklamierte, alarmierte die britische Regierung, stärkere nationale Ansprüche zu stellen. Im Jahr 1890 manifestierten die europäischen Mächte auf der Berliner Afrika-Konferenz die willkürlich ausgehandelten Grenzen, ohne jemals die betroffenen Afrikaner befragt zu haben. Die Viktoriafälle wurden damit offiziell britisch.

Cecil Rhodes' British South Africa Company installierte nun Verwaltungskräfte in den neuen Gebieten und förderte wissenschaftliche Bodenproben nach Kupfer, Gold und anderen Metallen. Zahlreiche Missionare überschritten den Sambesi, um sich weiter im Norden niederzulassen. Die Anreise blieb äußerst beschwerlich, bis 1898 eine erste Fahrspur für Ochsenkarren zwischen Bulawayo und den Fällen angelegt wurde. Von nun an konnten die Reisenden etwas bequemer und mit mehr Gepäck auf einem Ochsenkarren an die Fälle gelangen, was damals immerhin auch noch zwölf Tagesreisen ab Bulawayo dauerte. Doch es war bereits ein großer Fortschritt gegenüber den Fußkarawanen.

Oben: Alte Fotografie der ersten europäischen Gebäude an den Fällen und die Bronzestatue David Livingstones im Rainforest Nationalpark

Die ersten Händler und Siedler lassen sich nieder

Am Nordufer des Sambesi entstand 1898 eine europäische Ansiedlung. Sie befand sich direkt am Sambesi an jener breiten Furt, die zur waghalsigen Überquerung des Sambesi diente. Dieser winzige Außenposten britischen Siedlerlebens wurde deshalb unter dem Namen Old Drift bekannt.

Oben: 1903 erreicht die Bahn Victoria Falls

Zwischen den Europäern in Südrhodesien und dem Lozi-Königreich im Barotseland fand reger Handel statt. Und da alle Wege über jene Furt an der Old Drift führten, erkannte der Allrounder F. J. „Mopane-"Clarke seine Chance: Er organisierte die Flussüberquerungen und fungierte gleichzeitig als Händler und Hotelier, wenngleich sein „Hotel" nur aus einer kleinen Lehmhütte mit Bar bestand. Das Geschäft lohnte sich, langsam zogen weitere Händler zu, und die Pariser Missionsgesellschaft gründete eine kleine Missionsstation. Im selben Jahr begannen die „Mail Runner" ihren Dienst entlang der Strecke Francistown – Pandamatenga – Old Drift. Wie in den britischen Kolonien seinerzeit üblich, wurde die Post von afrikanischen Läufern transportiert. Auf dieser Strecke durch wildreiche, für Fußgänger gefahrvolle Gegenden, liefen die Mail Runner üblicherweise zu zweit und trugen ein Gewehr für den Selbstschutz bei sich. Pro Tag legte ein Läufer trotz seines Gepäcks von bis zu 18 kg durchschnittlich 40 km zurück, in Ausnahmefällen sogar weit mehr. Im kleinen Postbüro an der Old Drift wurde die Post dann sortiert und weitergeleitet in die verschiedenen einsamen Stationen nördlich des Sambesi.

Die Missionarsfrau Coisson blieb bis 1901 die einzige Europäerin der kleinen Siedlung an der Old Drift

Im Jahre 1899 öffnete die erste kleine Schule ihre Pforten an der Old Drift. 1902 eröffnete der Pionier Fred Mills auch ein konkurrierendes Hotel. 1903 lebten hier bereits 68 Europäer, darunter 17 Frauen und sechs Kinder. Der Sambesi wurde noch immer in Booten zu je acht Paddlern überquert, und das Siedlerleben jener Tage war sehr männlich geprägt.

Schicksale aus den frühen Jahren europäischer Besiedlung

Das romantische Bild der Abenteurer- und Entdeckerzeit ist sicherlich verklärt. Für viele Menschen bedeutete eine Reise an den Sambesi in jenen Tagen ein hartes Los voller Entbehrungen, Gefahren und Schicksalsschläge. Von der schweizerischen Missionarsfamilie Boiteux ist z. B. überliefert: Reverend Emile Boiteux kam mit seiner Ehefrau 1895 von Süden ins Barotseland. Vier Kinder wurden geboren, drei davon starben im ersten Lebensjahr. Ähnlich ist das Schicksal der Familie Buckenham: Der methodistische Missionar überquerte mit seiner Familie 1890 den Sambesi und gründete die erste Missionsstation im Batokaland. Er starb 1896 bei Kazungula, die siebenjährige Tochter ebenfalls. Die Witwe verließ das Land im selben Jahr. Der tschechische Geograph und Entdeckungsreisende Emil Holub wurde mit seiner Frau 1886 am Ufer des Kafue von Mashukulumbwe überfallen. Beide überlebten, doch ihr österreichischer Begleiter Oswald Söllner wurde getötet. Selbst der berühmte und erfahrene Großwildjäger F. C. Selous verlor bei einem Überfall 1888 bei Magoye zwölf Männer und flüchtete über den Sambesi nach Süden.

(Quelle: They came to Northern Rhodesia/ Sampson, Richard, 1956)

Der Alltag ist hart und wenig romantisch

Von Anfang an litten die Siedler unter den schlechten klimatischen und hygienischen Bedingungen. Die Siedlung lag direkt am sumpfigen und feuchtheißen Flussufer, die Bewohner litten gleichzeitig unter der schwülen Hitze und der verbreiteten Malaria, fielen aber auch Krokodil- und Löwenangriffen zum Opfer. Da jährlich rund 20 % der Bewohner an tropischen Krankheiten starben, wurde die Administration bereits 1901 an den erhöhten, vom Fluss abgewandten *Constitution Hill* (heute die Stadt Livingstone) verlegt. Die Siedler harrten aber weiterhin am Sambesiufer aus, die meisten in einfachen Zeltunterkünften, einige wenige auch in Lehmhütten. 1903 versprach sich die Lage zu bessern, als ein Arzt und eine Krankenschwester aus Bulawayo an die Old Drift zogen, doch der Doktor fiel selbst in Kürze dem Schwarzwasserfieber zum Opfer und die Schwester kehrte sogleich nach Bulawayo zurück. Die hartgesottenen Siedler am Sambesiufer waren wieder auf sich selbst gestellt.

Ehe die Bahnlinie von Bulawayo nach Victoria Falls gelegt wurde, hielten Kutschen einen regelmäßigen Fahrdienst an den Sambesi aufrecht. Später fuhren diese Kutschen vom neuen Endpunkt der Eisenbahn an den Viktoriafällen bis nach Kalomo, dem administrativen Zentrum Nordwestrhodesiens. Allerlei Zugtiere testete man damals für die Strecken durch Tsetsefliegengebiete, sogar Zebras wurden vor die Kutschen gespannt. Dies blieb allerdings ohne Erfolg.

Info Das hiesige Kunsthandwerk hat eine lange Tradition. Schon König Lewanika erkannte die lukrative Einnahmequelle und eröffnete 1905 den ersten Andenkenladen an den Viktoriafällen!

Oben: Grabplatte an der Old Drift aus dem Jahr 1904

Die Eisenbahn erreicht Victoria Falls

Mit dem Bau der Bahnlinie von Bulawayo an die Viktoriafälle ließen sich 1903 auch ein paar Menschen am südlichen Ufer des Sambesi nieder. Zu den ersten zählte der Gemischtwarenhändler Percy Clark, der sein Auskommen durch die Bahnarbeiter fand, die hier stationiert wurden. Im Juni 1904 erreichten die Eisenbahnschienen die kleine Siedlung an den Viktoriafällen. Noch im selben Jahr wurde der Vorläufer des Victoria-Falls-Hotels erbaut, um die Arbeiter für den Brückenbau unterzubringen. Denn nun begann eine 14-monatige Schwerstarbeit, um die aus England angelieferten Fertigteile über der Sambesischlucht zu einer 152 m langen Brücke zusammenzusetzen. Cecil Rhodes hatte vor seinem Tod angewiesen, die Eisenbahnbrücke so nah wie möglich an die Viktoriafälle zu bauen, damit die Reisenden später den guten Ausblick genießen könnten. 1905 wurde sie fertiggestellt, nachdem 1540 Tonnen Eisen und Stahl verarbeitet worden waren. Zunächst war nur ein Bahngleis gebaut worden, und erst 1930 kam es zu einer Brückenerweiterung für Autos. Von nun an ersetzte die Brücke die gefährliche Überfahrt an der Old Drift; wer sie benützen wollte, musste damals 10 Cent Brückenzoll bezahlen.

Die neue Brücke macht die gefährlichen Flussdurchquerungen an der Old Drift überflüssig

Zwar hatten die spektakulären Wasserfälle zuvor schon Hunderte Besucher angelockt, doch mit dem Bahnanschluss schien der Sambesi nicht mehr in der fernen, gefährlichen Wildnis zu liegen, und lockte nun viel mehr Reisende an. Den Siedlern an den Fällen brachte dies einen schnellen Aufschwung. Allerdings sollte man sich von den ersten Bahnreisen nach Victoria Falls keine allzu romantischen Vorstellungen machen. Sie hatten nichts zu tun mit einer heutigen Rovos Rail- oder Blue Train Reise! Es gab damals noch keine Küchen in den Zügen, und so konnten die Reisenden nur während der Stopps in den Bahnstationen Tee genießen, den die Servants zuvor auf offenem Feuer am Bahnsteig kochten. Auch Zwischenfälle und Verzögerungen kamen häufig vor. Mal ein Problem mit der Dampflok, das nächste Mal beschädigte Gleise durch umgestürzte Bäume, und nicht zuletzt kam es auf der wildreichen Strecke gelegentlich auch zu folgenschweren Zusammenstößen mit Elefanten.

Die ersten Bahnreisen an die Viktoriafälle blieben abenteuerlich, wenn auch sehr viel bequemer als die früheren Fahrten mit den Ochsenkarren

Die Bahnstation am Nordufer wurde gleich einige Kilometer landeinwärts angelegt. Weil mit der Eisenbahnbrücke über den Sambesi die alte Furt ihre Bedeutung verloren hatte, ordnete die Administration die Umsiedlung aller Old Drifter in die systematisch geplante, klimatisch günstigere Siedlung

Livingstone an. Viele Siedler sträubten sich dagegen. Sie mussten sich dem amtlichen Befehl allerdings beugen und verließen die Old Drift, lagen aber jahrelang mit der Verwaltung im Konflikt.

Siedlerleben in der jungen Kolonie

Während am Südufer der Fälle nur eine unbedeutende Ortschaft namens Victoria Falls entstand, wuchs Livingstone am Nordufer zum größeren Verwaltungssitz heran. 1907 konnte Livingstone nicht nur zwei Hotels und acht Läden vorweisen, sondern auch zwei Metzger, vier Baumeister, einen Friseur und eine Apotheke. Es gab jetzt zwei Krankenhäuser, die streng „nach Rassen" getrennt waren. Das kulturelle Leben entwickelte sich bescheiden, aber stetig, mit Bridge- und Schach-Partys, Musikabenden, Theatervorführungen und Tanzveranstaltungen. Seit 1905 fanden auf dem Sambesi regelmäßig Ruderregatten statt. Außerdem gab es einen Golf- und mehrere Tennisplätze. Das erste Auto konnte auf Livingstones Straßen 1908 bewundert werden, und blieb viele Jahre auch das Einzige.

Die Stadt bekam regen Zustrom, die alte Gründerzeit war vorüber. Über 300 Europäer und 1700 Afrikaner lebten 1911 in Livingstone. Damit befanden sich mehr als 20 % aller Europäer Nordrhodesiens in Livingstone. Im Jahre 1928 war die Stadt bereits auf 1350 Europäer und 6000 Afrikaner angewachsen. Livingstones Geschichte blieb weiterhin von frischem Geist und kosmopolitischem Leben geprägt. 1911 wurden die Provinzen Nordwest- und Nordostrhodesien zusammengelegt und Livingstone zur Hauptstadt des neuen Nordrhodesiens ernannt, was es bis 1935 blieb. Im selben Jahr wurden die Viktoriafälle unter Naturschutz gestellt.

THE BRITISH SOUTH AFRICA COMPANY
NORTHERN RHODESIA
Native Tax Receipt,
1920.
No. 85638
Received from
the sum of 10s.
Collector

Bilder: Steuerbeleg der BSCA von 1920 für den Erhalt der „Kopfsteuer" eines afrikanischen Untertans.
H. G. Robins, ein typischer Siedler in den 1930ern

Eine Eisenbahnbrücke im Sprühnebel der Wasserfälle

Im Grunde war der gewählte Standort für die Sambesibrücke eine waghalsige, wenn nicht gar unsinnige Entscheidung gewesen. Denn sehr viel einfacher und billiger wäre eine Überbrückung des Sambesi über Kandahar Island gewesen, die etwa 10 km oberhalb der Viktoriafälle liegt. Doch Cecil Rhodes hatte eine andere Inspiration, denn er wollte „die Gischt der Fälle auf die Fenster der Eisenbahnwaggons spritzen sehen". 1900-1901 fanden deshalb erste Untersuchungen und Messungen für eine Stahlbrücke direkt an den Fällen statt, die die höchste der Welt werden sollte. Im Mai 1903 begannen schließlich die Arbeiten mit dem Roden von Bäumen, um die Stahlstreben einzusetzen. 1904 erreichte die Eisenbahn den Sambesi und der erste Zug fuhr ein, geführt von der euphorischen Schwester des Bauingenieurs George Pauling. Nun konnten die Baumaterialien aus Großbritannien auch per Bahn angeliefert werden. Die Brücke wurde von beiden Uferseiten gleichzeitig errichtet. Stahlkabel mit elektrischer Winde waren in der Lage, 15 Tonnen schwere Lasten zu tragen. Innerhalb von neun Wochen wurde die Brücke zusammengefügt. Am letzten Tag sorgte noch für Aufregung, dass der letzte Träger gute 15 cm zu groß schien, um die Brücke von beiden Seiten zu schließen. Doch war dies nur der Tageshitze geschuldet, die für eine solch massive Ausdehnung der Stahlkonstruktion verantwortlich war. Die Fertigstellung wurde auf den nächsten Morgen verschoben und siehe da – tatsächlich kühlte das Material in der Nacht so weit ab, dass die letzte Brückenstrebe nun exakt in den Zwischenraum passte. Die Berechnungen hatten sich als äußerst genau erwiesen, und so wurde die Brücke feierlich am 1.April 1905 fertiggestellt. Mit einer Spannweite von 152 m und einer Gesamtlänge von 198 m war sie nicht nur imposant, sondern mit 125 m Höhe seinerzeit auch die höchste Brücke der Welt. Nur ein Europäer und ein Afrikaner verloren beim Brückenbau ihr Leben; in damaligen Zeiten galt dies als ein sehr erfolgreiches Unternehmen.

Die Brücke war eine der großen Visionen von Cecil Rhodes, obwohl er selbst die Viktoriafälle nie gesehen hat. Manche Zeitgenossen fürchteten damals, die Stahlbrücke würde die Schönheit der Fälle zerstören, aber die meisten Besucher hielten sie für eine Bereicherung.

Heute ist sie zwar längst nicht mehr die höchste Stahlbrücke der Welt, dafür werden von dieser Brücke mit die höchsten kommerziellen Bungee-Sprünge der Welt absolviert – 111 m tief bis knapp über den Boiling Pot!

Als Fliegen noch Genießen bedeutete

Nach dem Zweiten Weltkrieg gab es ein paar Jahre einen Linienflugverkehr mit Wasserflugzeugen, die ein ganz besonderes Reiseerlebnis versprachen. Die Doppeldecker-Wasserflugzeuge boten 30 Passagieren Platz, die sich während des Fluges in dem gemütlichen Fluggerät relativ frei bewegen konnten. Die Flughöhe blieb tief, so dass die Sicht aus den riesigen Panoramafenstern grandios war. Auf dem Weg zwischen Großbritannien und Südafrika gab es zahlreiche Stopps in der Nähe touristischer Highlights, etwa in Cape Maclear am Malawisee, in Khartum am Nil, in Luxor und Alexandria in Ägypten, und auf Malta. Die Passagiere dieser noblen Reiseart verbrachten die Nächte stets in Luxushotels, denn die Flying Boats flogen nur tagsüber. Dreimal wöchentlich landeten sie oberhalb der Viktoriafälle auf einer Sambesiinsel, und brachten dann stets für eine Nacht illustre Gäste in das Victoria Falls Hotel.

Oben: Wandbild im The Victoria Falls Hotel mit der Streckenführung der Flying Boats. Den Stopp an den Viktoriafällen nannte man damals Jungle Junction.

Schon zu dieser Zeit litt Victoria Falls unter der Belagerung von Pavianen und Meerkatzen. Auch Elefanten und Löwen streiften immer wieder durch die Straßen. Bei der Bahngesellschaft arbeiteten damals „Baboon Operatives“, die zur Abwehr der Paviane eingestellt waren. Auch im Victoria Falls Hotel gab es Arbeiter, deren Aufgabe nur darin bestand, die frechen Paviane von den Hotelgästen und der Aussichtsterrasse fernzuhalten. Von Zeit zu Zeit, wenn die Probleme überhand nahmen, beschloss die Wildschutzbehörde, marodierende Paviane und aufdringliche Elefanten zu schießen. Sobald sie eine solche Aktion ankündigte, kamen von weither die Afrikaner nach Victoria Falls, denn sie begehrten das Fleisch der gekeulten Elefanten (am liebsten mochten sie die Elefantenrüssel). Die Paviane waren allerdings ziemlich clever und erkannten sehr schnell, wer eine Gefahr darstellte, so dass sie Reißaus nahmen, wenn ein bewaffneter Wildhüter auftauchte. Man wusste

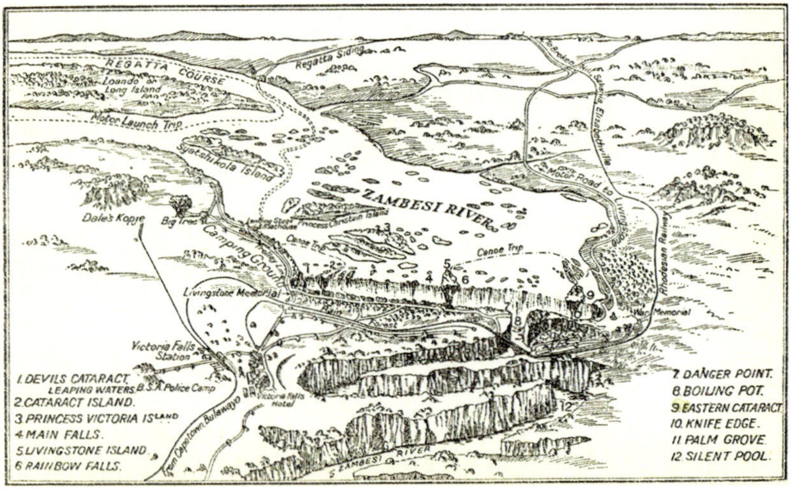

Oben: Eine touristische Karte aus dem Jahr 1948 (Union Castle Line Year Book)

sich bald nur damit zu helfen, dass der Wildhüter in ausladenden Frauenkleidern angeschlendert kam und unter dem Rock die Waffe versteckte. Kurios, aber wirksam. Die Paviane fielen darauf herein.

Seit der Unabhängigkeit Zambias besteht eine gewisse Rivalität zwischen Victoria Falls und Livingstone. Je nach politischer und wirtschaftlicher Lage blühte während des letzten halben Jahrhunderts mal die eine und ein andermal die andere Seite auf. In den 1960er Jahren strudelte die Wirtschaftslage des jungen Staates Zambia abwärts, und ließ Victoria Falls zur Touristenhochburg reifen. Allerdings nur bis ins nächste Jahrzehnt, als in Südrhodesien der Bürgerkrieg ausbrach und schließlich sogar die Grenze zwischen beiden Staaten geschlossen wurde. Die Besucher aus aller Welt reisten nun an das zambische Ufer. 1980 wurde aus Südrhodesien Zimbabwe. Rasch kehrten die Touristen zurück und bevölkerten das kleine Victoria Falls wieder zu Tausenden. Seit dem Jahr 2000 kämpft Zimbabwe wiederum mit einer schweren innenpolitischen und wirtschaftlichen Krise, während sich Zambia immer stärker der freien Marktwirtschaft zuwandte. Der sensible Tourismus reagierte sofort, und Victoria Falls verlor die meisten Besucher an seine nördlichen Nachbarn. Zur Zeit gleicht sich die Situation wieder ein wenig aus, denn in Victoria Falls werden große Anstrengungen unternommen, die Besucher aus aller Welt erneut für sich zu gewinnen.

Info Der Amtsarzt der 1950er Jahre, Dr. W. Cowen, berichtet in seiner Autobiographie von vielen Touristen, die er zu kurieren hatte. Recht häufig versuchten Urlauber damals bei Autosafaris im Wildpark Zebras zu streicheln – weshalb der Arzt regelmäßig böse Bisswunden behandeln musste!

Die Geologie der Viktoriafälle

Die geologische Zeitskala im Südlichen Afrika: Vom Erdmittelalter bis zur Erdneuzeit

Vor etwa 135 Mio. Jahren, im letzten Drittel des Mesozoikums, zerfiel Gondwanaland, jener Urkontinent des Erdmittelalters. Einzelne Landflächen drifteten damals auseinander, die später die Kontinente der Südhalbkugel bilden sollten. Vor ungefähr 100 Mio. Jahren wurde der afrikanische Kontinent geboren. Seine Landmassen hoben sich während der nächsten Jahrmillionen, und dabei entstanden drei Becken im Inneren Afrikas: Kongobecken, Tschadbecken und Kalaharibecken. Zu dieser Zeit bedeckte Lava bis zu 9 km dick die Oberfläche im südlichen Afrika. Hitze, Wind, Eis und Wasser schliffen die Erhöhungen ab und füllten das Kalaharibecken allmählich mit Sand. So entstand die größte zusammenhängende Sandfläche der Welt. Während all dieser Millionen von Jahren driftete der afrikanische Kontinent beständig nach Süden und das Klima wurde trockener.

Info Der Urkontinent Gondwanaland zerfällt. Dies ist die Geburtsstunde der verschiedenen Kontinente.

Vor ungefähr 30 Mio. Jahren setzten massive tektonische Aktivitäten ein und schufen gigantische Falten und Spalten. Der große **Ostafrikanische Grabenbruch** – das Rift Valley – schob sich auf und trieb einen tiefen Keil zwischen dem Roten Meer und dem Süden Afrikas in den Kontinent. Vor 5 Mio. Jahren vereiste die Antarktis, was wiederum eine lange Dürreperiode in Afrika auslöste. 2 Mio. Jahre später setzten erneut mit immensem Druck gewaltige Erdverschiebungen ein, gleichzeitig trieben starke Ostwinde enorme Sandmengen in die mittlere Kalahari und formten lange Ost-West-Dünen.

Unten: Luftbilder, an denen die steilen Abbruchkanten und der Zickzackverlauf sichtbar werden

Dann folgte eine sehr viel feuchtere Periode. Flüsse wurden geboren, die dem Lauf der Dünen folgten und sich in die Kalaharisande ergossen. Die Urflüsse von Okavango, Sambesi und Chobe strömten damals nach Osten dem Limpopo zu und weiter in den Indischen Ozean. Vor etwa 2 Mio. Jahren hob sich die Erdkruste an, spuckte Lava an die Oberfläche und drückte Falten und Felsen nach oben. Im zentralen Zimbabwe bildete sich eine Wasserscheide, die bis in die Kalahari ragte. Dadurch wurden Flüsse umgeleitet und sie füllten das sandige Becken mit Wasser. Zeitgleich mit den Eiszeiten der Nordhalbkugel während der letzten 500 000 Jahre erlebten die Tropen und Subtropen die Pluvialzeit, eine Periode starker Niederschläge. Das Kalaharibecken füllte sich nun zu einem gigantischen See von etwa 60 000 bis 80 000 km²

Ausdehnung. Dieser Makgadikgadi-See wurde durch riesige Flüsse gespeist, zu denen augenscheinlich auch der Oberlauf des Sambesi gehörte, der damals dem Limpopo-Flusssystem entgegen strömte. Unabhängig davon wurde die Region des Lower Zambezi vom Kafue-Flusssystem gespeist. Später gab es neue Erdverschiebungen, die den Beckenrand des Sees anhoben, riesige Fluten hervorriefen und die Wasserläufe erneut veränderten. Diesmal wurden sie nach Nordosten abgeleitet und der See zum Indischen Ozean hin entwässert.

Vor etwa 25 000 Jahren hatte der Binnensee zum letzten Mal seine volle Ausdehnung, dann wurde das Klima kühler und trockener und der See schrumpfte. Mit der nächsten Dürrephase trocknete er schließlich aus und zurück blieb ein Sandbecken, an dessen tiefsten Stellen sich salzverkrustete Pfannen bildeten; die Makgadikgadi Salzpfannen in Botswana, die größten Salzpfannen unseres Planeten.

Vor etwa 10 000 Jahren kam es noch einmal zu einer vorübergehenden Feuchtperiode, in der die trockenen Pfannen wieder bewässert wurden. Am Okavango formte sich in dieser Phase als südwestlichste Verlängerung des Rift Valleys die Gumare-Falte. Diese behinderte abrupt den Flusslauf des Okavango, wodurch der Linyanti und das Okavangodelta entstanden. Die nachfolgende Trockenheit führte schließlich zu der Oberflächengestalt, wie wir sie heute erleben.

Bild unten: Aus der Vogelperspektive lassen sich die markanten Zickzackschluchten am besten erkennen

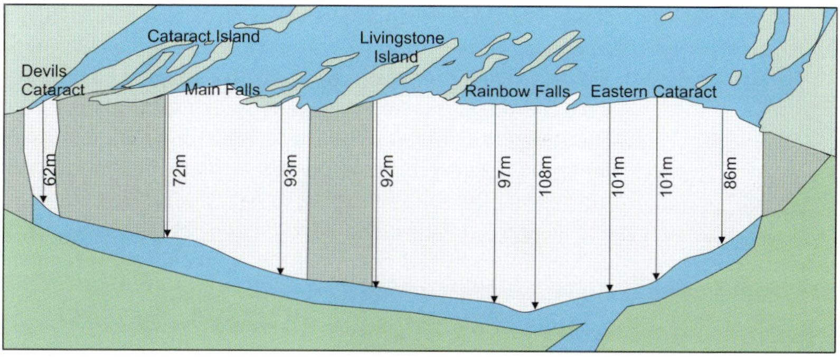

Warum die Fälle in ferner Zukunft verschwinden

Die geologischen Voraussetzungen für die Viktoriafälle wurden also bereits vor etwa 135 Mio. Jahren geschaffen, als vulkanische, schwarze Basaltlava die Oberfläche zwischen Kazungula und der Mündung des Matetsi River in die Batoka Gorge bedeckte. Dies breitet sich über ein etwa 200 km langes Feld aus. Mit dem Auskühlen und Erhärten der bis zu 300 m dicken Lavaströme entstanden tiefe Risse in Ost-West-Richtung und zartere Sprünge mit nord-südlichem Verlauf. Die Fugen vertieften sich im Laufe der Zeit und Ton-, Sand- und Kalkschichten setzten sich auf der Lava ab, die sich als Kalkstein in den Spalten einlagerten. Durch Erdstöße und extreme Witterungsunterschiede verstärkten sich die Risse, und als schließlich der Fluss seinen Lauf über diese Oberfläche führte, fraß sich das Wasser allmählich in die weicheren Vertiefungen.

Oben: Der Querschnitt demonstriert die unterschiedliche Falltiefe.

Darunter: Die Viktoriafälle stürzen abrupt in eine sehr schmale Felsspalte

Unklar ist sich die Wissenschaft, wann der erste Wasserfall den Sambesi hinabstürzte, und die Schätzungen reichen von 5 Mio. vor unserer Zeit bis zu knapp 100 000 Jahren. Irgendwann in dieser Zeitspanne – die aus erdgeschichtlicher Sicht nur einen kurzen Augenblick darstellt – bildete sich rund 8 km südlich der heutigen Viktoriafälle der erste Wasserfall genau an der Stelle, wo der Fluss vom südafrikanischen Plateau in den Abgrund der Batokaschlucht stürzt. Jener erste Fall hatte noch eine Tiefe von 250 m.

Info Oberhalb der Fälle hat sich der Sambesi nur 15 bis 20 m tief in den Basaltboden eingegraben, erstreckt sich dafür aber über eine Breite von bis zu 5 km. Die Schlucht direkt an den Viktoriafällen misst bereits 110 m Tiefe und gräbt sich immer tiefer ein, je weiter der Sambesi im Zickzackkurs durch die Batokaschlucht rauscht. Am Ende der Schlucht, wo das harte Basaltgestein endet und in weiche Sandsteinfelder übergeht, beträgt die Tiefe der Schlucht sogar 330 m.

Danach folgte ein dramatischer Erosionsprozess, bei dem die Strömung des Sambesi kurz vor der Fallkante die bestehenden Spalten vertiefte, Risse ausgehöhlt wurden und die gewaltigen Wassermassen schließlich neue Abgründe schufen. Flussaufwärts entstand auf diese Weise ein Fall nach dem anderen, deren Falltiefe dabei kontinuierlich nachließ. Die heute existierenden Viktoriafälle gelten als der achte Wasserfall das Sambesi. Jede der steilen Zickzack-Schluchten direkt unterhalb der Fälle stellte einmal die Fallkante eines früheren Wasserfalls dar.

Da die Erosion fortschreitet, werden auch die jetzigen Viktoriafälle irgendwann verschwinden und an einer gerade erst entstehenden Kluft wird ein neuer Wasserfall hinabstürzen. Am Devils Cataract haben sich bereits erste Spalten gebildet und man vermutet hier den Beginn der nächsten Bruchkante. Bereits heute liegt der Devils Cataract 10 m tiefer als der Eastern Cataract und erhält daher mehr Wassermengen als die östliche Fallkante. Je mehr Wasser hier hindurch gezwängt wird, um so stärker ist die erodierende Wirkung. Je tiefer der Riss ausgehöhlt wird, um so größere Wassermengen fließen hier entlang und verstärken den Prozess. Der Devils Cataract gilt daher als Schwachstelle der modernen Viktoriafälle.

Die künftige Bruchkante wird sich wohl an den Inseln entlang ziehen oder durch Livingstone Island verlaufen. Niemand kann dies genau vorhersagen. Sicher ist aber, dass diese Entwicklung nur noch für weitere 3 km möglich ist und jeder neue Fall kleiner als der vorherige sein wird. Danach kann es aufgrund der geologischen Bedingungen nur noch Stromschnellen geben, die Fälle werden also einmal ganz verschwinden. Wann das alles passieren wird? Auch darüber herrscht keine Einigkeit. Frühestens in 20 000 bis 25 000 Jahren soll der nächste Abgrund entstehen, vielleicht auch viel später.

Von nackten Felswänden und einem undurchdringlichem Wasservorhang: Die jahreszeitlichen Schwankungen an den Viktoriafällen

Der Wasserstand des Sambesi weist extreme saisonale Unterschiede auf, was sich deutlich auf die Viktoriafälle auswirkt. Bei Niedrigwasserstand im November/Dezember stürzen pro Minute weniger als 20 Mio. Liter hinab. Dreißig Mal soviel, etwa 550 Millionen Liter pro Minute, sind es einige Monate später bei Hochwasser. Im Rekordjahr 1958 wurden sogar über 700 Mio. Liter gemessen. Der Wasserstand des Sambesi hängt allerdings kaum von der regionalen Regenzeit ab, denn der Fluss sammelt seine großen Wassermassen bereits im angolanischen Hochland an. Deshalb ist der Wasserhöchststand in den meisten Jahren zwischen März und Mai, wenn die Flut aus dem angolanischen Bergland die Fälle erreicht. Anschließend fällt der Wasserspiegel deutlich ab und erreicht im November/Dezember seinen Tiefstand.

Für die Besucher heißt das: Bei einem Besuch im April können sie die gegenüberliegende Fallkante vor lauter Gischt und aufwirbelndem Sprühwasser mehr erahnen als sehen. Die Gischt steigt bis zu 500 m hoch und ist mitunter 60 km weit sichtbar. Reisen sie dagegen im November an die Viktoriafälle, liegen die östlichen Fälle völlig trocken oder bieten nur noch schmale Rinnsale, so dass man auf sambischer Seite entlang der Fallkante bis Livingstone Island laufen kann. Die Eindrücke könnten konträrer kaum sein. Da hilft es nur, mehrmals an die Viktoriafälle zu reisen, und das zu unterschiedlichen Jahreszeiten.

Die saisonalen Schwankungen wirken sich natürlich besonders stark unterhalb der Fälle aus: Ein Meter Höhenunterschied über den Fällen verursacht fünf Meter Unterschied unterhalb der Viktoriafälle.

Die Natur

Mehr als 900 Pflanzenarten kommen in diesem begrenzten Gebiet vor. Naturforscher teilen den Lebensraum in fünf hauptsächliche Habitate ein:

Feuchter Regenwald an den Fällen

Direkt gegenüber der Wasserfallkante, wo ständiger Sprühnebel und Gischt für eine permanent hohe Luftfeuchtigkeit sorgen, konnte sich ein recht schmaler Streifen feuchten Regenwalds ausbreiten. Die Fußwege für die Besucher schlängeln sich hier durch eine typische dichte, mehrschichtige Urwaldvegetation mit hohen Baumriesen, in tieferen, schattigen Bereichen kleineren Bäumen und Büschen, zahlreichen Ranken und Lianen, Kriechgewächsen im Unterholz, Farnen, Flechten, Gräsern und blühenden Wildblumen. Die dominantesten hohen Bäume sind Ebenholz (*African Ebony, Diospyros mespiliformis*), Rotes Milchholz (*Red Milkwood, Mimusops zeyheri*), Wasserbeerbäume (*Waterberry, syzygium cordatum*) und die Kapfeige (*Mukuyu, Cape fig, Ficus capensis*). In ihrem Halbschatten gedeihen Wilde Dattelpalmen (*Phoenix reclinata*) und Felsenfeigen (*Ficus ingens*). Das feuchte, moosige Unterholz bewachsen Frauenhaarfarne (*Adiantum capillus-veneris*) und Lanzenschildfarne (*Aspidium lonchitis*). Die lilienartige Ruhmeskrone bzw. Flammenlilie (*Flame Lily, Gloriosa superba*) ist mit ihren leuchtend roten Blütenblättern eine besonders auffällige Kletterpflanze und außerdem die Nationalblume Zimbabwes. Zu Beginn der Regenzeit sprießen plötzlich Hunderte kugelförmige **Blutblumen** (*Fireball, Haemanthus multiflorus*) aus der feuchten, halbschattigen Erde (siehe S. 60), später folgen auch die weiß blühenden Orchideen *Calanthe corymbosa*.

Sambesi-Ufervegetation und die Flussinseln

Die Ufer am Oberlauf des Sambesi flankiert ein schmaler, nur wenige Meter bis max. 100 m breiter Vegetationsstreifen. Hier reihen sich zahlreiche Ilalapalmen (*Hyphaene benguellensis,* siehe Bilder dieser Seite) an Wilde Dattelpalmen (*Phoenix reclinata*), Feigen an Wasserbeerbäume (*Waterberry, syzygium cordatum*) und Anabäume (*Apple Ring Tree*, *Acacia albida*). Diese reizvolle Uferszenerie zählt zu den besonders beliebten Fotomotiven.

Die Inseln des Sambesi bestehen entweder aus Sandbänken oder Basaltgestein. Die Sandbänke sind stark mit Ried- und Schilfgräsern bewachsen, zwischen denen Doumpalmen (*Hyphaene*) und Weidengewächse (*Salicaceae*) sprießen. Wenn dagegen ein **Baobab** (*Adansonia digitata*) auf einer Insel steht, erkennt man daran das Basaltgestein, denn der knorrige Baum wächst nicht auf Sandinseln.

Zu den ungewöhnlichsten Bäumen am Sambesiufer zählt der **Leberwurstbaum** (*Kigelia africana*). Seine Früchte hängen tatsächlich wie überdimensionale Leberwürste von den Zweigen herab und werden bis zu 1 m lang und bis zu 10 kg schwer, da sie sehr viel Wasser enthalten. Im unreifen Zustand sind die schweren „Leberwürste" giftig, später werden sie zum Bierbrauen verwendet. Bei Hungersnöten verzehren die Menschen seine Früchte, ansonsten sind sie ein beliebtes Futter für Mangusten, Hippos, Paviane und anderes Wild. Die dunkelroten Blüten dieses Trompetenbaumgewächses verströmen abends einen unangenehmen Duft, der Fledermäuse zum Bestäuben anlockt.

Bilder unten: Die Früchte der Ilalapalme, das „Palm-Elfenbein",sind beliebte Souvenirartikel

Oben: Der Farbkätzchenstrauch (*Dichrostachys cinerea*) ist ein akazienähnlicher Busch der niedrigen Höhenlagen. Er gilt als Indikator für überweidete Böden, weil er eine typische Sekundärpflanze ist, und lässt sich leicht an seinen Samenhülsen erkennen, die wie verschlungene Knäuel am Busch hängen.

Der trockene Mopanewald auf Basaltböden

Dunkle Basaltlagerstätten bedecken den größten Teil der direkten Umgebung an den Viktoriafällen. Das mineralreiche, basische Lavagestein prägt z. B. den Bereich vom Elephant Hills Hotel zur Victoria Falls Safari Lodge und zum Big Baobab Tree. Hier dominieren Mopanewald (*Colophospermum mopane*) und trockenes Dorngestrüpp. Aus diesem eher niedrigen Bewuchs ragen einzelne riesige Baobabs (*Adansonia digitata*) und Afrikanische Sternkastanien (*Sterculia africana*) heraus. Auch der laubabwerfende Weiße Syringabaum bzw. Falsche Bergjasmin (*Kirkia acuminata*) wächst auf Basaltböden bis zu 15 m hoch. Robuste Schmetterlingsblütler wie der schnellwüchsige Afrikanische Blauregenbaum (*Tree Wisteria, Bolusanthus speciosus*) verbreiten sich ebenfalls gerne auf der wasserdurchlässigen Basalterde.

Mopanewälder sind nach ihrem dominantesten Baum, dem **Mopane** (*Colophospermum mopane),* benannt, haben kaum Grasbewuchs und wirken in der blattlosen Trockenzeit mitunter abweisend. Das Zirpen unzähliger Singzikaden und vereinzelte Termitenhügel prägen ihre Atmosphäre. Der schnell wachsende, anspruchslose Mopane kann bei günstigen Bedingungen bis zu 18 m Höhe erreichen, bleibt aber bei ungünstigen Böden nur ein Busch. Er lässt sich leicht an seinen schmetterlingsförmigen Blättern erkennen, die sich in kurzer Zeit gelb, braun und rot färben. Mopane gibt ein begehrtes Feuerholz. An seinen Blättern findet man häufig die bunten Mopaneraupen *(Gonimbrasia Belina).* Gekocht, gesalzen und danach getrocknet werden sie zu einem beliebten Snack für viele Afrikaner.

Je ein Blatt des Falschen Mopane (oben) und des Mopane (unten) im direkten Vergleich

Die Vegetation im Kalahari-Sandfeld

Von Victoria Falls in Richtung Süden gehen die Basaltböden rasch in rötliche Kalaharisandfelder über, auf denen besonders wertvolle Edelhölzer gedeihen, wie Sambesi-Teak (*Baikiaea plurijuga*), Mukwa (*Pterocarpus angolensis*), Falscher Mopane (*Guibourtina coleosperma*) und Mahagoni (*Afzelia quanzensis*). Einige Spezies des artenreichen Miombowaldes sind hier vertreten (*Brachystegia*-Arten und *Erythrophleum*). Darüber hinaus findet man auch auf den Kalaharisandböden Weidengewächse, Silberterminalien (*Terminalia sericea*) und Baobabs.

Oben: Ein Baobab und seine zarte Blüte

Unten: Typischer Bewuchs auf Kalahari-Sandboden

Die Vegetation in der Batokaschlucht

Die steilen Felswände der Batokaschlucht erlauben den Pflanzen kaum, in die Tiefe zu wurzeln. Was hier wächst, muss magere Böden, steile Klippen und Wind vertragen. Zu den am häufigsten vertretenen Pflanzen zählen Balsambüsche, wie die Papierrinden-Commiphora (*Commiphora marlothii*), Kandelabereuphorbien (*Euphorbia cooperi*) und anspruchslose Aloen (*Aloe cryptopoda* und *Aloe chabaudii*).

Die Kandelabereuphorbie wächst bis zu 10 m hoch und entwickelt in der Regenzeit gelbgrüne Blüten. Wenn man Euphorbien verletzt, tritt ein giftiger Milchsaft aus, wodurch bewiesen wird, dass es sich um ein Wolfsmilchgewächs und nicht um einen Kaktus handelt. Die Heimat der Kandelabereuphorbie ist die Kalahari.

Blühende Zierbäume in den Gärten

Eine Reihe schöner Zierpflanzen wurde im Laufe der Jahre nach Zentralafrika eingeführt. Zu ihnen zählt der in Australien beheimatete Flammenbaum *(Brachychiton acerifolium)*, der wegen seiner großen roten Blüten gerne in Gärten gepflanzt wird. Auch der Afrikanische Tulpenbaum *(Spathodea Campanulata)*, ein Import aus den tropischen Gebieten Westafrikas, hat große, scharlachrote Glockenblüten. Der Korallen- oder Roter-Feuerbaum *(Erythrina abyssinica)* schmückt ebenfalls viele Gärten. *Cassia Abbreviata* aus der Gattung des Kassien zählt zu den schönsten gelbblühenden Zierbäumen Afrikas. Man findet ein paar imposante Exemplare im Garten der Ilala Lodge (siehe Foto rechts oben). Der Hülsenfrüchtler blüht dort zwischen September und November. Der gleichen Familie angehörig ist der Afrikanische Schotenbaum (*Weeping Wattle, Peltophorum africanum*), der ebenfalls gelbe Blüten produziert, allerdings zwischen Februar und Juni. Von September bis November steht der Regenbaum (*Rain Tree, Mupanda, Lonchocarpus capassa*) in violetter Blüte. Der in Brasilien beheimatete Jacaranda *(Jacaranda acutifolia)* blüht zur selben Zeit wunderschön bläulich-lila. Zierliche Frangipani-Büsche (*Plumeria,* Foto rechts unten) und üppige Rhododendren schmücken die Gärten. Verschiedene Akazien wurden seit der Kolonialzeit aus Australien nach Afrika eingeführt, vor allem feuerrot blühende Schirmakazien mit langen Schoten (siehe Foto in der Mitte). Eingeführte Akazien tragen im Gegensatz zu den heimischen Arten vielfach keine Dornen.

Die Tierwelt an den Viktoriafällen

Bis in die 1970er Jahre konnte man noch mitten im Ort Elefanten, Leoparden, Erdferkel und Löwen antreffen, doch diese Begegnungen werden immer seltener. Die zunehmende Besiedlung und die Touristenströme drängten viele Tierarten zurück. Dennoch leben hier auch heute noch Buschböcke, Impalas, Ducker und Wasserböcke. Nahe der Grenzgebäude weiden oftmals Büffel, und während der Trockenzeit wandern Elefanten durchs Gebüsch und mitunter sogar durch die Straßen der Ortschaft.

Auf den Campingplätzen durchwühlen Warzenschweine und Meerkatzen die Mülleimer; Pavianen und Mangusten begegnet man an Swimmingpools oder bei Uferspaziergängen.

Der Golfplatz des Elephant Hills Hotels ist längst von der Tierwelt erobert worden: Warzenschweine, Wasserböcke und Impalas grasen auf der frischen Wiese zwischen den Golfern (nachts weiden hier die Hippos). An den kleinen Teichen warnen Schilder vor dem achtlosen Näherkommen – es könnte sich ja ein Krokodil darin aufhalten. Auf der Restaurantterrasse des gleichen Hotels teilen freche Vögel das Frühstück mit den Gästen und bereichern ihre Ernährung mit frischer Milch und Butter. Am Pool lauern Paviane auf achtlos beiseite gestellte Lebensmittel.

Bilder links von oben:

Zebramangusten sind lebhafte Rudeltiere und in den Hotelgärten von Victoria Falls unterwegs;

Mama Warzenschwein bewohnt mit ihrem Nachwuchs ein Abwasserrohr mitten in Victotia Falls;

Meerkatzen bevölkern die Region beiderseits des Sambesi und plündern gerne Mülltonnen

Früher stürzten gelegentlich Flusspferde die Viktoriafälle hinab. Weil man an den Kadavern keine Krankheiten erkennen konnte, vermutete man, dass die Tiere zu dicht an die Fälle geschwommen und mitgerissen worden waren. Da sich die Flusspferde wegen der vielen Ausflugsboote weiter flussaufwärts zurückgezogen haben, passieren solche Unglücke heute nur noch sehr selten.

Es kommt aber leider gelegentlich vor, dass Elefanten beim Überqueren des Sambesi oberhalb der Fälle durch die Strömung in Not geraten. Manchmal werden sie über die Fallkante in die Tiefe gerissen, oder sie stranden entkräftet auf einer kleinen Sambesiinsel. Im Oktober 2009 wurden auf Long Island zwei verlassene Elefantenbabys entdeckt, die offensichtlich von ihren Herden getrennt wurden, als sie den Fluss durchquerten. Die Babys waren völlig entkräftet und ihre einzige Überlebenschance bestand in einer aufwändigen Rettungsaktion per Motorboot und Kleinflugzeug. Beide Tierkinder haben das gefährliche Manöver überlebt und

konnten in der Obhut des Elephant Orphanage Projects wieder aufgepäppelt werden.

An den zahlreichen Landungsstellen der Ausflugsboote am Oberlauf des Sambesi lassen sich morgens oder spätnachmittags Hippos, Krokodile und Elefanten am Ufer oder auf den Inseln beobachten. In den Schluchten südlich der Fälle leben Leoparden und Greifvögel wie der äußerst seltene Kurzschwanzfalke. Mit etwas Glück kann man nachts im Großraum Victoria Falls sogar einzelne Schakale, Hyänen oder Wildkatzen aufspüren.

Auch bei den Fischen im Sambesi gibt es Bemerkenswertes zu berichten: Die unüberwindliche Barriere durch die Viktoriafälle führte zu völlig unterschiedlichen Entwicklungen. So leben oberhalb der Fälle 80 Fischarten, unterhalb davon 64 Spezies, doch nur 30 davon sind auch gemeinsame Arten.

Bilder links von oben:

Eine Meerkatze und ein Graubülbül im Frühstücksraum des Elephant Hills Hotel;

Verkehrsschild in Victoria Falls

Vögel

Während eines Aufenthalts an den Viktoriafällen bestehen sehr gute Möglichkeiten zur Vogelbeobachtung, denn 358 verschiedene Vogelarten sind hier bekannt.

Die beste Zeit ist die sommerliche Regenzeit, weil sich zu den heimischen Arten Tausende Zugvögel gesellen. Es gibt hier ein paar sehr seltene Spezies zu entdecken, wie den Kurzschwanz- oder Taitafalken (*Falco fasciinucha*) in der Batokaschlucht und Schalows-Turako (*Tauraco schalowi*), der im südlichen Afrika nur im Raum Victoria Falls vorkommt und die hohen Bäume nahe der Fälle liebt. Viel einfacher sind in den Gärten von Hotels und Restaurants Webervögel, Rötelschnäpper, Paradiesschnäpper und Graubülbül zu beobachten. Entlang des Sambesi hat der Schreiseeadler (Haliaeetus vocifer) sein Revier, wogegen die bunten Gabelracken (Coracias caudata) gerne auf städtischen Strommasten sitzen.

Bilder von oben:
Ein prächtiger Amethyst-Glanzstar (*Cinnyricinclus leucogaster*); und ein Trompeter-Hornvogel (*Bycanistes bucinator*)

Welche Vögel sieht man wo?

An Felsen und Gesteinsfeldern
Taitafalken, Schwarzstörche, Schwalben, Adler, Bussarde und Stelzen

An den Gewässern
Enten, Gänse, Reiher, Uferläufer, Kiebitze, Kormorane, Bienenfresser

Auf Wiesen und Weideland
Finken, Kuckucke, Webervögel, Rubinkehlpieper

Am seichten Flussufer
Nektarvögel, Nashornvögel, Grasmücken, Fliegenschnäpper

Im dichten Miombowald
Trappen, Nashornvögel, Bartvögel, Bülbüle

Im trockenen Mopanewald
Hornraben, Webervögel, Nashornvögel, Tauben, Papageien, Lerchen, Flughühner, Perlhühner

Im Unterholz
Schmetterlingsfinken, Königswitwen

Info Der Eingang zum umzäunten Victoria Falls Rainforest Nationalpark liegt etwa 500 m vor den Grenzgebäuden. Eintrittspreise: Besucher aus SADC-Staaten im südlichen Afrika 20 US$, Internationale Besucher 30 US$, Kinder die Hälfte. Eine Stunde „Moonlight Viewing" in Vollmondnächten kostet 40 US$ extra. Zahlbar in US$, Euro, Rand und Brit. Pfund. Öffnungszeiten: 6.30–18 Uhr; von November bis April ab 6 Uhr morgens

Besuch der Viktoriafälle

Für den Besuch der Viktoriafälle sollte man sich zwei bis drei Stunden Zeit nehmen. Tragen Sie bequemes Schuhwerk, mit dem Sie den befestigten, mehrere Kilometer langen Rundweg durch teilweise nasses Gelände gut bewältigen können, und lassen Sie alles unnötige Gepäck weg. Man wird zu jeder Jahreszeit mehr oder weniger stark eingeregnet. Bei Hochwasser wird man sowieso überall nass. Im Mittelteil des Rundwegs, auf Höhe der Main Falls, fällt auch in den trockensten Monaten noch Nieselregen auf die Besucher. Viele Touristen tragen Regenjacken oder Capes, manche spannen auch einen Schirm auf. Die warme Luft erlaubt es, trotz der Nässe sommerlich gekleidet zu bleiben. T-Shirts und Shorts trocknen hier schnell wieder. Nasse Sandalen sind weniger unangenehm und trocknen schneller als aufgeweichte Turnschuhe mit Socken. Fotografen sollten unbedingt an einen Nässeschutz für ihre Kamera denken.

Rundgang im Victoria Falls Rainforest NP

Im Eingangsgebäude nach der Kasse informiert eine kleine Ausstellung über die Wasserfälle. Dieses Besucherzentrum versprüht mit seinen verblichenen Fotografien und Karten einen nostalgischen, vernachlässigten Charme. Die meisten Besucher nehmen die Ausstellung deshalb kaum wahr und wenden sich dem Naturpfad zu den Fällen zu. Wir empfehlen, zunächst zum Livingstone-Denkmal und dem Devils Cataract zu laufen, da Sie sich dort noch außerhalb der nassen Gischt befinden.

Denkmal David Livingstones

Das bronzene Livingstone Memorial zeigt den Forscher in Überlebensgröße. Imposant und entschlossenen Schrittes, mit einem verbissenen Blick, der über die Fälle schweift, so wollten sich die Rhodesier seiner erinnern, als sie die Statue 1955, genau 100 Jahre nach ihrer Entdeckung an den Viktoriafällen errichten ließen. Im Grunde hätte sie besser an das zambische Nordufer gepasst, denn Livingstone hat sich zeitlebens deutlich mehr auf jener Uferseite des Sambesi aufgehalten und ist auch auf Zambias Staatsgebiet gestorben.

Zweimal im neuen Jahrtausend gab es Ambitionen, die Statue zu entfernen. 2001 durch „Kriegsveteranen", die das Relikt kolonialer Vorherrschaft demonstrativ eliminieren wollten und zwei Jahre später, als Zambia die Statue für sich beanspruchen wollte.

Wer entdeckte wirklich die Viktoriafälle?

Es ist bekannt, dass der Forscher und Missionar David Livingstone am 16.11.1855 im Kanu an den geheimnisvollen „Donnernden Rauch" gelangte. Von Livingstone Island wagte er den ersten Blick in den Abgrund. Denkbar ist aber auch, dass Livingstone womöglich gar nicht der erste Weiße an den Fällen gewesen ist. Bereits ab etwa 1840 wussten die Europäer im Süden Afrikas von der Existenz gewaltiger Wasserfälle. Neben Dr. Livingstone hatten zwei weitere Kandidaten die Möglichkeit, als erste Europäer vor den Wasserfällen zu stehen: Zum einen der portugiesische Elfenbeinhändler Silva Antonio Francisco Porto, der 1848 von Angola nach Osten zog. Und andererseits der Ungar Ladislaus Magyar, der 1851 aus dem heutigen Nordwestsambia nach Süden reiste und irgendwo in dieser Region den Sambesi überquerte. Beide Männer hinterließen der Nachwelt kaum Niederschriften, doch Nachforschungen lassen Spekulationen gedeihen, David Livingstone könnte sich den Entdeckerruhm eventuell unberechtigt angeeignet haben. Wie auch immer – dokumentarisch bewiesen ist als erster Besuch der des Dr. David Livingstone. Und er war unzweifelhaft auch der erste, der die Fälle dem Rest der Welt publik machte.

Devils Cataract

Vor dem Denkmal Livingstones führen 37 Stufen den „Chain Walk" zum Devils Cataract View Point hinab, benannt nach einer Eisenkette zum Festhalten, die es hier früher einmal gab. Inzwischen führt eine gut gesicherte neue Treppe hinab. Die namentliche Assoziation mit dem Teufel ist durchaus passend, hat man doch tatsächlich den Eindruck, in einen gefährlichen Schlund hinab zu steigen. Die Mühe lohnt sich, denn vom Cataract View Point bietet sich ein spektakulärer Ausblick auf die ganze Länge der Fälle, soweit sie in der tosenden, feuchten Gischt überhaupt zu erkennen sind. Der Blick in die Tiefe verliert sich in der tobenden Wassergewalt, die hier unentwegt auf blanken Fels bricht. Schließen Sie für einen Moment die Augen und geben Sie sich einmal ganz dem wütenden Tumult hin: Es ist unglaublich laut, brachial stürmisch und durch und durch nass!

Devils Cataract bezeichnet den kleinsten, nur 62 m tiefen Fall, der durch Cataract Island (auch Boaruka Island) von den restlichen Fällen getrennt ist, aber ganzjährig das meiste Wasser führt. Hier wird voraussichtlich die Fallkante des nächsten Wasserfalls entstehen, denn die Wassergewalten haben bereits einen zehn Meter tiefen Spalt ausgehöhlt, der beständig weiter erodiert (siehe S. 44).

Der Weg führt hinter dem Devils Cataract und dem Denkmal Livingstones noch ein kleines Stück weiter flussaufwärts, ehe er endet. Hier kann man einen schönen Blick über den Sambesi erhaschen. Um den Rundgang zu den verschiedenen Aussichtsplätzen anzutreten, muss man allerdings erst zur beschilderten Gabelung in Richtung Ausgang zurückkehren.

Bilder links: Blick auf den tosenden Devils Caratact; Abstieg zum View Point über 37 Stufen

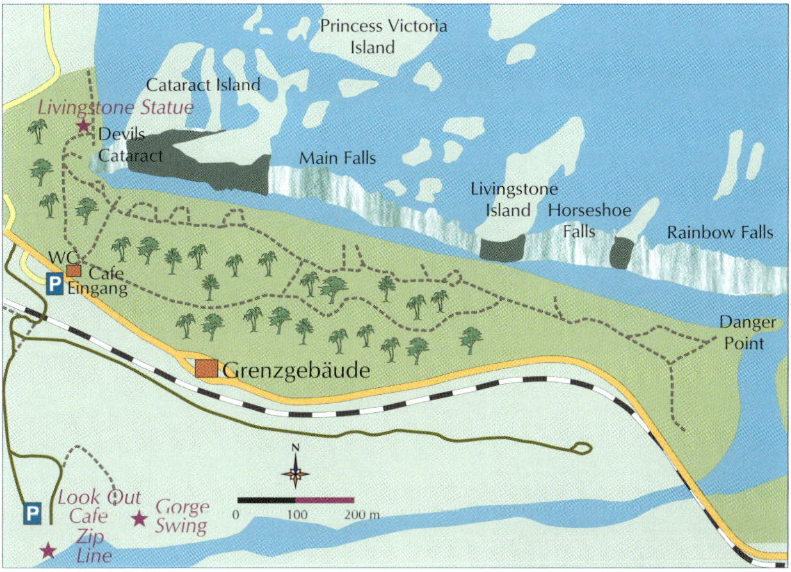
Princess Victoria Island
Cataract Island
Livingstone Statue
Devils Cataract
Main Falls
Livingstone Island
Horseshoe Falls
Rainbow Falls
WC
Cafe
Eingang
P
Danger Point
Grenzgebäude
N
Look Out Cafe
Gorge Swing
Zip Line
P
0
100
200 m

Durch den immergrünen Regenwald

Der Rundweg verläuft parallel zu den Fällen durch den bemerkenswerten kleinen Regenwald, der sich in diesem einzigartigen Dauergischt- und Sprühnebelbereich bildete. Im Ort Victoria Falls fallen jährlich 715 Liter Regen pro Quadratmeter. Auf den kleinen immergrünen Regenwaldstreifen an den Fällen gehen dagegen in jedem Jahr 30 000 Liter Wasser pro Quadratmeter nieder! Dieser 42-fache Niederschlag gegenüber der Umgebung erklärt dem Botaniker das Entstehen eines so komprimierten, ungewöhnlichen Biotops, in dem immergrüne Afrikanische Mangostanbäume (*Garcinia mangostana*) bis zu 25 m Wuchshöhe erreichen, die parasitären Sambesi-Feigen (*Ficus bussei*) mit ihren Luftwurzeln andere Pflanzen ersticken und Farne im Unterholz sprießen. Die am häufigsten vorkommenden Spezies sind Wilde Dattelpalmen (*Phoenix reclinata*), Rotes Milchholz (*Red Milkwood, Mimusops zeyheri*) Kapfeigen (*Mukuyu, Cape fig, Ficus capensis*) und Wasserbeerbäume (*Waterberry, Syzygium cordatum*). Der Regenwaldstreifen ist sehr schmal. Er reicht nur vom Devils

Cataract etwa bis zum Aussichtspunkt Nr. 12 und geht dort, wo die Sprühnebel enden, augenblicklich in den typischen trockenen Mopane- und Dornbuschwald über. Nahe der Felskante wachsen auch keine Bäume, sondern nur mehr robuste Gräser und niedriges Gebüsch, die dem ständigen starken Wind aus der Schlucht standhalten können.

Eine Besonderheit unter den Vögeln im kleinen Regenwald an den Viktoriafällen ist die seltene Helmturako-Unterart *Tauraco livingstonii*, die von aufmerksamen Ornithologen hier regelmäßig gesichtet werden kann.

Bilder links: Zu Beginn der Regenzeit bedecken überall leuchtende Blutblumen (*Fireball, Haemanthus multiflorus*) den schattigen Urwaldboden. Oben: Trompeter-Hornvogel (*Bycanistes bucinator*).

Rundweg mit Aussichtspunkten

Der befestigte Rundweg führt an zahlreichen kurzen Abstechern zu den verschiedenen Aussichtspunkten vorbei. Manchmal schützen hohe Bäume vorübergehend vor dem Nieselschauer, doch stets öffnet sich die Vegetation rasch wieder, so dass man überall in die Gischt gerät. Jeder Aussichtspunkt ermöglicht neue Ausblicke auf die gegenüberliegenden Wassermassen und lässt den Besucher dabei zunehmend demütig werden. Immer deutlicher werden das schiere Ausmaß dieser gigantischen Wasserfälle und die zerstörerisch-schöne Wucht ihrer freigesetzten Kräfte. Der einzelne Mensch, Zeuge solcher Naturgewalten, steht in der nassen, stürmischen Gischt und fühlt sich verschwindend winzig und unbedeutend. Die Viktoriafälle bringen die Besucher zum Schwärmen und Philosophieren.

Unten: Nervenkitzel pur in der Trockenzeit: Mutige laufen von der Zambia-Seite zum Baden bis an die Fallkante der Main Falls

Beim Fotografieren sollte man trotz aller Leidenschaft bedenken, dass nur leichte Schutzzäune aus Dornzweigen eine Abgrenzung zur steilen Schlucht bilden, die eher symbolischen Charakter haben. Halten Sie stets einen sicheren Abstand zur nassen Steilkante und steigen Sie niemals über eine der Absperrungen.

Vom View Point Nr. 6 bietet sich der beste Ausblick in den Devils Cataract. Von hier aus kann man sogar das Denkmal von David Livingstone erkennen. Der nächste Aussichtspunkt Nr. 7 offenbart die Main Falls in voller Breite und einen Blick in die tiefe Schlucht. In diesem Bereich stehen imposante Baumriesen, die dem Unterholz viel Schatten gewähren und teilweise Stützwurzeln entwickelt haben.

Bilder rechts: Devils Cataract, Cataract Island, die Main Falls und Livingstone Island bei niedrigem Wasserstand aus der Vogelperspektive; View Point vor Livingstone Island bei Hochwasser; Regenbogen.

Entlang der 830 m breiten, ganzjährig wasserführenden **Main Falls** zeichnen Sonne und Gischt besonders herrliche Regenbögen. Die Main Falls liegen zwischen den beiden Inseln Cataract Island und Livingstone Island. Auf Livingstone Island hatte der Forscher Livingstone im November 1855 eine beschwerte Schnur von der Fallkante herunterhängen lassen, um die Tiefe der Fälle zu messen. Nach 90 m blieb die Schnur allerdings an einem Felsvorsprung hängen. Er hatte außerdem versucht, auf der Insel Kaffee zu pflanzen, scheiterte jedoch an der Fresssucht und Zerstörungswut der Flusspferde. Heute können Touristen in exklusiven Zelten auf der Insel übernachten oder während

des niedrigsten Wasserstands vom zambischen Ufer hierher wandern, um in den zurückgebliebenen Tümpeln, wie den „Armchair Falls", ein Bad mit spektakulärer Aussicht und viel Nervenkitzel zu nehmen oder auch nur, um den gleichen Blick zu genießen wie David Livingstone im Jahr 1855.

Jenseits von Livingstone Island schließen sich die kleinen, hufeisenförmigen **Horseshoe Falls** und die **Rainbow Falls** an, in deren Bereich der 108 m tiefe Greatest Fall und der Ablauf des Sambesi liegen. Diese Fälle lassen sich von den Aussichtspunkten 11 bis 14 sehr gut betrachten. Bei Niedrigwasserstand liegt die Felswand manchmal ab den Horseshoe Falls bis zum Eastern Cataract völlig trocken.

Der Rundweg führt nun durch baumlose, dem Aufwind ausgesetzte Gräser und endet am View Point Nr. 15, dem windumtosten **Danger Point**. Zwischen März und Mai ist man auf diesem nackten, glitschigen Felsen einer heftigen Dauerdusche ausgesetzt, die die meisten Besucher zur schnellen Flucht veranlasst. Vorsicht geboten! Bei Niedrigwasser bietet sich Danger Point dagegen als Picknickplatz an (Foto unten) und gewährt einen weiten Blick in den Eastern Cataract, der und zu dieser Zeit meist völlig trocken liegt. Man kann dann von hier aus vormittags die Wildwasserfahrten in der über 100 m tiefen Schlucht im Boiling Pot starten sehen. Auf der gegenüberliegenden Seite der Schlucht befindet sich der zambische Aussichtspunkt am „Knife Edge“ so nah, dass sich die Touristen zuwinken können (Foto rechts).

Eine Abzweigung führt vom Danger Point weiter durch hohes Gras zum Aussichtspunkt Nr. 16 mit freiem Blick in die zweite Schlucht (die Vorgängerin der heutigen Viktoriafälle), auf die Victoria Falls Stahlbrücke und die waghalsigen Bungee-Springer, die sich dort in die Tiefe stürzen. In der Tiefe strudelt und donnert der Boiling Pot, jener Ablauf der Fälle, an dem sich der Sambesi in die engen Zickzackschluchten zwängen muss. Im Boiling Pot, dem Hexenkessel, werden mitunter Dinge angeschwemmt, die unabsichtlich über die Viktoriafälle in die Tiefe gerissen wurden, seien es verendete Elefanten und Hippos oder verunglückte Touristen. Nicht nur deshalb wirkt der Boiling Pot (S. 116) so unheimlich, bedrohlich und beängstigend.

Der Rückweg zum Ausgang, der nicht direkt an den Aussichtspunkten vorbei führt, ist weniger stark frequentiert und bereits der Sonne ausgesetzt. Wer hier aufmerksam unterwegs ist, kann Paviane, scheue Ducker und zierliche Schirrantilopen entdecken.

Tipps zum Fotografieren

Die beste Tageszeit für herausragende Fotoaufnahmen an den Fällen ist frühmorgens oder spätnachmittags zum Sonnenuntergang. Denn die aufsteigende Gischt nimmt während der wärmsten Stunden gegen Mittag deutlich zu, wodurch die Sicht erschwert wird.

Die Bedingungen bei Hochwasserstand zwischen März und Mai: Sie werden in dieser Zeit unweigerlich in dichten Gischtregen geraten, der Sie bis auf die Haut durchnässt, inklusive aller Utensilien, die nicht regensicher verpackt worden sind. Tragen Sie entweder luftige Kleidung, die nass werden darf, oder einen guten Regenschutz. Schützen Sie ihre Kamera so gut wie möglich vor der Nässe. Das imposante Schauspiel wird die meisten Bilder vermutlich hoffnungslos vernebeln, außerdem sind die Fälle so ausladend, dass man sie kaum auf ein Bild bannen kann. Die klarsten Aufnahmen lassen sich dann bei einem Rundflug aus der Vogelperspektive machen. Ungeachtet der schwierigeren Fotobedingungen sind die Viktoriafälle bei Hochwasser ein unvergleichlicher Ansturm auf alle Sinne!

Ausgezeichnete Fotochancen bieten die Monate Juni bis August, und hier vor allem wieder morgens und abends. Die Fälle stürzen noch in ganzer Breite hinab, sind aber nicht mehr so stark vernebelt. Der gegenüberliegende frische Tropenwald hebt sich von der braunen, trockenen Umgebung deutlich ab. Jetzt sind die Fälle eher lieblich als gewaltig.

Ab Oktober wird der Wasserstand so niedrig, dass nackte Felswände den Gesamteindruck schon trüben können. Die verbliebenen Rinnsale erinnern kaum an die Wassergewalten bei Hochwasser.

Ein ganz besonderer Höhepunkt ist eine Vollmondnacht an den Fällen, wenn tatsächlich selbst der Mondschein einen fahlen Regenbogen („Luna Rainbow") zaubert.

Sehenswertes in Victoria Falls

Beschaulicher Bahnhof mit kolonialem Flair

Der kleine Bahnhof von Victoria Falls wirkt wie ein Relikt aus einer vergangenen, besseren Zeit. Mehr als zwei Millionen Reisende und Urlauber sind hier nach langer Fahrt dem Zug entstiegen und die paar Schritte bis zum Victoria Falls Hotel gelaufen, zu dem es einen eigenen Fußweg gibt. Heute ist es dagegen sehr ruhig geworden um den Bahnhof. Eisenbahnfreaks und Nostalgiker sollten die herausgeputzte Bahnstation unbedingt besuchen. Mit ihrem farbigen Anstrich, zahlreichen Rundsäulen und dem mit Palmen und Zierbäumen bepflanzten Vorplatz zählt sie zu den anmutigsten Komplexen von Victoria Falls. Manchmal stehen hier sogar noch alte Dampfloks.

Zambezi Drive und der Big Baobab Tree

Der Rundweg Zambezi Drive führt knapp 2 km entlang des Sambesiufers, bis er kurz vor einem riesigen Baobab nach Süden abknickt. Unter diesem gigantischen Baobab sollen schon die ersten Händler und Reisenden ihr Lager aufgeschlagen haben, bevor sie an der Old Drift über den Fluss setzten. Man sagt, der Baum sei annähernd 1500 Jahre alt. Sein Stamm misst fast 18 m Umfang und seine Höhe beträgt etwa 23 m.

Zwischen dem Sambesiufer und dem Zambezi Drive verläuft ein Fußpfad durch die malerische Ufervegetation, der wunderbare Ausblicke gewährt. Allerdings sollte man hier stets achtsam und vorsichtig sein, ist es doch der Lebensraum für zahlreiche Wildtiere. Begegnungen mit Meerkatzen, Pavianen, Schirrantilopen und Warzenschweinen zählen zu den harmlosen Abenteuern, nicht selten sieht sich der Fußgänger hier aber auch grasenden Hippos, wandernden Elefanten oder Büffeln gegenüber. Zwar haben sich die meisten Tiere an Menschen gewöhnt, doch sind sie potenziell gefährlich, vor allem wenn sich der Mensch falsch verhält.

Führung durch die Krokodilfarm

Die Krokodilzuchtfarm des Zambezi Wildlife Sanctuary heißt Besucher täglich von 8–17 Uhr willkommen. Die knapp einstündige Führung über das Gelände wird gespickt mit Informationen über den Lebenszyklus der Reptilien, und ein kleines Museum gewährt Einblicke in das Ökosystem ihres Lebensraums. Man erfährt dort allerlei erstaunliche Dinge, z. B. dass Krokodile im Laufe ihres Lebens rund 1 % ihres Körpergewichts an Steinen und Felsbrocken schlucken, die sich im Magen ansammeln!

Aus dem Babybecken angelt der Guide dann ein verschrecktes Opfer und lässt die Besucher über den kleinen Panzer streicheln. Dramatisch wird es bei der Frischfleischfütterung der alten, bis zu 6 m langen und 700 kg schweren Riesenechsen (täglich um 15.45 Uhr), schnappen sie doch blitzschnell und aggressiv nach dem begehrten Happen. Auf dem Gelände werden außerdem drei Löwen aus Äthiopien, ein Strauß und ein scheuer Ducker gehalten. Anbei sind auch ein kleines Gartenlokal und ein Souvenirladen, in dem auch Produkte aus Krokodilleder vertrieben werden. Der Eintritt beträgt 5 US$ für Erwachsene und 3 US$ für Kinder.

Elephant's Walk Shopping Village

Im Elephant's Walk Shopping Village gerät man unversehens in eine tropische Oase: Inmitten der Boutiquen und Kunstgalerien befindet sich hier das lässig-farbenfrohe **Africa Café**. Erfrischende Sprühnebel imitieren die Gischt der Viktoriafälle und befeuchten die vielen tropischen Pflanzen im Innenhof des Gebäudekomplexes. Die Besucher freuts', außerdem bietet das Café gratis Internetzugang. Sehenswert ist hier auch das **Heritage Centre** gleich neben dem Café; eine Art Volkskundemuseum. Neben den verschiedenen Souvenir-, Schmuck-, Möbel- und Modeläden hat sich auch ein Tierpräparator (Taxidermy) im Shopping Village niedergelassen. Geöffnet ist der Komplex täglich ganztags.

Info Mit Kunsthandwerk wird hier übrigens auch schon sehr lange gehandelt: Clarks Curios vertrieb bereits 1903 Andenken und Souvenirs auf der zimbabwischen Seite der Viktoriafälle. 1905 erkannte auch der Lozi-König Lewanika die lukrative Einnahmequelle und ließ einen ersten Laden für afrikanisches Kunsthandwerk am Nordufer des Sambesi eröffnen.

Oben: Beim Falls Craft Village in Victoria Falls; Batik mit Zebra-Motiv

Kunsthandwerk auf dem Souvenirmarkt

Das Angebot an Kunsthandwerk und Andenken aller Art scheint in Victoria Falls mit jedem Jahr noch umfangreicher zu werden. Die Besucher haben die schwere Wahl unter unzähligen Holzgiraffen in allen Ausführungen und Größen, Hunderten Shona-Steinskulpturen, weißen Häkeldecken, bunten Stoffen, bedruckten T-Shirts und zahlreichen Töpferwaren. Hölzerne Flusspferde sind der Dauerrenner unter den Souvenirs. An den kleinen Tierfiguren wird etwa 3–5 Tage gearbeitet, an einem großen Hippo bis zu zwei Wochen. Man sollte beim Einkaufen von Kunsthandwerk aber nicht vergessen, dass die verwendeten Materialien teilweise massive Schäden an der Umwelt nach sich ziehen. Gerade die Holzschnitzereien sind deshalb in Verruf geraten. Für die Schnitzereien werden hochwertige Edelhölzer mit unterschiedlichen Härtegraden verwendet. Rötliche Teakhölzer und das dunkle Ebenholz finden die häufigste Verwendung. Beide Baumarten sind langsam wachsend und durch den starken Holzeinschlag für die Souvenirherstellung seit Jahren bedroht.

Handeln – die Kunst des Feilschens

Supermärkte, Restaurants und Geschäfte haben Festpreise. Auf den afrikanischen Märkten wird der Preis von Kunsthandwerk, Souvenirs und Andenken aller Art dagegen ausgehandelt. Das ist gängige Praxis und für die Beteiligten in aller Regel eine Art Volkssport. Feilschen ist also kein Zeichen von Geiz, sondern praktisch des Käufers Verpflichtung. Die Preise sind sehr variabel und hängen von der Tagesstimmung und der aktuellen finanziellen Situation des Händlers ab. Die meisten Afrikaner sind geschickte Kaufleute, die eine Menge Show bei den Verhandlungen einsetzen und viel Menschenkenntnis beweisen.

Wie viel man jeweils vom angebotenen ersten Preis herunter handeln kann, lässt sich nicht pauschal sagen. Die oft empfohlene Richtlinie, nach der der reelle Preis ca. 50-70 % des ersten Angebots beträgt, halten wir für irreführend. Sie mag natürlich in touristischen Regionen ihre Berechtigung finden, wo die Preise durch ahnungslose Urlauber teilweise astronomisch in die Höhe schnellen. Man kann auf einem Markt den zehnfachen Preis des reellen Wertes genannt bekommen und an der nächsten Straßenecke plötzlich den ehrlichen Einheimischenpreis erhalten, der kaum noch Spielraum für das Handeln lässt. Hier hilft einfach nur Fingerspitzengefühl. Am besten fragt man verschiedene Händler auf unterschiedlichen Märkten nach den Preisen für die begehrte Ware und prägt sich das Preisgefüge ein. So erhält man mit der Zeit eine Vorstellung vom Preisniveau. Unserer Erfahrung nach neigen Männer stärker zum Fordern überhöhter Preise als Frauen. Wenn man auf dem Markt nach dem Einkauf vom Gemüsehändler noch ein, zwei Produkte gratis „obendrauf" erhält, ist dies oft ein Zeichen dafür, dass er mit Ihnen ein gutes Geschäft gemacht hat. Der Fairness halber gibt er Ihnen noch etwas dazu. Alles in allem gilt es, den schwierigen Mittelweg zu finden zwischen dem pedantischen Geizkragen, der den Afrikanern die Freude, an einem ahnungslosen Touristen ein wenig besser als sonst zu verdienen, nicht gönnt, und dem naiven Grünschnabel, der sich unverhältnismäßig stark „übers Ohr hauen lässt".

Wenn Sie geschickt handeln wollen, brauchen Sie Zeit, ein wenig Schauspielkunst und möglichst Routine im Ritual des Feilschens. Sie sollten sich immer erst einen Preis nennen lassen. Setzen Sie nun Ihren Preis deutlich niedriger an, als Sie zu zahlen bereit sind, denn jetzt wird zwischen dem geforderten und Ihrem gebotenen Preis weiter verhandelt. Der Händler wird die Hände über dem Kopf zusammenschlagen, Empörung zeigen und von seinem Ruin jammern. Spielen Sie mit, markieren Sie den Desinteressierten, und wenn Sie zu zweit sind, kann Ihr Partner durch scheinbares Drängeln zum Weitergehen die Verhandlungen beschleunigen. Nähern Sie sich langsam an die Summe, die Sie zu zahlen bereit sind, an. In der Hochsaison, bei einigermaßen gesicherter Nachfrage, handelt es sich schwieriger. Da stellt sich ein Händler eher die Frage, ob er das begehrte Stück bei geringerem Profit abgibt, oder ob er lieber auf den nächsten Touristen wartet, der vielleicht viel mehr dafür zu zahlen bereit ist.

Sie werden vermutlich kaum erfahren, ob Sie einen fairen Preis bezahlt haben, oder ob sich der Händler insgeheim ins Fäustchen lacht. Man kann in der Regel davon ausgehen, dass ein Händler nur dann verkauft, wenn er noch etwas daran verdient, denn Verluste macht kein Kaufmann freiwillig. Andererseits sollte man gerade in Zimbabwe die wirtschaftliche Notlage der Bevölkerung berücksichtigen. Oft muss ein Straßenhändler viele Personen seiner Großfamilie, vielleicht sogar Aidswaisen der Verwandtschaft, versorgen. Was zählt es da, vielleicht 5 US$ herausgehandelt zu haben, die eine Familie dringend zum Essen brauchen würde? Und sind ein paar zuviel bezahlte Euro nicht in den meisten Fällen eine direkt beim Bedürftigen abgeführte Spende? Ein guter Kaufabschluss ist deshalb nur der, bei dem beide Seiten anschließend zufrieden sind.

Der Zambezi NP ist zwischen Mai und September täglich von 6–18 Uhr geöffnet, die übrigen Monate wird der Park je nach Wetterlage mitunter vorübergehend gesperrt. Die Wege sind nach starken Regenfällen für Pkws nicht befahrbar.

Parkgebühren: Besucher aus den SADC-Staaten im südlichen Afrika zahlen 12 US$ Eintritt; internationale Gäste, z. B. Europäer, 15 US$ Eintritt. Kinder jeweils die Hälfte. Fahrzeuge mit Zimbabwe-Kennzeichen kosten 5 US$, alle anderen 10 US$. Camping kostet pauschal 50 US$ pro Stellplatz und Nacht (SADC-Bürger 30 US$). Ferienhäuser im Park: siehe S. 98.

Safariagenturen bieten Pirschfahrten ab 70 US$ inklusive Parkgebühren und Picknick an.

Kontakt: Victoria Falls Parks & Wildlife Office: P. Bag 5925, Tel. +263-13-42294/44566. Harare Parks & Wildlife Office: Tel. +263-4-706077/8, Fax 793867, email: bookings@zimparks.co.zw, Internet: www.zimparks.org.

Safari im Zambezi Nationalpark

Seit 1931 steht das Gebiet entlang der Viktoriafälle unter staatlichem Schutz. 1979 unterteilte man das Gelände in zwei einzelne Parks, den 23 km² kleinen Victoria Falls Rainforest NP, der sich von den Viktoriafällen bis fast zur Batokaschlucht zieht, und den 560 km² großen Zambezi National Park oberhalb der Wasserfälle. Wegen seiner traumhaft schönen, rund 40 km langen Uferkulisse am Sambesi zählt ein Ausflug in den Zambezi Nationalpark zu den reizvollsten Erlebnissen in Victoria Falls.

Der Park wird von der Straße nach Kazungula/ Botswana durchschnitten und somit in zwei Bereiche unterteilt; in die Region am Sambesiufer und das Chamabonda Vlei. Der nördliche Teil, zwischen der Teerstraße und dem Sambesi, ist der interessantere Bereich und bietet ein Wegenetz von über 100 km Länge.

Sambesi-Region: Nach dem Eingangstor führt die Hauptpiste parallel zum Flusslauf nach Nordwesten und gewährt immer wieder herrliche Ausblicke auf die palmenbestandene Uferszenerie. Es besteht die Möglichkeit, über den Liunga Loop landeinwärts zu fahren. Weil im Hinterland dichter Buschwald dominiert, empfehlen sich aber eher die Pirschfahrten in Ufernähe. Hier wird ein Klischee Afrikas wahr: Am Sambesiufer dösen Hippos und Krokodile, in den hohen Bäumen wachen stolze Schreiseeadler. Von Zeit zu Zeit kommen einige der zwölf heimischen Antilopenarten, Zebras und Elefanten zum Trinken an den Fluss. Auch Warzenschweine, Löffelhunde, Hyänen und Löwen durchstreifen den Park, der allerdings besonders für seine immensen Büffelherden berühmt ist. Erfreulicherweise halten sich auch mehrere Wild Dogs im Park auf, die heute zu den am meisten gefährdeten Tierarten Afrikas zählen. An der Uferstraße befinden sich neben 25 ausgewiesenen Picknickplätzen auch fünf idyllische Campingstellplätze, auf denen mit Blick auf den großen Strom und seine vielen bewaldeten Inseln stimmungsvoll genächtigt werden kann (siehe S. 98).

Chamabonda-Region: Nur eine Stichstraße führt durch diesen Teil des Parks, dessen Zugang 7 km südlich von Victoria Falls liegt. Der Eintritt muss beim Gate zum nördlichen Teil oder beim Wildlife Office in Victoria Falls bezahlt werden (er gilt für beide Bereiche des Parks). Entlang des Chamabonda Vlei führt der Weg über die Kaliankua Pan zur 25 km entfernten Njako Pan. Hier steht eine Aussichtsplattform, die gute Tierbeobachtungen in der offenen Grassavanne ermöglicht.

Oben: Prächtige Rappenantilopen
Unten: Freundliche Wildhüterinnen beim Haupt-Parkeingang

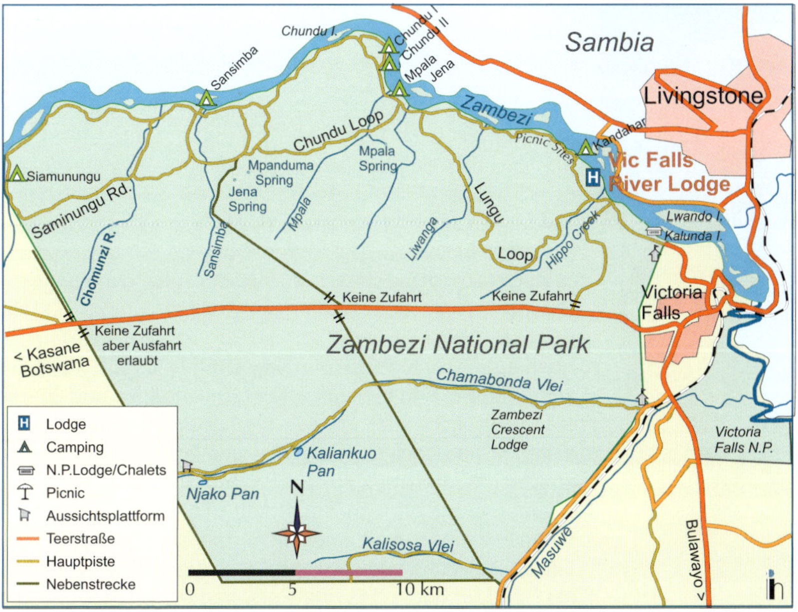

Oben: Die Früchte des Leberwurstbaums

Tipp Fernglas, Sonnenbrille, Kamera und eine leichte Jacke einpacken!

Vielfältige Freizeitaktivitäten

Die vielfältigen Aktivitäten in Victoria Falls werden fast unisono preisgleich in allen Reiseagenturen der Stadt und in den Hotels und Lodges angeboten. Die Transfers der Gäste von und zum Hotel sind im Preis in der Regel inklusive.

Sambesi-Bootsfahrten: Sundowner und Dinner Cruise

Die romantischen zweistündigen Vergnügungsfahrten auf dem Sambesi sind unbestritten die beliebteste Freizeitgestaltung an den Viktoriafällen und ein fester Bestandteil fast aller Ausflugspakete. Sie finden morgens, mittags und am späten Nachmittag statt. Die „Sunset Cruise" zum Sonnenuntergang ist besonders stimmungsvoll (40–50 US$). Sie gibt es auch in der Variante „Dinner Cruise" inklusive einem Abendessen an Bord des Ausflugsschiffes (110 US$ pP). Im Preis sind bei den meisten Anbietern Getränke und Snacks enthalten, auch hier werden die Gäste von ihren Hotels abgeholt und nach der Veranstaltung zurück gefahren. Bei größeren Booten mit über 100 Plätzen, auf denen die Reisegruppen unterkommen, entwickelt sich durch die alkoholischen Freigetränke oft eine feucht-fröhliche Stimmung. Wer eine stillere, romantische Fahrt bevorzugt, sollte ein kleineres Schiff für höchstens zehn Personen wählen, bei dem die

Akzente anders gesetzt werden. Der „Sunset-Cruise mit High Tea & Spirits“ auf dem kleinen, zur Ilala Lodge gehörenden Luxusboot Ra-Ikane wird für 80 US$ pro Person angeboten. Bei allen Angeboten kommen außerdem noch 10 US$ Nationalparkgebühr hinzu.

Die größten Anbieter sind Shearwater, Adventure Zone und Wild Horizons. Sie lassen ihre Gäste am Landungssteg von Tänzern und Sängern empfangen. Die Fahrt führt

dann den Sambesi flussaufwärts entlang des Zambezi Nationalparks, ehe die gemütliche Rückfahrt durch die Inseln und Kanäle des Sambesioberlaufs folgt. Ein paar Hippos grunzen und zahlreiche Wasservögel begleiten die Boote. Manchmal können die Ausflügler Elefanten am Ufer zwischen den Palmen entdecken oder Krokodile, die still vorüber treiben. Zum Sonnenuntergang halten die Boote meistens für ein paar unvergessliche, stille Momente mitten auf dem Wasser an und kehren schließlich mit der hereinbrechenden Nacht wieder an den Landungssteg zurück.

Oben: Ein Nilwaran flüchtet vor den Booten ins sichere Wasser

Die internationale Klassifizierung von Stromschnellen

Klasse 1: Einfach. Kleine Wellen in schnell fließendem Gewässer.
Klasse 2: Anfänger. Felsen im Wasser verursachen Strudel. Man kann noch gut schwimmen.
Klasse 3: Fortgeschrittene Anfänger. Schäumendes Wasser und stärkere Stromschnellen, starke Strömung.
Klasse 4: Fortgeschrittene. Mächtige Stromschnellen in turbulentem Wasser mit großen Walzen und tiefen Löchern.
Klasse 5: Experten. Extremer Wasserdruck, tiefe Strudel, scharfkantige Felsen, kontinuierliche Stromschnellen, rasante Wasserfließkraft, große Gefahren und sehr hohe Verletzungsgefahr.
Klasse 6: Nogo-Area. Hohe Wellen, riesige Felsen, Lebensgefahr besteht selbst für erfahrene Paddler.

White Water Rafting

Die denkbar größte Adrenalinspritze stellen die Wildwasserfahrten unterhalb der Viktoriafälle dar. Der Wildwassertrip am Sambesi zählt mit Schwierigkeitsgraden von 3 bis 5 (auf der Skala von 1 bis 6) zu den schwierigsten auch für Amateure zugänglichen Touren der Welt. Und ist entsprechend gefährlich. Das hochwertige Material der Schlauchboote und die erfahrenen Profis, die die Boote lenken, sorgen für ein möglichst hohes Maß an Sicherheit, dennoch erfordert es einiges an Mut und Selbstvertrauen, sich diesen Touren anzuschließen. Fast immer „flippen" (kippen) einige Boote in den Stromschnellen und über Bord Gegangene müssen anschließend wieder von nebenher fahrenden Kajaks eingesammelt werden. Verletzungen sind dabei nicht selten, leider sind auch schon mehrere Teilnehmer tödlich verunglückt. Eine Spazierfahrt ist dies also sicherlich nicht, sondern ein stundenlanger Nervenkitzel und körperlich sehr anstrengend. Denn zum Schluss müssen die Rafter aus der 250 m tiefen Batokaschlucht zu den wartenden Transferfahrzeugen hinauf wandern. Wer beim Rafting teilnimmt, kann mit an Sicherheit grenzender Wahrscheinlichkeit davon ausgehen, bis auf die Haut durchnässt zu werden, selbst wenn man nicht über Bord geschleudert wird oder das Boot kippt. Die Namen der 24 Stromschnellen zwischen dem Boiling Pot und dem Endpunkt der Touren sprechen Bände: sie heißen Double Trouble, Washing Machine, Commercial Suicide, Overland Truck Eater, Stairway of Heaven und The Terminators...

Die Wildwasserfahrten sind abhängig vom Wasserstand des Sambesi. Etwa zwischen Juli und Mitte Februar findet „Low Water Rafting" statt, bei dem die Boote

bereits beim Boiling Pot zu Wasser gelassen werden. Die übrigen Monate kann beim „High Water Rafting“ wegen der gefährlichen Strudel erst ab Rapid Nr. 11 gestartet werden. Die ganztägigen Touren kosten 120 US$ inklusive Transfers, Mittagessen und Getränken. 10 US$ Nationalparkgebühren kommen noch extra hinzu.

Alle Teilnehmer müssen Schwimmwesten und Sturzhelme tragen und werden zu Beginn eingehend instruiert, wie sie sich in den Stromschnellen zu verhalten haben. Es darf kein Gepäck mitgebracht werden, man sollte sogar auf Brillen verzichten. Die Boote werden von Filmteams begleitet, die das Spektakel professionell zu einem Videofilm verarbeiten, welchen die Teilnehmer anschließend erwerben können.

Wer noch eine Steigerung des Wildwasserabenteuers sucht, kann Rafting auch noch mit Wellenreiten auf dem tosenden Sambesi verbinden (nur bei Niedrigwasser möglich für 190 US$).

Info Als 1980 auf zambischer Seite das Unternehmen SOBEK die ersten Wildwasserfahrten in den Sambesischluchten unternahm, gingen alle davon aus, dass es auf der Strecke keine Krokodile geben würde. Heute weiß man es besser, doch sind die Krokodile offensichtlich das geringere Übel, das den Raftern zu schaffen macht...

Rundflug über die Fälle: Flight of Angels

Oben: Im Microlight über die Fälle

Den besten Eindruck von der geologischen Form des Geländes erhält man aus der Vogelperspektive. Während des Wasserhöchststands ist diese Perspektive auch die einzige, von der aus die Fälle klar zu ermessen sind. Schon seit Jahrzehnten kreisen kleine Sportflieger über dem Naturschauspiel, und seit einigen Jahren ist das Angebot mit Helikopterflügen, Microlight- und Ultraleichtflugzeugen sowie Fallschirmtandem- und Einzelsprüngen deutlich gewachsen (auf sambischer Seite; in Zimbabwe werden derzeit nur die Helikopterflüge angeboten). Die ungebrochene Begeisterung für das Erlebnis, in einem Sportflugzeug die Viktoriafälle zu erleben, hält an, was leider auch zu einer nicht unerheblichen Lärmbelästigung führt. Bei gutem Wetter sind die Flieger von morgens bis spätnachmittags in der Luft.

Die Piloten der kleinen Sportflugzeuge oder Helikopter drehen beim kurzen Rundflug für ca. 12–13 Minuten in jeder Richtung ein paar Kreise direkt über den Fällen, so dass alle Passagiere eine perfekte Aussicht genießen können. Bei der noch spannenderen 25-Minuten-Variante folgt der Pilot zusätzlich im Tiefflug dem Zickzackkurs des Sambesi in die Batokaschlucht und zieht anschließend noch eine ausgiebige Schleife über dem Zambezi Nationalpark.

Oben: Ein Helikopter landet

Durchgeführt werden die Helikopterflüge von Shearwater Adventures, eine Vorausbuchung ist notwendig und kann in allen Reiseagenturen und Hotels getätigt werden. Im Preis von 150 US$ pro Person zzgl. 12 US$ Nationalparkgebühr sind neben dem 12-minütigen Helikopterflug auch die Abholung und der Rücktransfer zum Hotel inklusive. In der Regel ist das Wetter vormittags klarer und weniger bewölkt als nachmittags, daher empfiehlt sich ein Rundflug in den Morgenstunden. Die moderne Shearwater-Hubschrauberflotte mit Fluggeräten, in denen jeweils vier oder sechs Personen Platz haben, kann in Spitzenzeiten 75 Flüge pro Tag absolvieren (Sitzaufteilung der Passagiere: 1 - 3 bzw. 1 - 3 - 2). Auch hier werden alle Gäste individuell gefilmt und fotografiert, wodurch die Betreiber auf zusätzliche Einnahmen hoffen (die Fotos kosten rund 12 Euro, der Videofilm 25 Euro).

Bilder rechts: Genussvolle Kanufahrt auf dem Sambesi; Die Bungee-Absprungstelle liegt genau in der Mitte der Victoria Falls Brücke

Kanufahrten am Oberlauf des Sambesi

Kanufahrten auf dem Sambesi liegen im Schwierigkeitsgrad zwischen einem Bootsausflug und einer Wildwasserfahrt. Die Vielfalt ist auch hier groß: Unter einer „Wine Route" versteht man die bequeme Luxussafari im Kanu, bei der die Gäste gemütlich Tiere beobachten, Wein oder Gin Tonic schlürfen und von einheimischen Paddlern gelenkt werden.

Für die Mutigeren gibt es „White Water Canoeing", bei denen die Teilnehmer selbst hinter einem erfahrenen Guide paddeln und kleinere Stromschnellen der Klasse 1 bis 3 bewältigen müssen. Nebenbei sollten sie auch den Flusspferden aus dem Weg gehen. Diese Abenteuer bieten eine ideale Kombination aus Naturerlebnis und aktiver Betätigung. Die meiste Zeit kann man sich ohne Anstrengung mit der Strömung treiben lassen. Tagestouren inkl. Frühstück und Mittagessen sind buchbar für 150 US$. Bei allen Kanutouren kommen zudem noch 10 US$ Nationalparkgebühr hinzu.

Bungee-Springen

Es gibt Leute, die haben Spaß daran, sich kopfüber in eine Schlucht zu stürzen, und für die ist der 111m tiefe Sprung an der Victoria Falls Brücke in den Boiling Pot wohl das Höchste. Seit Anfang der 1990er Jahre bietet sich hier die Gelegenheit, einen der höchsten kommerziellen Brückensprünge der Welt zu unternehmen. In einer Umgebung, die für einen Sprung in die Tiefe kaum dramatischer sein könnte. Wer den Bungee Jump probieren möchte, muss den Grenzposten an der Brücke passieren, denn die Absprungstelle liegt im Niemandsland. Es fallen dabei keine Gebühren oder neuen Visakosten an, man muss aber den Pass abgeben. Ein Solo-Sprung kostet 160 US$.

National Park Lodges
Bootsclub
Bootsanlegestellen
Azambezi River
Zambezi NP
Elefanten Reiten
Krokodil Farm
Golfplatz
Elephant Hills
Hubschrauber Rundflüge
Big Tree
Victoria Falls Safari
Lokuthula Lodges
Vic Falls Backpacker
Greenfire
Boma Restaurant
C.Selous Rd.
Park Rd.
Wood
Rainbow
Squire Cummings
Acacia Cres.
Amadeus Garden
Sopers
Crescent
Shoestring Backpacker
Souvenir Markt
Ilala Lodge
Mahogany
Manyika
Mopane
Teak
Reynard Rd.
Mandebele
West Drive
Vic Falls Rest Camp
The Kingdom
Nguhwuma
Pamusha Lodge
Polizei
N
Sprayview
Spencer Rd.
The Victoria Falls
500m
Botswana 80km

Hochseil-Sport

Unterhalb von Rapid Nr. 5, der „Himmelsleiter", überspannen schwere Drahtkabel die tiefe Schlucht und bieten Sportsfreunden ein Vergnügen der besonderen Art. Zu den harmlosen Varianten zählt das gesicherte Abseilen in die Sambesischlucht. Mehr Mut verlangt es, am Hochseil über der Schlucht schwebend ans andere Ufer zu rauschen oder mit rasender Geschwindigkeit in die Schlucht hinunter zu sausen (45 US$, im Tandem 65 US$). Die größte Herausforderung stellt allerdings der **Gorge Swing** dar. Er beinhaltet einen 70 m tiefen freien Fall vom Sprungturm am Rande der Schlucht, ehe das Seil greift und den Sturz in weiten Pendelschwüngen über der Schlucht abfedert. 160 US$ für den Einzelsprung bzw. 240 US$ im Tandem sind dafür zu berappen.

Geierfütterung an der Victoria Falls Safari Lodge

Jeden Tag das gleiche Spiel: Pünktlich gegen 12.45 Uhr trudeln sie ein und kreisen über dem Wasserloch an der Victoria Falls Safari Lodge. Mal sind es nur dreißig, vierzig Geier, manchmal aber mehr als hundert Greifvögel. Denn täglich um 13 Uhr findet dort die Geierfütterung statt. Wenn die Hotelangestellten das Fleisch auf dem Boden vor der erhöhten Aussichtsterrasse und Hotelbar verteilen, geht es ganz schnell. Die Vögel stürzen sich darauf und schnappen sich in wilder Fledderei und staubigem Gezanke soviel davon, sie können. Die meisten Vögel sind Weißrückengeier (*Gyps africanus*), zwischen denen deutlich größere Marabus (*Leptoptilos crumeniferus*) umher staken. Während der Sommermonate gesellen sich auch Schwarzmilane (*Milvus migrans*) dazu. Das Spektakel lässt sich wunderbar von der Terrasse oder dem Restaurant der Lodge beobachten.

Tierbegegnungen „zum Anfassen“: Elefanten-Reiten, Rhino Walks und Lion Encounter

Eine relativ junge Erscheinung unter den Aktivitäten sind die Begegnungen mit Wildtieren. Bereits vier verschiedene Anbieter bewerben das Reiten auf gezähmten Elefanten (Safpar, Shearwater, Wild Horizons und The Elephant Experience). Konkurrenz gibt es auch schon bei den Walking Safaris mit Nashörnern und der Begegnung mit jungen Löwen („Lion Encounter“ oder „Walk with the Lion“). Die Ausflüge finden morgens und nachmittags statt und dauern rund zwei Stunden. „Lion Encounter“ kostet 80 US$. Den “Lion Walk”für ca. 150 US$ dürfen nur Personen ab 15 Jahren und mit einer Körpergröße von mindestens 1,50 m mitmachen. Für alle anderen Aktivitäten gibt es keine Einschränkungen.

Diese Angebote sind eine Erscheinung der letzten Jahre und bei Tierschützern sehr umstritten – besonders die Löwen-Aktivitäten

Insbesondere der Lion Walk ist sehr umstritten. Die meisten Tierschützer lehnen das Projekt ab, da Löwen nach einem so engen Kontakt mit Menschen kaum jemals wieder in die freie Wildnis entlassen werden können. Es fehlen die Erfahrungen, ob solche Löwen in der Lage sind, sich in der Wildnis erfolgreich selbst zu versorgen. Möglicherweise führt der enge Kontakt zum Menschen, dem sie von Natur aus stets aus dem Weg gehen würden, sogar dazu, diesen schließlich auf die Liste potenzieller Futterquellen zu setzen und die Dörfer in der Umgebung zu tyrannisieren. Wer sich auf das Löwenerlebnis einlässt, sollte sich zumindest bewusst machen, dass die Tiere, mit denen er spielt, wahrscheinlich niemals ein Leben in natürlicher Freiheit führen werden. Die Anbieter sprechen gerne von behutsamem Tierschutz, doch es geht hier wohl eher um ein handfestes wirtschaftliches Interesse als um das Wohl der Tiere. Es handelt sich nicht um verwaiste oder von der Mutter verstoßene Tierkinder, die außerhalb der menschlichen Obhut keine Überlebenschancen hätten. Diese Löwenbabys kommen meistens von Zuchtfarmen und privaten Wildreservaten und werden aus der natürlichen Umgebung ihres vertrauten Rudels entfernt, um zahlungskräftige Touristen in einen Streichelzoo zu locken. Die Tierkinder können nur bis zum Alter von maximal 15 Monaten „eingesetzt“ werden, solange sie für Menschen relativ ungefährlich bleiben, danach wird ihr Verhalten unberechenbar und ihre Körperkraft lebensgefährlich. Sie werden also schon nach 15 Monaten „ausrangiert“ und fristen ihr restliches Dasein vermutlich trostlos in einem Gehege oder Zoo.

Info Weniger umstritten sind die Rhino Walks, da diese Tiere heute so stark gefährdet sind, dass sie sowieso ein Leben „mit Anhang“ führen müssen. Ihre Sicherheit vor Wilderern wird heute meistens nur durch eine ständige Wildhüter-Begleitmannschaft gewährleistet. Wenn darüber hinaus auch noch ein paar Touristen neben den Nashörnern durch das Gelände streifen, hat dies nicht allzu viel Relevanz für die liebenswerten Tiere.

So sehr die Vorstellung reizt, auf einem Elefantenrücker durch den afrikanischen Busch zu ziehen, sollte sich doch jeder Reisende zuvor mit der Problematik der Tierhaltung und Dressur auseinander setzen

Die Reitausflüge auf dem Rücken trainierter Elefanten haben ebenfalls ihre Befürworter und ihre Gegner. Alle betroffenen Elefanten müssen lebenslang in menschlicher Obhut bleiben und kehren nicht mehr in die Freiheit zurück. Doch wenn sie artgerecht leben, das heißt, in der Lage sind, ihr außergewöhnliches Sozialverhalten innerhalb des Rudels auszuleben, fühlen sie sich auch in dieser Konstellation wohl. Die Trainer bilden im Idealfall mit den Elefanten einen sehr engen, vertrauensvollen Familienverband, in dem mit Liebe und Anerkennung anstelle von Gewalt ausgebildet wird. Gute Elefantentrainer lieben ihre Elefanten wie ein Familienmitglied und vertrauen ihnen voll. Der Nachwuchs von Elefantenkühen wird sozusagen gleich in dieses Mensch-Tier-Rudel hineingeboren und übernimmt die Verhaltensweisen der älteren Tiere von allein. Die Dickhäuter sind äußerst sensibel und empfindsam. Bei Stress vermehren sie sich nicht und können unberechenbar sein. Daher ist es auch im Interesse eines Elefantentrainers, dass die Tiere sich wohlfühlen. So weit so gut, wären da nicht die Gerüchte, einer der Anbieter habe 2006 mit Regierungsgenehmigung 15 junge Elefanten aus dem Hwange Nationalpark entfernt, um diese zu domestizieren. Ein klarer Verstoß, heißt es doch, die Tiere kämen alle bereits aus domestizierten Herden. Zugleich sind viele Fachleute überzeugt, dass Elefanten nur dann so folgsam werden, wenn man ihnen gewaltsam und traumatisch den Willen bricht.

Oben: Pause für Trainer und Elefant

Ist dies wirklich das, was der moderne Tourist sucht?

Der Anbieter „The Elephant Experience“ hat als einziger sein Gelände direkt neben der Krokodilfarm an der Straße zum Zambezi Nationalpark. Wer zufällig zur passenden Zeit vorbeikommt, kann die Dickhäuter mit ihren Trainern neben der Straße beobachten, wie sie genüsslich ein paar Blätter vom Baum zupfen. Vor dem Ausritt werden die Elefanten den Gästen namentlich vorgestellt. Zur Begrüßung darf man ihnen Nüsse oder Zuckerstücke reichen, die sie eifrig mit dem Rüssel greifen. Jeder Elefant wird von einem Trainer geritten, und der Gast nimmt hinter dem Trainer auf dem gepolsterten Sattel Platz. Eine Eisentreppe dient als Aufstiegshilfe. Dann schlendert die ganze Gruppe gemütlich in einer Reihe zum Zambezi Nationalpark. Unterwegs sind Begegnungen mit Antilopen, Büffeln und sogar freilebenden Elefanten möglich. Die einstündige Tour kostet 150 US$. Für 90 US$ gibt es „Elephant Interaction", bei der man die Dickhäuter berühren darf.

Bilder dieser Seite: Eine typische Elefantensafari mit einer asiatischen Reisegruppe

Oben: Das kleine Elefantenbaby, Nachwuchs einer Kuh aus dem Elefantenrudel von „The Elephant Experience", wird in ein paar Jahren vermutlich auch Touristen durch die Landschaft tragen

Kleines Golf-Einmaleins

Für alle Rabbits (Anfänger) im Golfsport: Die Grundausbildung nennt man Platzreife. Nach bestandener Prüfung erteilt die Golfschule eine Platzerlaubnis. Als Handicap bezeichnet man die persönliche Leistungsvorgabe (das Einsteigerhandicap nach bestandener Platzreife ist ein Handicap unter 54). Je geringer das Handicap, umso besser ist der Spieler.

Die Spielbahn zwischen dem Tee (Abschlagspunkt) und dem Grün heißt Fairway. Ein Bunker ist ein Hindernis. Jedes Loch hat eine vorgegebene Schlagzahl. Wenn man die genau einhält, nennt man das Par. Braucht man genau einen Schlag mehr, ist das ein Bogey. Putt heißen dagegen die Schläge auf dem Grün in Richtung Loch. Der dazu gehörige Schläger wird Putter genannt. Ein Pitch ist ein kurzer, hoher Annäherungsschlag an die Fahne, mit dem Ziel, den Ball abrupt zu stoppen, nicht auslaufen zu lassen.

Golf

Das Golfspiel genießt an den Fällen bereits eine 100 Jahre lange Tradition, und der 18-Loch-Golfplatz des Elephant Hills Resorts bietet nicht nur einen außergewöhnlich aparten Ausblick, sondern gehört weltweit sicherlich zu den ganz wenigen Turnierplätzen, an denen Schilder vor Krokodilen warnen und eine Partie von grasenden Hippos und Wasserböcken unterbrochen werden kann.

Weitere Golfplätze stehen in Livingstone (Sambia) und Kasane (Botswana) zur Verfügung.

Tauchen mit Krokodilen

Beim Elephants Walk Shopping Village gibt es eine weitere Seheswürdigkeit: Der neueste Schrei ist hier „Cage Diving“. Dabei taucht man in einem gesicherten Käfig in ein Krokodilbecken und kommt den gefährlichen Riesenechsen näher als einem lieb ist. Der Spaß kostet 70 US$.

Glücksspiel

„The Great Enclosure“ im Kingdom Hotel wird jeden Abend zum Tempel des Glücksspiels. Zahlreiche Spielautomaten füllen den Raum, außerdem können Gäste ihr Glück bei Black Jack und Roulette herausfordern.

Unser Vorschlag für zwei unvergessliche Tage an den Viktoriafällen

Erster Tag

Vormittags:	**Ausgiebiger Rundgang an den Viktoriafällen**
Mittags:	**Besuch des Handwerkermarkts und des alten Bahnhofs**
Nachmittags:	**„High Tea“ auf der Terrasse des The Victoria Falls Hotels**
Abends:	**Sundowner und Dinner-Cruise auf dem Sambesi**

Zweiter Tag

Vormittags:	**Helikopter-Rundflug über die Viktoriafälle**
Mittags:	**Geierfütterung und Lunch an der Victoria Falls Safari Lodge**
Nachmittags:	**Kanufahrt oder Pirschfahrt im Zambezi Nationalpark**
Abends:	**Romantisches Dinner oder üppiges Buffet in einem Hotel**

The Victoria Falls Hotel

Anfang des 20. Jh. war als Vorläufer des Hotels eine Herberge für die Brücken- und Bahnarbeiter gebaut worden. Sie bestand aus einem einfachen Holzgebäude mit rostigen Eisenträgern und sollte ursprünglich nach Fertigstellung der Brücke wieder abgerissen werden. Doch dann entschied man sich, das Hotel bestehen zu lassen. 1913 wurde es im so genannten „Eduardinischen Baustil" zum elegantesten Luxushotel der britischen Kolonien in Afrika umgestaltet. Mit dem zweitägigen Besuch von König Georg VI. und seiner Familie 1947 erlangte das gediegene Haus Weltruhm.

1948 nannte das Union Castle Line Year Book diese feine Adresse noch als einziges Hotel am Ort. Seine Beschreibung versprach „First-class in every respect" und „The Hotel is completely mosquito-proofed. Chapel. Open Air Swimming Bath." Seit dieser Zeit zählte man das Hotel regelmäßig zu den fünf besten der Welt (oder wenigstens im British Empire). Es war in diesen Jahren in den beiden rhodesischen Kolonien Brauch, Hochzeitsreisen an die Viktoriafälle zu unternehmen, und so waren Flitterwöchner gang und gäbe im Victoria Falls Hotel.

Das Hotelmanagement benützte seit 1920 spezielle hölzerne Passagier-Trolleys, in denen die geschätzten Hotelgäste zwischen dem Hotel und den Fällen bzw. dem Bootsclub befördert wurden. Afrikaner schoben die Trolleys. Vom Hotel zu den Fällen ging es bergab, aber auf dem Rückweg mussten die Männer den Trolley bergauf schieben. In den 30ern und 40ern hatte der koloniale Zeitgeist kein Problem damit. Ab Mitte der 1950er Jahre mehrten sich allerdings die Beschwerden von ausländischen Gästen, die sich empörten, dass das Edelhotel die Männer auf solch erniedrigende Weise schuften lasse. Deshalb zog das Management die Trolleys 1957 aus dem Verkehr und setzte fortan Transferbusse ein. Einen solchen Passagier-Trolley kann man heute noch im Innenhof des Hotels bewundern (Bild rechts Mitte). Es heißt, rund zwei Millionen Hotelgäste seien zwischen 1920 und 1957 mit solchen Trolleys befördert worden.

Tatsächlich aber war der Job der „Trolley-Boys" begehrt unter den schwarzen Jünglingen, denn die Arbeit war stets von kurzer Dauer und versprach ein üppiges Trinkgeld. Daher waren die Trolley-Boys keineswegs glücklich, als ihr Job abgeschafft wurde.

The Victoria Falls Hotel

2 Mallett Drive, P.O.Box 10, Tel. +263-13-44751/ 44203, Fax 44762, email: enquiries@ victoriafallshotel.com, hacro@africansunhotels.com, Internet: www.africansunhotels.com und www.victoriafallshotel.com.

161 Zimmer und Suiten, Restaurants, Bar, Pool, Tennis, Internet.

Das traditionsreiche Kolonialhotel der eleganten Luxusklasse wurde in seiner hundertjährigen Geschichte mehrfach umgestaltet und modernisiert. Unangefochten verteidigt das Haus seinen Rang als **die** Adresse an den Viktoriafällen. Bereits die Lage ist perfekt, denn dieses Hotel bietet von seiner Terrasse aus einen direkten Blick auf die von Gischt umhüllte Victoria Falls Bridge. Ein hoteleigener Fußweg führt direkt zu den Fällen, und auch in den Ort kann man prima zu Fuß laufen. Die prunkvollen, ausladenden Räumlichkeiten atmen noch den kolonialen Geist und sind mit Gemälden, nostalgischen Fotografien und historischen Landkarten bestückt. Der ganze Komplex strahlt Geschichte und einen starken eigenen Charakter aus. Das Ambiente ist durch und durch gediegen, der Service entsprechend fast makellos. Eine Residenz für höchste Ansprüche.

Auch wenn Sie hier kein Zimmer beziehen, sollten Sie das ehrwürdige Hotel besuchen. Gönnen Sie sich hier eine Kaffeepause oder ein Mittagessen auf der Aussichtsterrasse!

Preise: ÜF ab 200 US$/DZ und 401 US$/EZ.

Victoria Falls Safari Lodge

Stand 471, Squire Cummings Road, P.O.Box 29, Victoria Falls. Tel. +263-13-43211/43220, Fax 43205, email: resweb@saflodge.co.zw, Internet: www.victoria-falls-safari-lodge.com.

Ganz im Stil einer modernen, rustikal-eleganten Safarilodge beeindruckt diese Anlage mit einer mehrstöckigen Holzkonstruktion im Hauptgebäude, das erhöht am Rande des Zambezi Nationalparks liegt und auf ein eigenes Wasserloch blickt, das vielen Wildtieren als Tränke dient. Das Firstclass-Hotel bietet 72 klimatisierte Zimmer und Suiten, Beauty-Spa, Internetcafé, Activity Centre, Pool, Bibliothek, Aussichtsbar, das renommierte Makuwa-Kuwa Restaurant und einen Hide am Wasserloch. In dieser Anlage lassen sich besonders gut die Aktivitäten an den Viktoriafällen mit einem idyllischen Wildlife-Ambiente, Vogel- und ausgiebigen Tierbeobachtungen verbinden. Elefanten, Büffel, Impalas und Warzenschweine sind regelmäßig zu beobachten. Mittags werden die Geier angefüttert und abends das Wasserloch beleuchtet. Die Zimmer sind ansprechend mit natürlichen Materialien möbliert und blicken alle zum Wasserloch. Von Victoria Falls liegt die Lodge etwa 4 km entfernt.

Preise: ÜF je nach Saison ab 200 US$/DZpP und 200 US$/EZ.

Ilala Lodge Hotel

P. O. Box 18, Victoria Falls, Tel. +263-13-44737–9, Fax 44740, email: onlinereservations@ilalalodge.com, Internet: www.ilalalodge.com.

Das heimelige Boutique Hotel gehört zu den kleinsten und dabei ansprechendsten Unterkünften der gehobenen Mittelklasse. Seine Lage zwischen dem Ort und den Viktoriafällen ermöglicht den Gästen, viele Sehenswürdigkeiten zu Fuß zu entdecken. Die Lodge ist ein Tipp für anspruchsvolle Individualisten, die größere Hotelkomplexe meiden wollen. Das geschmackvolle Interieur mit schweren Holzmöbeln, nostalgischen Fotografien und viktorianischen Stichen gibt der Lodge einen elegant-kolonialen Touch. Die 34 Zimmer sind klimatisiert und mit Fernseher und Wasserkocher zur Kaffee-/Teezubereitung ausgestattet. Ein kleiner klarer Pool neben der Bar im Garten lädt zur kühlen Erfrischung ein. Das hoteleigene Palm Restaurant genießt seit vielen Jahren einen ausgezeichneten Ruf. Abends sitzt man hier sehr romantisch bei Kerzenschein und Live-Marimba-Musik im Garten. Die Lodge betreibt außerdem Bush Dinner und Cruises auf ihrem stilvollen Luxusboot Ra-Ikane. Preise: ÜF ab 214 US$/DZpP und 305 US$/EZ.

The Kingdom at Victoria Falls

1 Mallett Drive, P.O.Box 90, Victoria Falls, Tel. +263-13-44275/42358, Fax 44782, email: reservations@kingdom-hotel.net, hacro@africansunhotels.com, Internet: www.africansunhotels.com, www.thekingdomhotel.co.za.

Zur Jahrtausendwende entstand dieser Ferienkomplex auf dem Gelände eines früheren Hotels. Hier lautet das Motto, „5 Sterne-Service in einem 3-Sterne-Hotel" zu bieten. Der interessante, ungewöhnliche Architekturstil orientiert sich an den berühmten Steinruinen von Great Zimbabwe. Rund um den verspielten Pool und einen angelegten Weiher gruppieren sich die 294 großzügigen, klimatisierten Balkonzimmer. Das Freizeitangebot ist groß: Zusätzlich zu den Boutiquen, SPA- und Beauty-Angeboten im Hotel befindet sich im Nebenanbau "The Great Enclosure" mit Kasino (Black Jack, Roulette, Spielautomaten) und weiteren Boutiquen, Souvenir- und Schmuckläden, Pizzeria, Bar und Apotheke. Von diesem zentral gelegenen Hotel kann man prima zu Fuß den Ort und die Wasserfälle erkunden.

Preise: ÜF kostet je nach Saison ab 130 US$/DZpP und 212 US$/EZ, spezielle Sonderangebote sind häufig.

Elephant Hills Resort

300 Parkway Drive, P.O. Box 300, Victoria Falls, Tel. +263-13-44793, Fax 44655, email: reservations@elephanthillsresort.com, hacro@africansunhotels.com, Internet: www.africansunhotels.com und www.elephanthillsresort.com.

Dieses weitläufige Resort der Mittelklasse gehört zur African Sun-Gruppe und residiert in einem mausgrauen Hotelkomplex auf einem sanften Bergrücken etwa 3 km oberhalb von Victoria Falls. Die Aussicht von der Bar über den hoteleigenen Golfplatz zum Sambesi hinab ist phantastisch, der Pool zählt zu den größten des Landes. Früher stiegen hier zahlreiche Reisegruppen ab, doch in diesen Tagen ist es ruhig geworden und die Gäste verlieren sich meistens in der großen Anlage, die 276 Zimmer, Konferenzräume für bis zu 500 Personen, Tennisplätze, mehrere Restaurants und Bars, Gym, Beauty Spa, eine Ladengalerie und ein Activity Centre bietet. Alle Zimmer sind klimatisiert und mit Balkon, Telefon, Fernseher, Föhn und Wasserkocher zur Kaffee-/Teezubereitung ausgestattet. Bei guter Auslastung werden auch Buffets angeboten.

Preise: ÜF kostet je nach Saison ab 138 US$/DZpP und ab 225 US$/EZ, spezielle Sonderangebote sind allerdings häufig.

A'Zambezi River Lodge

308 Parkway Drive, P.O. Box 130, Victoria Falls, Tel. +263-13-44561-4, Fax 45835/ 44511, in Harare Tel. 04-757090, email: reservations.azambezi@rtg.co.zw, Internet: http://azambeziriverlodge.com.

Das ältere, jedoch frisch renovierte, sehr gemütliche Gartenhotel der staatlichen Rainbow-Gruppe verfügt über 87 Zimmer und Suiten, einen herrlich begrünten Garten mit hohen Uferbäumen und modernem Pool und einen der attraktivsten Standorte am Platz, denn es schmiegt sich direkt an das Sambesiufer rund 5 km oberhalb der Fälle. Mittag- und Abendessen werden im halboffenen Restaurant eingenommen, am Abend treten dazu einheimische Tänzer auf. Nach Victoria Falls wird mehrmals täglich ein Shuttle-Bus eingesetzt. Alle modisch eingerichteten Zimmer sind klimatisiert und mit Telefon, Fernseher und Wasserkocher zur Kaffee-/Teezubereitung ausgestattet. Preise: ÜF ab 159 US$/DZpP und 273 US$/EZ, Sonderangebote sind auch hier häufig.

Victoria Falls Rainbow Hotel

308 Parkway Drive, P.O.Box 150, Victoria Falls, Tel. +263-13-44583/43485, Fax 45832/ 44516, email: reservations@rtg.co.zw, Internet: www.rtg.co.zw.

Zur staatlichen Rainbow-Gruppe gehört auch dieses ältere Stadthotel mit Konferenzräumen, Restaurant, Pool und Activity Centre. Alle 88 Balkonzimmer sind klimatisiert und mit Telefon, Fernseher und Wasserkocher zur Kaffee-/Teezubereitung ausgestattet. Zur Ortsmitte sind nur 500 m zu laufen, an die Fälle gelangt man nach 2 km. Die Anlage wirkt insgesamt ein wenig beengt und renovierungsbedürftig. Preise: ÜF ab 90 US$/DZpP und 140 US$/EZ.

Sprayview Hotel

Livingstone Way/Ecke Reynard Road, P.O.Box 70, Victoria Falls, Tel. +263-13-44344, 44751, Fax 44345, email: reservations@sprayview.cresta.co.zw, Internet: www.crestasprayview.com.

Am Ortseingang von Victoria Falls bot das Budget Hotel an der Hauptstraße lange Zeit anspruchslosen Gästen eine Unterkunft mit dem morbiden Charme eines leicht vernachlässigten Etablissements. Dann übernahm die Hotelkette Cresta das Haus und renovierte die 65 klimatisierten, ebenerdigen Zimmer rund um den Gartenbereich und Pool. Seither bietet es gute, etwas nüchterne Mittelklasse. Preise: ÜF ab 65 US$/DZpP und 113 US$/EZ.

The Stanley and Livingstone Private Game Reserve

Old Ursula Road, Victoria Falls, Tel. +263-13-44571, email: snl@wildhorizons.co.zw, Internet: www.stanleyandlivingstone.com.

Das lokale Unternehmen Wild Horizons betreibt eine exquisite, geschmackvolle Luxusanlage für höchste Ansprüche. Inmitten des privaten Wildparks gelingt hier das perfekte Klischee vom viktorianischen Afrika. Alle 16 Suiten wurden individuell ausgestattet, auf dem Programm stehen (Nacht-)Pirschfahrten und Rhino Walks, ein schöner Pool rundet den Luxus ab. Die gediegene Lodge rund 12 km südlich von Victoria Falls könnte man als „kleine Schwester des The Victoria Falls Hotels mitten im Busch" verstehen.

Preise: ÜF ab 336 US$ pP.

Elephant Camp

Wild Horizons, Tel. +263-13-44571-3, Fax 44426, email: res6@wildhorizons.co.zw, Internet: www.theelephantcamp.com, www.wildhorizons.co.za.

Rund 15 km unterhalb der Viktoriafälle befindet sich die neue Luxuslodge auf privatem Konzessionsgebiet inmitten von Trockenwäldern. Sie bietet 12 Zeltchalets mit Pool und setzt ihren Schwerpunkt auf „Wildlife Interaction"; hier gehen die Gäste auf Tuchfühlung mit Elefanten und Geparden.

Preise: ÜF ab 230 US$/DZpP und 345 U$/EZ.

Gorges Lodge

2 Mallett Drive, Victoria Falls, Tel. +263-9-245051, email: reservations@gorges-lodge.com, Internet: www.gorges-lodge.com.

Die außergewöhnliche, kleine Anlage ca. 22 km von Victoria Falls entlang der Deka Road liegt direkt an die Steilkante der Batokaschlucht und bietet eine spektakuläre Aussicht. Zehn gemauerte Chalets, ein stimmungsvolles Hauptgebäude mit kleinem Pool, liebevoll begrünt und herrlich still. Für Naturfreunde!

Preise: ÜF 152 US$/DZpP und 196 US$/EZ.

Bild rechts: Perfekt gekleidet wartet dieser Reisegast auf den Abholdienst zur Bootsfahrt auf dem Sambesi

Victoria Falls River Lodge

Zambezi Crescent, Tel. (SA) +27-41-4530650, email: reservations@zambezicrescent.com, Internet: www.victoriafallsriverlodge.com.

2012 eröffnete diese Safarilodge mit zwölf Luxuszelten direkt am Sambesiufer als erste private Lodge mitten im Zambezi Nationalpark (das war bislang nicht erlaubt). Mit viel Geschmack möbliert, kinderfreundlich und dennoch mit „Fine Dining", und selbst der Wildnischarakter kommt nicht zu kurz. Nach Victoria Falls ist es ein gutes Wegstück, per Bootstransfer aber nur zehn Minuten entfernt. Eine Anlage für moderne und anspruchsvolle Familien.

Preise: VP 441 US$ pP und 551 U$/EZ.

Weit außerhalb Victoria Falls, in Richtung Botswana, liegen weitere luxuriöse Lodges am Oberlauf des Sambesi: **Matetsi Water Lodge** (http://matetsiwaterlodge.com), **Pioneers Camp** (www.pioneerscamp.com) und die **Imbabala Zambezi Safari Lodge** (www.imbabalazambezisafarilodge.com).

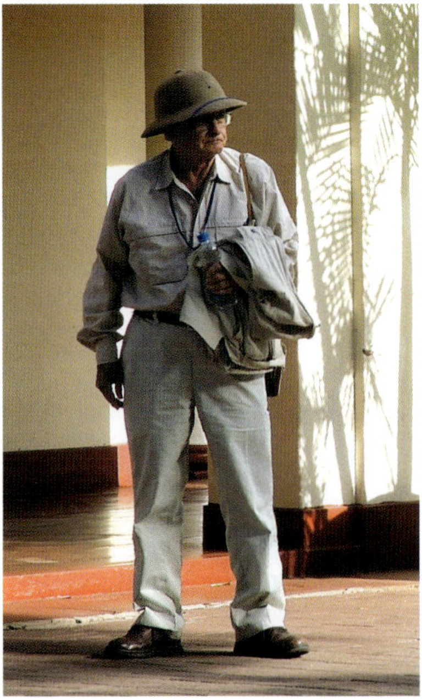

Preiswerte Unterkünfte in Victoria Falls

Oben: Auf dem Gelände des Victoria Falls Rest Camps halten sich in aller Ruhe Warzenschweine auf

Victoria Falls Rest Camp

P.O. Box CT 794, Parkway, Victoria Falls. Tel. +263-13-40509-11, Fax 43434, email: reservations@restcamp.com, Internet: www.vicfallsrestcamp.com.

Das einstige staatliche Rest Camp hat eine lange Tradition und bietet eine sehr zentrale Lage mitten im Ort, die zu Fuß eine Erkundung der Fälle, Restaurantbesuche und Souvenireinkäufe ermöglicht. Seit der Privatisierung wurden die vielen Chalets und Ferienhäuschen verschönert und der Platz von einem Sicherheitsdienst überwacht. Die Sanitäranlagen sind weiterhin einfach, bieten aber heiße Duschen und Stromanschluss. Im weitläufigen Campinggelände wurden ein paar regensichere Unterstände errichtet, außerdem gibt es ein legeres Restaurant beim Swimmingpool. Jedoch: Die Invuvu Bar auf dem gleichen Gelände sorgt für viel Unmut. Mehrmals wöchentlich, besonders donnerstags und freitags, schallt die Diskomusik bis tief in die Nacht über dem Campingplatz und raubt vielen Gästen den Schlaf.

Preise: Lodges mit Küche/Bad kosten je nach Belegung ab 160 US$ pro Nacht, ohne Küche/Bad kosten sie ab 63 US$ pro Nacht. Kleinere Zweibett-Chalets ohne Küche/Bad kosten 23 US$/DZpP und 35 US$/EZ. Mehrbettübernachtung wird für 20 US$ pP angeboten, Mietzelte kosten ab 29 US$. Für Camping fallen 16 US$ pro Person plus 9 US$ pro Fahrzeug an. Bei den Lodges/Chalets kann man auch ein Frühstück dazu buchen.

Lokuthula Lodges

Die familiäre Anlage bietet große Ferienhäuser zur Selbstversorgung

Stand 471, Squire Cummings Road, P.O.Box 29, Victoria Falls. Tel. +263-13-44714/44728, Fax 44792, email: reservations@lokuthula.co.zw, Internet: www.lokuthulalodges.com.

Die Time-Sharing-Anlage auf dem ruhigen Gelände der Victoria Falls Safari Lodge verfügt über 37 ansprechende Bungalows, die auch an Touristen vermietet werden. Zur Auswahl stehen Unterkünfte mit zwei bis drei Schlafzimmern und Küchen zur Selbstversorgung. Im Preis sind die tägliche Reinigung und ein Poolbereich im Garten enthalten. Für Familien bieten diese Bungalows eine prima Alternative zu den Hotels. Auf dem Gelände befindet sich auch das Event-Restaurant „The Boma" (siehe S. 103/104).

Preise: ÜF ab 120 US$ pP; Bungalows zur Selbstversorgung 260–330 US$ pro Nacht. Es gibt oft kurzfristige Sonderangebote.

Ferienhäuser und Camping im Zambezi NP

Victoria Falls Parks and Wildlife Office: P. Bag 5925, Tel. +263-13-42294/44566, Harare Parks and Wildlife Office: Tel. +263-4-706077/8, Fax 793867, email: bookings@zimparks.co.zw, Internet: www.zimparks.org.

Neben dem Eingang in den Zambezi Nationalpark liegen direkt am Sambesiufer staatliche Ferienhäuser zur Selbstversorgung. Wer in diesen Ferienhäusern nächtigt, braucht keinen Parkeintritt zu bezahlen, da sich die Lodges am Parkrand befinden. Das gilt allerdings nicht für Campinggäste, denn diese Camps liegen weit im Park an traumhaft schönen Uferplätzen. Es gibt drei Bush Camps (Chundu I/II und Siamunungu) und drei Fishing Camps (Mpalajena, Kandahar, Sansimba), die jeweils nur an eine einzige Gruppe vergeben werden. Früher waren sie mit Wasseranschluss und Latrinen ausgestattet, heute muss man allerdings ohne alle Einrichtungen auskommen. In Kandahar befindet sich auch ein Wildhütercamp, alle anderen Plätze liegen völlig isoliert und nicht umzäunt im Nationalpark. Für Leute, die einsame Nächte am romantischen Flussufer und Wildtiere dem Rummel in Victoria Falls vorziehen, und ohne Sanitäranlagen zurecht kommen, sehr zu empfehlen. Die Ferienhäuser füllen sich nur zur Hochsaison bei regionalen Ferien, Ostern und Weihnachten, und können die restliche Zeit meistens auch ganz spontan beim Parkeingang gebucht werden.

Preise für die Ferienhäuser: Regionale Besucher aus SADC-Staaten bezahlen 80 US$ pro Nacht in einem Vierbett-Ferienhaus, internationale Besucher (Europäer) 138 US$ pro Nacht. Für Gäste in Ferienhäusern ist das Gate rund um die Uhr offen.

Tipp Die Häuser Nr. 1 bis 8 wurden renoviert und neu möbliert. Sie liegen außerdem am weitesten entfernt vom Eingang im Park und daher besonders ruhig. Hippos, Büffel und Elefanten sind hier regelmäßige Besucher.

Info Kurios: „Monkey Bread" ist ein Baum der Bauhinia-Familie, Kamelfuß genannt. Der deutsche Name Affenbrotbaum bezeichnet dagegen einen Baobab!

Camping-Preise: Camping kostet pauschal 50 US$ pro Stellplatz und Nacht (für SADC-Bürger 30 US$). Fahrzeuge mit Zimbabwe-Kennzeichen kosten 5 US$, alle anderen 10 US$. Der Eintritt beträgt für Tagesgäste 12 US$ für SADC-Bürger und 15 US$ für internationale Gäste; wenn man im Park übernachtet, verringert er sich auf 6 US$ (SADC-Bürger) und 8 US$ (Internationale).

Mandebele Lodge
Reynard Road 546, Victoria Falls,
Tel. +26 3-77-5127165,
email: info@mandebelelodge.com,
Internet: http://mandebelelodge.com.
Im ruhigen Wohnviertel von Victoria Falls wurde ein älteres Privatgrundstück zur kleinen Pension ausgebaut. Hier stehen vier Doppelzimmer und ein Pool im Garten zur Verfügung (kein Restaurant).
Preise: ÜF ab 45 US$/DZpP und 90 US$/EZ.

Drifters Greenfire Lodge
334 Wood Road, Victoria Falls, Tel.+27-11-8881160, Fax 8881020, email: drifters@drifters.co.za, Internet: www.drifters.co.za/drifters-lodges/greenfire-lodge-victoria-falls.
Die gepflegte Gartenanlage steht unter der Leitung des südafrikanischen Reiseunternehmens Drifters und beherbergt daher besonders viele Rundreisegruppen. Sie liegt in einer ruhigen Wohngegend am Rande von Victoria Falls und bietet 18 Zimmer, einen kleinen Pool im schattigen Garten und einen Aufenthaltsraum mit Bar.
Preise: ÜF 45 US$/DZpP und 55 US$/EZ.

Amadeus Garden Guesthouse
538 Reynard Road, Victoria Falls,
Tel: +263-13-42261, Fax: 44293, email: reservations@amadeusgarden.com,
Internet: www.amadeusgarden.com.
Unter deutscher Leitung steht dieses persönlich geführte Gästehaus mit elf ansprechenden Zimmern, einem schön eingewachsenen Garten mit Salzwasserpool, Internetzugang, Safe und Snack-Service. Das gepflegte Gebäude liegt in der ruhigen Wohngegend von Victoria Falls.
Preise: ÜF ab 103 US$/DZpP und 103 US$/EZ.

Pamusha Lodge
583 Manyika Road , PO Box 82 , Victoria Falls, Tel. +263-13-44367, Fax 45870,
email: info@pamushalodgevicfalls.com,
Internet: www.pamushalodgevicfalls.com.
Legere Frühstückspension im Wohnviertel von Victoria Falls mit 17 teilweise klimatisierten Zimmern, Pool im eingewachsenen Garten und Restaurant.
Preise: ÜF ab 60 US$/DZpP und 90 US$/EZ.

Shoestring Backpackers
12 West Drive, Victoria Falls, Tel. +263-13-40167, email: info@shoestringsvicfalls.com,
Internet: www.shoestringsvicfalls.com.
Die klassische, lässige Backpackerunterkunft ist das Mekka jugendlicher Rucksackreisender und bietet alles, was diese Zielgruppe wünscht: Mehrbettzimmer (15 US$ pP), Campinggelegenheit im Hof (8 US$ pP), klimatisierte Zimmer (60 US$ pro Nacht), Musik-Bar und Pool im Garten, Snacks, Grillplätze, Internetzugang, Vermittlung von Aktivitäten und Reisediensten, Info-Board. Sie liegt zentral in Fußnähe der Läden und Lokale von Victoria Falls.

Victoria Falls Backpackers
357 Gibson Road, P.O.Box 151, Victoria Falls,
Tel./Fax +263-13-42209,
email: iinfo@victoriafallsbackpackers.com,
Internet: www.victoriafallsbackpackers.com.
Diese kleine familiäre Anlage befindet sich am Ortsrand von Victoria Falls in einer ruhigen Wohngegend. Es wirkt alles ein wenig beengt, ist dafür aber tropisch eingewachsen. Hier stehen Mehrbettzimmer (18 US$) und Doppelzimmer (25 US$ pP, mit Bad 30 US$ pP) zur Verfügung, außerdem neu errichtete Stellflächen zur Camper mit eigenem Fahrzeug (10 US$ pP). Neben dem kleinen Pool liegen ein Grillplatz und eine Bar zur Selbstbedienung. Man legt hier Wert auf eine persönliche Note.

Was Sie nicht versäumen sollten

- High Tea auf der Terrasse des The Victoria Falls Hotels, mit Aussicht auf die Gischt der Viktoriafälle
- Beim Mittagessen im Makuwa-Kuwa Restaurant in der Victoria Falls Safari Lodge die Geierfütterung beobachten

Ein breites gastronomisches Angebot

Die großen Hotels bieten Buffets, Barbecue oder A-La-Carte-Restaurants, die selbstverständlich auch Gästen, die nicht im Hotel residieren, jederzeit offen stehen. Im Ortszentrum findet man zusätzlich einfache Take-Aways, z. B. Chicken Inn und Pizza Inn am Park Way. Das Preisgefälle ist dabei niedriger, als man annehmen würde. Deshalb sollte man ruhig die gepflegte Küche der besseren Hotels ausprobieren, wo zum kulinarischen Erlebnis meistens auch eine herrliche Aussicht und ein professioneller Service beitragen.

The Victoria Falls Hotel

„The Livingstone Room" mit Live-Musik im eleganten Hotelgebäude (Tel. 44490), „Stanley's Terrace" und „Jungle Junction" am Poolbereich im Garten (Tel. 447519) offerieren kulinarische Genüsse in kolonialer, extravaganter Umgebung. Hier fällt es nicht schwer, emotional in das viktorianische Zeitalter einzutauchen. Das ehrenwerte Hotel ist eine Institution in Victoria Falls, dem jeder Reisende einen Besuch abstatten sollte. Für ein romantisches Dinner zu zweit findet man hier den richtigen Rahmen, doch auch für ein leichtes Mittagessen auf der Aussichtsterrasse, ehe die Nachmittagsaktivitäten beginnen, kann man das Hotel sehr empfehlen. Das Preisniveau unterscheidet sich nicht so deutlich von preiswerten Lokalen, wie es das feudale Ambiente und der herausragende Service vermuten ließen. Vorspeisen liegen bei 8–17 US$, Suppen bei 6–10 US$, Hauptgerichte mittags bei 15–22 US$, Desserts bei 6–10 US$, Getränke (Coke, Bier) bei 3–5 US$.

Das Frühstücksbuffet wird an der „Jungle Junction" beim Pool serviert. Hier spielt mittags auch live eine Marimba-Band als Alternative zum Lunch auf der Aussichtsterrasse. Zwischen 14.30 und 17 Uhr ist auf der Terrasse „High Tea" angesagt. Abends wird à la carte bei Pianomusik diniert und meistens auch ein 4-Gänge-Menü angeboten; während an der „Jungle Junction" Dinnerbuffets stattfinden.

High Tea – eine Zeremonie mit Flair

Ein traditioneller britischer „High Tea“ im The Victoria Falls Hotel läuft nach einem strengen Zeremoniell ab, bei dem es nicht nur um Tee, sondern durchaus um Perfektion nach feiner englischer Art geht.

Oben: Feine Sandwiches mit Lachs und Gurkenfüllung

Zunächst reicht der Kellner seinem Gast zur Erfrischung eine feuchte Stoffserviette, die zart nach Pfefferminze duftet. Alsdann serviert er frisch aufgebrühten Tee oder Kaffee und bringt eine dreistöckige Etagere, auf der drei Gänge stilvoll mit den Tees korrespondieren: Sandwiches mit Gurke und Lachs auf der untersten Etage, angewärmte „Scones“ (Teebrötchen) auf dem mittleren Teller, zu dem flüssige Sahne, Butter und Marmelade gereicht werden, und schließlich kleine, auf den obersten Teller drapierte Kuchen-Miniaturen. Eine solche Etagere, „Stand“ genannt, kostet 40 US$ und reicht prima für zwei Personen. Im Preis sind wahlweise Tee in verschiedenen Sorten oder Kaffee inkludiert. Die ganze Zeremonie, vom Hotelpersonal mit wahrhaft fürstlicher Ernsthaftigkeit vollzogen, wird durch einen dezenten Pianospieler und die außergewöhnliche Aussicht auf den „Donnernden Rauch“ veredelt.

Makuwa-Kuwa

Das À-la-Carte-Restaurant im luftigen Hauptgebäude der Victoria Falls Safari Lodge bietet von seiner erhöhten Position einen weiten Ausblick über das Wasserloch und den angrenzenden Mopanewald. Es wurde geschmackvoll, modern und naturnah im klassischen Safaristil eingerichtet. Die Preise sind etwas höher als bei der Konkurrenz (Mittagsgerichte 10–18 US$, Abendessen 16–28 US$), dafür sind die Speisen ideenreich zusammengestellt, exquisit gewürzt und appetitlich angerichtet. Unser Tipp auf der Mittagskarte gilt dem „Coriander Cajun Chicken“. Außerdem wird nirgends sonst gekühlter Eistee so schmackhaft zubereitet und schön dekoriert wie hier. Und: Jeden Mittag um 13 Uhr gibt es die Geierfütterung als Bonus (S. 82)! Tel. 4320211.

Mama Africa

Das kleine, gemütliche Restaurant mit Sitzgelegenheit im uneinsichtigen Garten bietet viel afrikanisches Kolorit in einer lockeren Atmosphäre. Vorspeisen kosten rund 6–10 US$, Hauptgerichte das Doppelte, ein Bier ca. 3 US$. Tel. 41725.

Panarottis Restaurant

Im Kingdom Hotel bietet das Hotelrestaurant jeden Abend Buffets für ca. 27 US$. Das Angebot ist reichhaltig, das Personal hilfreich und herzlich. Es dominieren Fleischgerichte, auch Krokodilfleisch steht regelmäßig auf dem Speiseplan. Zwischendurch treten Tänzer und Trommler auf, die sich auch noch an A-cappella-Kompositionen versuchen. Tel. 44275.

„The Great Enclosure“ im Kingdom Hotel

Im Innern dieses runden Glückspiel-Tempels verbreiten zahlreiche Spielautomaten (Einarmige Banditen) klimpernden Lärm. Ringsum reihen sich ein paar Läden und Esslokale, z. B. Thunder Cloud Spur Steakhouse (Tel. 44275), eine Pizzeria und diverse Fastfood-Angebote.

The Lookout Café

Dieses Tageslokal von Wild Horizons bietet einen spektakulären Blick in die 120 m tiefe Batokaschlucht. Täglich von 10–19 Uhr, Tel. 0782-745112.

Bilder links: Impressionen aus dem Makuwa-Kuwa Restaurant; Rechts: The Palm Restaurant, Africa Café im Elephant's Walk Village

The Palm Restaurant

Die kleine, gepflegte Ilala Lodge bietet mit ihrem blühenden Garten eine ruhige Oase in Victoria Falls. Das Palm Restaurant hat auch ein paar Tische auf der Terrasse im Freien, wo man sehr gemütlich sitzt. Die Mittagsgerichte liegen bei 10–20 US$, Hauptgerichte am Abend bei 20–28 US$. Wildgerichte sind hier eine Spezialität. Tel. 44223.

The Boma – Place of Eating

Auf dem Gelände der Lokuthula Lodges gibt es jeden Abend ein viel besuchtes, sehr touristisches Buffet mit afrikanischer Musik und Tanzeinlagen. Tel. 43202/43238, täglich von 19–22 Uhr, eine Reservierung ist ratsam, da hier viele Reisegruppen dinieren. Die Veranstaltung kostet 46 US$. Siehe S. 104/105. Im Internet: www.thebomarestaurant.com.

Ein Abend im Erlebnisrestaurant „The Boma"

Hier kommt man nicht einfach nur zum Essen her, sondern erlebt (und bezahlt) einen Event: Am frühen Abend rollen die Busse und Taxis auf das Gelände der Boma. Trommler begrüßen die Reisegruppen, und am Eingang bildet sich ein kleiner Stau, weil jedem Gast zuerst ein buntes Tuch umgebunden wird. Viele Gäste bekommen auch schwarze Striche auf die Wangen gemalt. In diesem Outfit betritt man dann den halboffenen Restaurantbereich. Die Tische sind mit bunten Tüchern gedeckt, rustikale Paraffinlampen unterstreichen das Safari-Ambiente à la Hemingway. Kaum hat man Platz genommen, wird als Aperitif ein Schluck traditionelles, süßliches Chibuku-Bier in Emailtassen offeriert. Getrockneter Kapenta-Fisch, Erdnüsse und Kichererbsen helfen, das fremdartige Getränk zu schlucken. Als Vorspeise stehen anschließend stets vier Variationen zur Auswahl, z. B. mariniertes Impala, gefüllte Pilze, Mozzarella-Käse oder Fisch. Danach herrscht Selbstbedienung am Buffet: Suppe, allerlei Salate, diverse gegrillte oder als Eintopf zubereitete Wildfleischvariationen (z. B. Büffel- und Elen-Stew).

Auf riesigen Grillrosten über offenem Feuer brutzeln Steaks vom Impala oder Warzenschwein, Hühnerteile und Rinderlende. Über eine große Feuerstelle in der Mitte des Raums wurde ein vorgegrilltes Lamm gespannt. Von den gekochten und gesalzenen Mopaneraupen gibt es nur eine unscheinbare Schale. Das reicht offensichtlich auch bei mehr als zweihundert Gästen, obwohl es sogar ein Zertifikat gibt für alle Mutigen, die sich die Raupe in den Mund schieben. Zum Dessert werden Puddings und Crepes serviert. Während des Essens unterhalten gelegentlich Trommler und Tänzer die Gäste, zwischen denen sich auch einige Souvenirhändler ausbreiten. Wahrsager, Haarflechter und ein Künstler, der mit ein paar Pinselstrichen bunte Bilder auf die Gesichter der Gäste zaubert, runden das Spektakel ab. Gegen Ende der Veranstaltung werden Trommeln verteilt und dann wird gemeinsam getrommelt und getanzt.

Fazit: Ein Abend in der Boma ist fester Bestandteil von Gruppenreisen. Das bunte Spektakel und die vermeintlich traditionelle afrikanische Unterhaltung haben aber sehr wenig mit der Realität in den Dörfern zu tun.

Praktische Infos

Fahrräder

Victoria Falls eignet sich ausgezeichnet für Erkundungen per Pedes. Fahrräder werden an mehreren Stellen im Ort vermietet, z. B. beim Victoria Falls Rest Camp im Park Way neben der Touristeninformation.

Gebühren für die Nationalparks

Wer bei einem kommerziellen Reiseunternehmen bucht, muss zusätzlich zu den Ausflugskosten Parkeintritte bezahlen, wenn die Aktivität im Nationalpark stattfindet. Dazu zählen Wildwasser- und Kanufahrten, alle Bootsausflüge, Reiten und Helikopter-Rundflüge. Bei Flügen fallen 12 US$ pP an, bei den anderen genannten Aktivitäten jeweils 10 US$.

Eintrittspreise in den Victoria Falls Nationalpark: Besucher aus SADC-Staaten bezahlen 20 US$, internationale Besucher (Europäer) 30 US$, Kinder jeweils die Hälfte. „Moonlight Viewing" in Vollmondnächten kostet 40 US$.

Da sich beim Ticketverkauf am Zugang zu den Viktoriafällen mitunter lange Schlangen bilden, besteht auch die Möglichkeit, Tickets online zu buchen: www.webtickets.co.zw.

Eintrittspreise für den Zambezi NP: siehe S. 72 und 99.

Internet & Telefon

Ein Internetcafé befindet sich im Gebäudekomplex am Park Way. Die meisten Hotels bieten ihren Gästen Wireless LAN-Zugang auf ihrem Gelände. Mit einer Sim-Card von Econet (ca. 5 US$) und Talk Time kann man günstig nach Hause telefonieren.

Reiseagenturen

Im Zentrum von Victoria Falls reihen sich zahlreiche Reiseanbieter aneinander, außerdem nehmen praktisch alle Hotels und Gästehäuser am Platz bereitwillig die Reservierung von Ausflügen, Sportaktivitäten, Rundflügen oder Bootsfahrten an. Die meisten Aktivitäten werden mehr oder weniger überall zum gleichen Festpreis angeboten. Sobald man allerdings mehrere Ausflüge unternehmen möchte, gibt es verschiedene Nachlässe als Mengenrabatt. Hier lohnen sich die Preisvergleiche.
Die größten Anbieter sind Shearwater, Wild Horizons und Adventure Zone.

Taxi

Taxis sind im Park Way auf Höhe der Tourist Info, beim Parkplatz vor dem OK und beim Parkplatz an den Viktoriafällen stationiert. Tel. City Cab: 44791. Die Preise sollten vor der Fahrt ausgehandelt werden, denn es gibt keine Taxameter. Als Richtlinie gilt pro Strecke:

Fahrten innerhalb der Stadt bzw. zu den Fällen: 5 US$

Fahrten zwischen Victoria Falls und dem Zambezi NP/Krokodilfarm: 6 US$

Fahrten zwischen Victoria Falls und dem Internationalen Flughafen: 30 US$

Fahrten von Victoria Falls nach Livingstone/ Sambia und zurück: 40 US$

Touristeninformation

In der am Park Way gelegenen Tourist Info gibt es außer bunten Prospekten auch ein paar Landkarten zu kaufen. Die Mitarbeiter sind hilfsbereit bei speziellen Fragen oder Schwierigkeiten. Kontakt: Tel. +263-13-44202, Öffnungszeiten täglich von 8–18 Uhr.

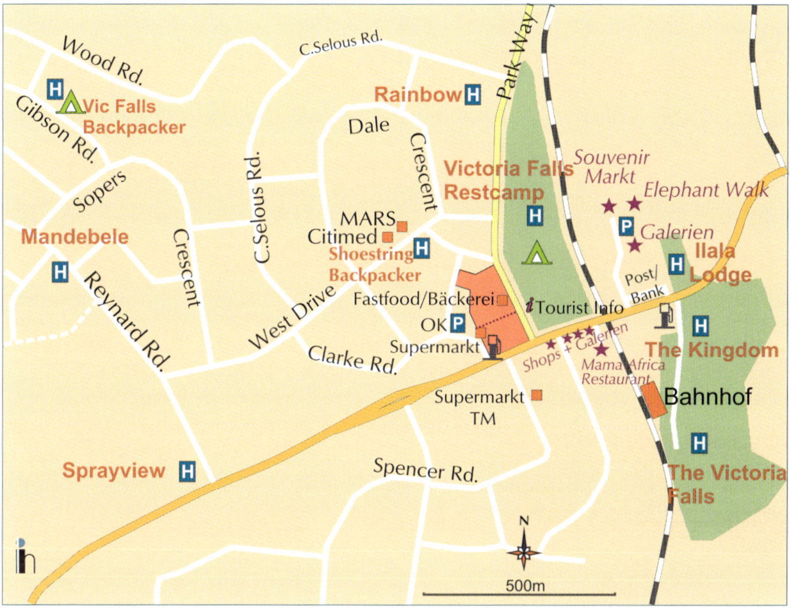

Apotheken und Kliniken

Im Bata Complex rund um den OK befinden sich private Arztpraxen, medizinische Labore und Apotheken. Einen Zahnarzt findet man in der Privatklinik Citimed am West Drive neben MARS, Tel. 43356. Eine weitere Apotheke befindet sich in der Great Enclosure (Kingdom Hotel).

Touristenpolizei

Victoria Falls hat eine eigene Polizeieinheit für seine Touristen geschaffen. Paarweise patrouillieren die uniformierten „Tourism Police"-Beamten von 9–19 Uhr im Ort. Sie sind nicht nur zum Schutz der Besucher ausgebildet, sondern stehen ihnen auch mit Rat und Tat zur Seite und helfen, wenn Straßenhändler oder bettelnde Kinder überhand nehmen. Die Telefonnummer der Polizei lautet 44401.

Zahlungsmittel & Geldwechsel

Die einheimische Währung, Zimbabwe-Dollar, wurde 2009 aus dem Verkehr gezogen. Seither gelten US-Dollar und SA-Rand als offizielle Währungen. In den Geschäften, Restaurants, Hotels, Reiseagenturen und staatlichen Einrichtungen werden die Preise in der Regel in US-Dollar ausgewiesen. Wechselgeld gibt es allerdings häufig in SA-Rand, weil kaum Dollar-Kleingeld vorhanden ist (vor allem keine Münzen).

Die Banken und Hotels in Victoria Falls tauschen Devisen wie Euro und Pfund in US-Dollar (Banken jedoch zu viel schlechterem Kurs). Kreditkartenzahlungen sind in touristischen Geschäften, Hotels und Restaurants weit verbreitet (VISA und Mastercard).

Einkaufstipps

Souvenirs

Der Freiluft-Souvenirmarkt von Victoria Falls quillt aus allen Nähten und ufert immer mehr aus, weil die wirtschaftliche Not im Rest des Landes höher ist und viele Menschen in der Hoffnung auf ein besseres Auskommen in die Touristenhochburg ziehen. Damit haben sie sich selbst eine immense Konkurrenz geschaffen, und der Tourist staunt inmitten Hunderter Steinskulpturen und Holzfiguren, die sich vor ihm ausbreiten.

Neben dem lokalen Handwerkermarkt buhlen zahlreiche Ladengeschäfte um die Aufmerksamkeit der Besucher. Um die Jahrtausendwende entstand an der Southern Africa Gallery ein neuer Ladenkomplex mit modernen hochwertigen Geschäften, in denen Kunsthandwerk, Schmuck, Stoffe und Safarikleidung angeboten werden. Auch beim Craft Market hinter dem Cultural Village laden ein paar Kunstgalerien, die ihre Steinskulpturen außerhalb der Geschäfte aufreihen, zum Schlendern ein.

Im Elephants Walk Shopping Centre haben sich weitere Läden und Lokale zusammengeschlossen (S. 69). In den Geschäften gelten Festpreise in US$, auf dem Kunsthandwerkermarkt gilt es dagegen zu handeln.

Die älteren Läden entlang dem Park Way, auf der Höhe von Shearwater, haben das Nachsehen und heutzutage viel weniger Besucher als früher. Ihre Auslagen sind in die Jahre gekommen, viele Geschäfte wurden bereits geschlossen. Bitte beachten: Die meisten Läden schließen nachmittags bereits um 17.30 Uhr.

Lebensmittel

Oberhalb des Soper's Centre bietet der „**OK**" das mit Abstand breiteste und beste Sortiment im Lebensmittelbereich. Öffnungszeiten: Mo–Sa 8–20 Uhr, So 8–17 Uhr. In der Filiale von „**TM**" richtet sich das Angebot stärker nach dem lokalen Bedarf. Das beste frische Brot vertreibt die Bäckerei „**Haefeli Swiss Bakery**" in der Fastfood-Kette Pizza Inn/Chicken Inn am Park Way, gegenüber dem Rest Camp. In der Shopping Arcade im Bata Complex liegt außerdem der kleine Obst- und Gemüseladen „SevenEleven".

Campinggas auffüllen: In Victoria Falls gibt es zwei Stationen zum Gasauffüllen, die beide in der Industrial Area liegen.

- Jureshma Ltd: Tel. 0778-161559, 448 Miles Road.
- Value Gas: Tel. 0773-037897, 34 Poineer Road, GPS-Daten: S 17°56.135, E 25°50.235.

Der bewegte Lebenslauf eines romantischen Künstlers

Thomas Baines wird 1820 im englischen Norfolk geboren und verbringt den Großteil seines Lebens in der Kapprovinz. Er hält sich mit dem Verkauf seiner Ölbilder über Wasser und träumt von abenteuerlichen Entdeckungsreisen. Von 1855 bis 1857 erhält er Gelegenheit, eine Forschungsreise durch Australien zu begleiten. Danach wird er Mitglied der von David Livingstone geführten „Zambezi–Expedition". Doch während dieser Expedition kommt es zu einem Zwischenfall: Livingstones Bruder beschuldigt Baines des Diebstahls, und Baines verlässt tief verletzt die Expedition und kehrt nach Kapstadt zurück. Seine Unschuld wird später zwar von David Livingstone zähneknirschend bestätigt, doch haftet Baines die Verleumdung lebenslang an.

In Kapstadt trifft er auf James Chapman, einen erfahrenen Großwildjäger und Händler. Er lässt sich von Chapmans Kalahariberichten begeistern, und bald planen die beiden eine waghalsige Tour: Mit eigens konstruierten Booten wollen sie den Kontinent auf dem Sambesi durchqueren. Der Plan sieht vor, zwei Kupferboote nach Walfish Bay zu bringen, von wo sie mit Ochsenkarren durch die Kalahari nach Pandamatenga und per Lastenträger weiter an den Sambesi transportiert werden sollen. Unterhalb der Viktoriafälle wollen Baines und Chapman ihre Sambesi-Schifffahrt beginnen, die sie nach Quelimane am Indischen Ozean führen soll. Baines und Chapman reisen an den Sambesi und erwarten dort ihre Boote. Währenddessen malt Baines die ersten Bilder von den Viktoriafällen, die ihn später berühmt machen werden. Doch nichts klappt, wie es sich die beiden vorgestellt haben. Der Transport der Boote durch die Kalahari bereitet große Schwierigkeiten. Es dauert fast ein ganzes Jahr, ehe auch nur ein Boot am Sambesi eintrifft. Hier kämpft die Expeditionsgruppe inzwischen mit Malaria und leidet unter den Versorgungsengpässen. Außer Chapman und Baines geraten alle Mitglieder in Streit. Im März 1863 geben die beiden schließlich auf und kehren nach Kapstadt zurück. Ihr großer Traum von den abenteuerlichen Entdeckungen ist endgültig gescheitert. Doch Thomas Baines, der einige Hundert Ölbilder hinterlässt, als er 1875 in Durban stirbt, wird später als romantischer Maler berühmt und Namengeber der berühmten „Baines Baobabs" in Botswana.

An- und Weiterreise

Mietwagen

AVIS: Mallet Drive/Ecke Livingstone Way bei der Total Tankstelle (Tel. +263-91-2511128) und am Flughafen Tel./Fax +263-13-43506), email: sales@avis.co.zw, Internet: www.avis.co.zw.

Europcar: Internationaler Flughafen, Tel. +263-13-43466, Fax 013-44598, Internet: www.europcar.com/location/zimbabwe/victoria-falls/victoria-falls-airport.

Khanondo Safaris & Tours: Bata Complex, Livongstone Way, Victoria Falls, Tel. +263-13-44884–6, email: ben@khanondotravel.com, Internet: www.khanondosafaris.com.

Flugverbindungen

Der Internationale Flughafen liegt 21 km südlich von Victoria Falls und wurde 2012/2013 deutlich ausgebaut. Reisende finden hier mehrere Mietwagenfirmen, z. B. AVIS, Europcar und Budget RentACar. Im Flughafengebäude reihen sich ein paar Souvenirläden, ein Lokal und eine Wechselstube neben die Abfertigungsschalter von BA/Comair, Air Zimbabwe, SAA und Air Namibia.

Zwischen Johannesburg/Südafrika und Victoria Falls bestehen täglich mehrere Flugverbindungen (SAA, BA/Comair), ebenso zwischen Johannesburg und Livingstone in Sambia (10 km von den Viktoriafällen entfernt). Mehrmals wöchentlich bedient Air Namibia die Strecke Windhoek – Victoria Falls. Nach Livingstone in Sambia bestehen mehrmals täglich Flugverbindungen von Lusaka, der Hauptstadt Sambias.

Bahn und Bus

Dreimal wöchentlich fahren Züge zwischen Bulawayo und Victoria Falls; ein Ticket in der Ersten Klasse kostet nur etwa 12 US$.

Der Luxuszug Rovos Rail macht auf der Strecke Pretoria-Dar-es-Salaam ebenfalls Halt an den Viktoriafällen. Info: www.rovos.com.

Auf dem Parkplatz vor dem OK halten die Fernstreckenbusse aus Bulawayo. Intercape Pathfinder-Busse befahren die Strecke dreimal wöchentlich in sechs Stunden (30 US$). Tel. 0778-888883 und 013-44884/5, www.intercapepathfinder.com.

Grenzübertritt zwischen Zimbabwe und Botswana

Ausreise nach Botswana: Die 60 km lange, einsame Straße zur Grenze nach Botswana führt durch den Zambezi Nationalpark und das Matetsi Jagdgebiet, daher ist die gesamte Strecke sehr wildreich. Die Grenze ist täglich von 6–20 Uhr geöffnet. Die Touristenhotels in Victoria Falls und Kasane/Botswana organisieren Transfers für Gäste ohne eigenem Fahrzeug. Einreisebestimmungen Botswana: S. 204.

Links: Südliche Ortszufahrt von Victoria Falls. Direkt voraus liegen die Viktoriafälle und der Grenzposten nach Sambia

Unten: Stimmungsvoller Morgennebel am Sambesi im kühlsten Monat Juli

Grenzübertritt zwischen Zimbabwe und Zambia

Die Grenze zwischen Zimbabwe und Zambia an der Victoria Falls Bridge ist täglich von 6–22 Uhr geöffnet; der Grenzübertritt erfolgt rasch und unproblematisch, denn hier ist man die vielen Grenzgänger mit Foto- und Videokamera seit Jahrzehnten gewöhnt. Die Brücke ist einspurig, eine Ampel regelt den Autoverkehr.

Visa für Zambia sind bei der Einreise am Grenzposten erhältlich (Deutsche, Österreicher und Schweizer: 50 US$). Fahrzeughalter benötigen ein Carnet de Passage oder schließen eine Temporary Import Licence ab. Ferner fallen Gebühren für eine Kfz-Haftpflichtversicherung, eine Karbonsteuer und Straßenbenützungsgebühren (Road Fund) an. Einreisebestimmungen für Zimbabwe: siehe S. 199, für Zambia S. 202.

LIVINGSTONE
Railway Museum
Mosi - oa -Tunya Rd
Protea
Falls Park Shopping Centre
Old Farm House Restaurant
Zambezi Way
Courtyard
MOSI OA TUNYA NATIONALPARK (Game Park)
Bushfront
Chrismar
Sichango Rd
Maramba Cultural Village
Park Eingang
ZAWA
Batoka Sky
Airstrip
African Queen Bootsanlegestellen
Waterfront
David Livingstone
Maramba
Croc Farm
Maramba
Lwanda Island
Helicopter Rundflüge
N
500m
Princess Elisabeth Island
Golfplatz
Elephant Hills
Namatobwe Island
MOSI OA TUNYA NATIONALPARK (offenes Gebiet)
Mukuni Village 8km
Princess Helen Victoria Island
Princess Victoria Island
The Royal Livingstone
Lookout Tree
Avani
Rainbow
Ilala
Grenzgebäude
The Kingdom
Taita Falcon Lodge
Grenzgebäude
Victoria Falls
The Victoria Falls
Abseiling und Gorges Swing

Palmgrove Walk heißt der Abstieg in den Boiling Pot, wo sich der tosende Fluss nach den Fällen sammelt und strudelnd durch die Zickzackschluchten drängt. Unterwegs bieten sich dem Besucher ungewöhnliche Ausblicke auf die Schluchten und die Victoria Falls Stahlbrücke.

Ausflug nach Zambia: Viktoriafälle und Livingstone

Einen wirklich guten Gesamteindruck über die Viktoriafälle erlangt man erst, wenn man sie von beiden Uferseiten aus besucht. Das Freizeitprogramm ist auf der zambischen Seite ähnlich wie in Victoria Falls und bietet zusätzlich noch zwei sehenswerte Museen. Das Übernachtungsangebot und die Gastronomie sind vielfältig. Allerdings liegen die sehenswerten Orte hier weiter voneinander entfernt, sodass der Reisende stärker auf ein eigenes Fahrzeug, Taxis oder Transferdienste angewiesen ist. Auf beiden Seiten stehen an den Grenzen Taxis zur Verfügung. Für die Fahrt zwischen den beiden Grenzposten verlangen sie 10 US$. Wer die zambische Seite der Viktoriafälle als geführten Tagesausflug von Victoria Falls aus buchen möchte, sollte mit 130 US$ zuzüglich 20 US$ für ein Day Tripper Visum rechnen.

Besuch der Viktoriafälle

Der Eingang zu den Fällen liegt unmittelbar neben den Grenzgebäuden an der Hauptstraße nach Livingstone. Eintritt pro Besuch (nicht pro Tag): Erwachsene 20 US$, Kinder 10 US$. Kfz-Parkplätze: innen 5 US$, vor dem Gate gratis. Öffnungszeiten: 6–18 Uhr.

Hinter dem Gate gelangt man zum Parkplatz, zahlreichen Souvenirständen und einem kleinen Besucherzentrum (früher Field Museum). Im Ausstellungsraum findet man eine naturgeschichtliche und geologische Sammlung mit einzelnen Steinzeitfunden und Informationen zur Entstehung der Wasserfälle. Die Wände wurden zusätzlich mit allerlei Statistiken und Grafiken beklebt.

Auf der anderen Seite des Parkplatzes markiert ein gemauertes Häuschen den Zugang zu den Fällen (mit einem Kontrollposten).

Das Wegenetz an den Fällen ist etwas kleiner als in Zimbabwe. Der beliebte **Rainforest Walk** führt entlang des Eastern Cataracts über einen sehr schmalen, spektakulären Grat, der **Knife Edge** („Messers Schneide") genannt und von einer eisernen Fußgängerbrücke überspannt wird. Bei Hochwasser bietet dieser Pfad eine sensationelle Dauer-Volldusche. In der dichten Gischt kann man kaum noch etwas erkennen und es fühlt sich an, als würde man sich mitten im Wasserfall befinden. Manch ein Besucher wagt sich bei diesen Naturgewalten gar nicht über die Brücke. Der Pfad endet schließlich an einem Aussichtspunkt, der dem Danger Point genau gegenüberliegt. Hier blickt man direkt in den tosenden Abfluss des Sambesi, wo sich der Fluss ächzend und strudelnd in die enge Schlucht zwängt.

Sehr dramatisch sind auch die Aussichtspunkte direkt neben der Fallkante des **Eastern Cataracts**, die fotogene Ausblicke in die tosende Schlucht gewähren. Romantischer wird es, wenn man hier ein kurzes Stück flussaufwärts am Ufer des Sambesi weiterläuft. Diese Stelle eignet sich mit ihren vielen breiten Felsen ausgezeichnet, um den stimmungsvollen Sonnenuntergang über den Viktoriafällen zu erleben.

Die anstrengendste Wanderung, **Palmgrove Walk**, führt steil hinab zum Boiling Pot. Der Weg ist unbefestigt und fordert etwas Trittsicherheit und gutes Schuhwerk, weil man am Ende über mehrere große Felsen klettern muss. Die Perspektive vom Grund der Schlucht entschädigt allemal für die Plage, den Steilhang wieder hinauf steigen zu müssen. Von hier aus sieht man die Victoria Falls Bridge, und bei Niedrigwasserstand starten hier auch die Wildwasserfahrten. Bemerkenswert sind die Pflanzen, die sich an diesem Hang ausbreiten.

Der **Bridge Trail Walk** führt nahe der Straße bis kurz vor die Victoria Falls Brücke. Hier dominiert bereits ein Trockenbuschwald, der viel Sonne durchlässt. Paviane trifft man hier öfter als Touristen.

Viel stärker als auf der Zimbabwe-Seite prägen Hoch- und Niedrigwasserstand des Sambesi die visuellen Eindrücke auf der zambischen Seite. Während des Hochwassers ähneln sich die Erlebnisse auf beiden Uferseiten. Doch bei niedrigem Wasserstand, zwischen September und Dezember, verändert sich die Situation in Zambia dramatisch. Je weniger Wasser den Fällen entgegenströmt, um so mickriger werden

Bilder linke Seite: Die Brücke bei Knife Edge und die gepflasterten Fußwege. Paviane am Bridge Trail.
Bild rechts: Aussicht vom Boiling Pot.

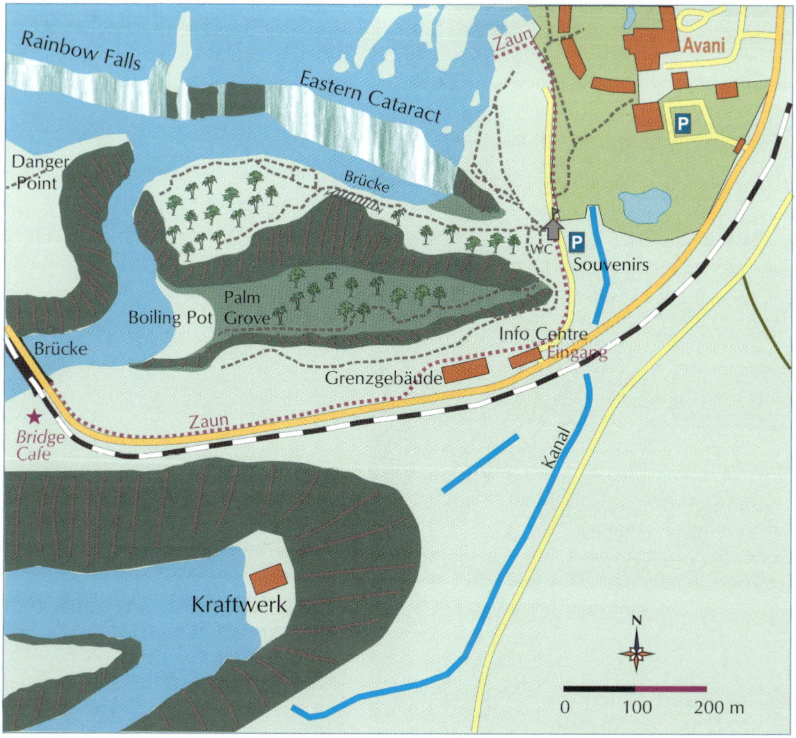

die östlichen Fälle, bis der Eastern Cataract – und später auch die Rainbow Falls – nahezu trocken liegen und höchstens noch dünne Rinnsale über die nackte Felswand fließen (Foto unten links).

Zu dieser Jahreszeit wird die sambische Uferseite dem tatsächlichen Ausmaß der Viktoriafälle nicht wirklich gerecht. Es sind einfach keine Fälle da! Doch aus der Not lässt sich eine Tugend machen und so wurde hier ein Highlight kreiert, wie man es sonst nirgends findet: Wenn die östlichen Fälle trocken liegen, kann man entlang der Fallkante bis **Livingstone Island** laufen. Um dort ganz nach Gusto und unter den staunenden Blicken der Zimbabwe-Touristen ein Bad im Devils Pool zu nehmen (Foto links), der direkt an der Fallkante liegt, oder einfach nur, um einen kühlen Drink zu genießen und sich vorzustellen, wie David Livingstone an ebendieser Stelle einst gestanden haben mag.

Tongabezi Safaris hat das Monopol für diesen Ausflug. Man darf ihn nur mit einem Guide unternehmen und bezahlt je nach Tageszeit ab 98 US$ für das Erlebnis. Rechnen Sie mit 20–30 Minuten Fußweg pro Strecke bis Livingstone Island.

Sehenswertes in Livingstone

Livingstone Museum

Das ansprechend renovierte Museum ist in mehrere Bereiche unterteilt. Ausgiebig widmet sich die Ausstellung der Entwicklungsgeschichte des Menschen und der afrikanischen Naturgeschichte. Im Innenhof des Gebäudes stehen Gemälde zum Verkauf. Eine Wechselausstellung beschäftigt sich mit zeitgenössischen Themen. Dann folgt der interessanteste Themenschwerpunkt: Die frühen Forschungsreisenden Afrikas, eine ganze Abteilung über David Livingstone, zahlreiche Relikte aus der Vorkolonialzeit, amtliche Belege und zeitgenössische Dokumente aus der britischen Kolonialzeit. Aufschlussreich wendet sich die Sammlung dem politischen Erwachen der Afrikaner zu, veranschaulicht mit Zeitungsausschnitten und Fotos den Geist der zambischen Unabhängigkeitsbewegung und die Jahrzehnte danach. Dem Museum gelingt es, einen abwechslungsreichen Bogen zu spannen von der Frühzeit bis in das 21. Jahrhundert.

Info Das Museum ist täglich von 9–16.30 Uhr geöffnet. Eintritt 10 US$, für Kinder die Hälfte.

Railway Museum

Für Bahnfreaks ein Muss: Hier wird neben alten Dampfloks, einem Sammelsurium alter Schilder und zahlreichen Utensilien sehr lebendig die Geschichte der Eisenbahn in Zambia gezeigt. Das Museum liegt an der Chishimba Falls Road und ist täglich von 8–16.30 Uhr geöffnet. Der Eintritt beträgt 15 US$, für Kinder die Hälfte.

Rundgang durch die Altstadt

Bis 1935 war Livingstone die koloniale Landeshauptstadt und viele historische Gebäude aus den Jahren 1900 bis 1930 erinnern noch an diese betriebsame Zeit. Die Altstadt liegt im Viereck zwischen dem Postamt, dem Town Market, dem 1909 eröffneten North Western Hotel und dem John Hunt Way. Manche Gebäudekomplexe und Straßenzüge verdienten es, besser gewürdigt und restauriert zu werden, doch dämmern sie alle mehr oder weniger vergessen vor sich hin. Wer sich auf Spurensuche begeben möchte, sollte durch den John Hunt Way schlendern, wo noch viele sehenswerte Gebäude stehen wie die zierliche St. Andrews Church und das Backsteingebäude des städtischen Krankenhauses „Municipal Clinic", das 1921 als Stadtbücherei eröffnet worden war. Die Hauptstraße Mosi-oa-Tunya Road flankieren größere, mit Säulen und Rundbögen verzierte Gebäude. Hier ragen als historische Denkmäler die Geschäftshäuser der Barclays Bank und Finance Bank heraus, das Stanley House von 1928 und das viktorianische Capitol Theatre aus dem Jahr 1931, das für Jahrzehnte zum Mittelpunkt des gesellschaftlichen Lebens wurde. Parallel zur Hauptstraße verläuft der Kuta Way. Er wurde einst als Straße der indischen Händler „Bombay Alley" genannt.

Die Safarilodges unternehmen mit ihren Gästen geführte Touren durch Livingstone. Reiseanbieter wie Safari Par Excellence bieten ebenfalls Stadtrundfahrten mit Museumsbesuch und Souvenirmarkt an (ab 50 US$).

Von oben: Municipal Clinic, nostalgisches Hotelschild, Anglikanische Kirche St. Andrews, Golf Club.

Livingstone
Lusaka
Waswange
Airport Rd.
Zambia Youth Ave.
Mushili Way
Nioko Rd.
Makoma Rd.
Kashitu St.
Obote Ave.
Mose Street
Nehru Way St.
Maamba Rd.
Likute Way
John Hunt Way
Mwela St.
Katete Ave.
AirportRd.
General Hospital
The Rite Inn
Fairmont
Mosi - oa - Tunya Road
Kuta Way
Chimwemwe Way
Maisoko Street
Craft Market
Batoka Hospital
Akapelwa Street
Shafiks Clinic
Maramba Rd.
Ghandi Ave.
Mutelo Street
Post
Kapufi Ave.
Chisamba Way
Jolly Boys
Likute Way
SPAR
Museum
Senanga Rd.
Kazimula Ave.
Kanyanta Rd.
Tourist Info
Market
Macha Ave.
Dombe Drive
Makombo Rd.
Chipembi Road
Kabompo Rd.
Golf Club
Whistle Stop
Kazungula
Nakatindi Rd.
Shoprite
Olga's The Italien Corner
Ocean Basket Restaurant
Adventure Centre+Fawlty Tower
Restaurant Spot
Craft's & Curio
Wild Side Tours
Zambezi Jewels Craft Shop
Kafuba Rd.
Nkumbi Rd.
Chitimukulu Rd.
Limulunga Rd.
Railway Station
Nsansa Rd
Ngolide Lodge
Golden Leaf Restaurant
Chishimba Falls Rd.
Railway Museum
N
0
500
1000 m

1933
KONICA
Photo Express
THE PRINT SHOP LTD.
FALLS MEATS BUTCHERY
WIDENCY
AUTO SPARES

Lookout Tree

An der Straße zum Mukuni Village ragt ein riesiger Baobab aus der trockenen Buschlandschaft. Eine steile Eisentreppe führt hinauf zu einer Plattform in seiner Baumkrone, von der die Sicht bis zu den Viktoriafällen reicht. Zahlreiche eingravierte Initialen zeugen von den vielen Besuchern, die diesen Lookout Tree in den vergangenen Jahrzehnten besucht haben.

Oben: Viele Besucher haben sich in der Rinde des Baobabs verewigt

Gwembe Castle Crocodile Park

Auch auf zambischer Seite der Viktoriafälle gibt es eine Krokodilzuchtfarm, die Touristenführungen organisiert. Sie liegt zwischen den Fällen und der Stadt Livingstone beim Maramba River. Eine Führung dauert etwa 45 Minuten und zeigt neben den verschiedenen Lebensstadien der Reptilien auch eine ganze Reihe heimischer (Gift-)Schlangen. Im Garten werden Erfrischungsgetränke angeboten. Tipp: Jeden Sa/So findet um 15 Uhr die Fütterung der Krokodile statt.

Kontakt: Gwembe Safaris, Mosi-oa-Tunya Road, Tel. 0213-321733, email: gwemsaf@iconnect.zm, www.gwembesafaris.com. Öffnungszeiten: täglich von 8–17 Uhr. Eine Tour inklusive Fütterung kostet 40 US$.

Dorfbesuch im Mukuni Village

Oben: Handwerkermarkt im Dorf Mukuni. Unten: Tänzer im Maramba Village

9 km südlich von Livingstone liegt das Dorf Mukuni, in dem seit Generationen der Palast des Königs der Leya liegt. Es ist ein besonderes Verdienst Zambias, dass seine 72 ethnischen Gruppen ihre traditionellen Hierarchien mit Königen, Chiefs und Senior-Chiefs beibehalten haben. Chief Mukuni, das Oberhaupt der Leya, vererbt diese Würde linear weiter an den ersten Sohn, den er im Palast gezeugt hat. Söhne aus den Jahren zuvor, als der Chief noch Anwärter auf den Thron war, haben keinen Anspruch auf die Erbfolge. Der derzeit regierende Chief Mukuni gilt als moderner Geschäftsmann, der seine Untertanen in dem Bemühen unterstützt, am Tourismus zu partizipieren, und so geriet Mukuni Village auf die touristische Landkarte Livingstones. Hotels und Reiseunternehmen integrieren den Dorfbesuch in ihr Ausflugsprogramm. Ein wenig Geschichte ist auch dabei: In der Dorfmitte steht ein großer, alter Baum, unter dem schon David Livingstone 1855 mit dem damaligen Mukuni zusammengesessen haben soll. Eine Village Tour kostet 5 US$ Eintritt. Mehrere Fremdenführer stehen bereit, um die Gäste bei ihrem Rundgang durchs Dorf zu begleiten. Sie sind hilfreich, um Alltagsgegenstände und typische Beschäftigungen im zambischen Dorfleben zu erklären und mindern zugleich die Hemmschwelle für viele Besucher, erwarten dafür aber eine Entlohnung. In der Mitte des Dorfes befindet sich neben dem umfriedeten Palast ein Handwerkermarkt. Hier vertreiben die Leya hauptsächlich Holzschnitzereien, die sie seit vielen Jahrzehnten kunstfertig herstellen. Zudem ergänzen sie ihr Warenangebot mit Halsketten, Steinfiguren, Stoffbatiken und Bastkörben. Das Angebot ähnelt dem an den Viktoriafällen, doch beteuern die Handwerker gerne, dass hier Erzeugerpreise und nicht Touristenpreise verlangt werden.

Traditionelle Tanzvorführungen im Maramba Cultural Village

Im Kulturzentrum an der Sichango Road finden jeden Sa/So von 15–17 Uhr traditionelle Tanzvorführungen statt, die sich nicht nur an Touristen richten. Eintritt: 5 US$.

Mosi-oa-Tunya Game Park (MOT)

Zambias kleinster, jedoch meist besuchter Nationalpark umfasst mit 66 km² Fläche einen rund 30 km langen Landstreifen zwischen dem Sambesi und Livingstone. Oberhalb der Wasserfälle schmiegt sich der umzäunte Tierpark an das herrliche Sambesiufer. Obwohl er relativ klein ist, besticht der Park durch eine wunderschöne Ufervegetation und viele recht zutrauliche Tiere. Eine Pirschfahrt entlang der alten Uferstraße, wo immer wieder der Blick zwischen den Ilalapalmen hindurch auf den trägen Sambesi fällt, ist ein Genuss für die Sinne. Im Park leben Büffel, Giraffen, Zebras, Gnus, Impalas, Buschböcke, Warzenschweine, Paviane und Meerkatzen. Während der Trockenzeit wandern Elefanten zwischen Zambia und Zimbabwe durch den Fluss, für Hippos und Krokodile gelten sowieso keine Staatsgrenzen. 1996 nahm der Wildpark ein paar südafrikanische Nashörner auf, die trotz aller Mühe, sie durch eine „Enthornung" oder durch die „Rund um die Uhr-Bewachung" zu schützen, zum Teil gewildert wurden und verunglückt sind. Aktuell beherbergt der Park wieder neun Breitmaulnashörner, die man in Begleitung der Wildhüter besuchen kann.

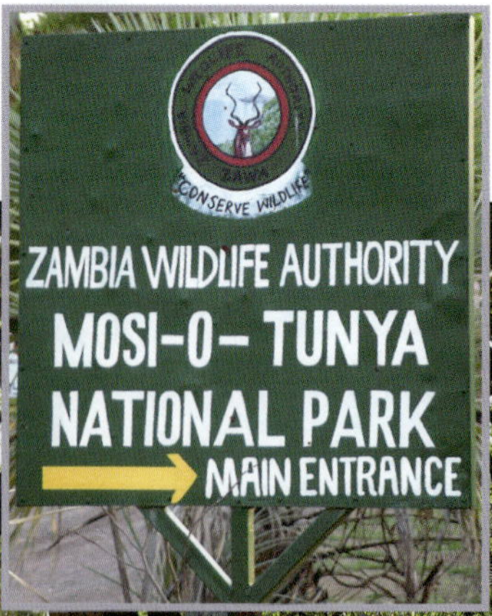

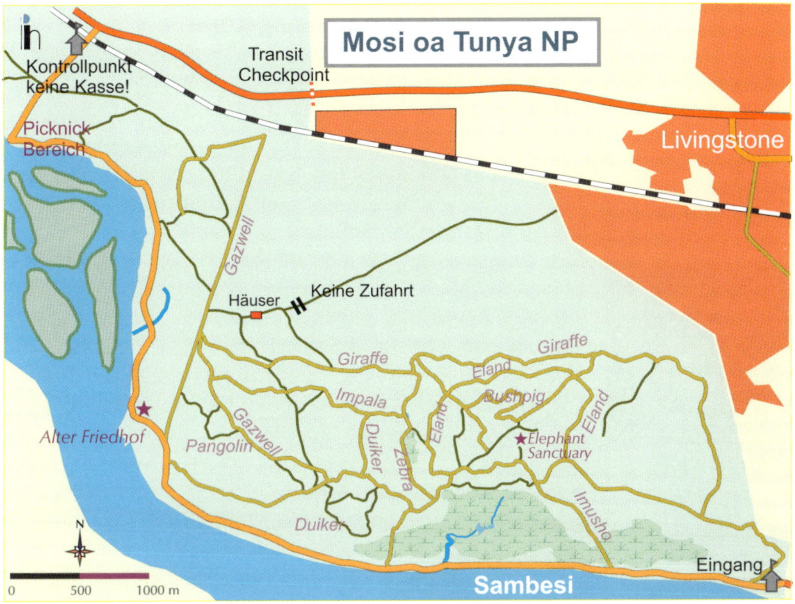

Für historisch Interessierte: Hier begann Ende des 19. Jh. die europäische Besiedlung dieser Region. Mitten im Park sind noch die alte Furt, Old Drift, und der alte Friedhof aus den Pioniertagen zu erkennen.

Der Picknickplatz am westlichen Rand des Wildparks bietet sich mit seinen Uferfelsen hervorragend für einen stimmungsvollen Stopp zum Sonnenuntergang an. Vorsicht ist allerdings geboten, denn hier sind mehrfach Diebstähle gemeldet worden.

Parköffnungszeiten: Täglich von 6–18 Uhr. Eintritt: 15 US$ für Selbstfahrer, und Fahrzeuge (günstiger für Residents und SADC-Bürger); die ansässigen Reiseagenturen bieten Pirschfahrten ab 65 US$ pP an.

Bilder S. 124/125: Impressionen aus dem Game Park. Rechts oben: Der Friedhof an der Old Drift.

Freizeitaktivitäten in Livingstone

Die Freizeitaktivitäten zu Wasser, in der Luft und die Adrenalin-Spritzen (Bungee Jump, White Water Rafting) entsprechen genau denen von Victoria Falls, sind in Zambia allerdings meistens etwas teurer. So kosten die Wildwasserfahrten in Zambia 160 US$ (halbtags) bzw. 170 US$ (ganztags) und halbtägige Kanufahrten auf dem Sambesi 110 US$. Tierbegegnungen finden auf der Thorntree Lodge statt: „Zambezi Elephant Trail" für 175 US$, ein „Picnic Lunch with the Elephants" für 105 US$ und eine „Lion Research Safari" für 140 US$. Bei Mukuni Big 5 Safaris werden „Lion Walks" für 120 US$ und „Cheetah & Caracal Interaction" für 90 US$ angeboten. Auch Reitsafaris und Quadbike-Fahrten sind in Livingstone möglich. Rundflüge: im Helikopter ab 165 US$, im Ultraleichtflugzeug ab 155 US$.

Tipp für die Aktivitäten in Zambia: Wegen des grandiosen Farbspiels der im Westen untergehenden Sonne empfehlen wir, den Besuch der Viktoriafälle, Pirschfahrten und Bootsausflüge in die späten Nachmittagsstunden zu legen

Bootsausflüge auf dem Sambesi

Das Angebot der Bootsausflüge ist am zambischen Ufer etwas vielfältiger. Hier gibt es moderne, kleine Motorboote, die auch im Flachwasser fahren können und daher einen größeren Radius für ihre Ausflüge haben. Diese Fahrten – morgens, mittags und nachmittags – werden jeweils ab ca. 55 US$ angeboten.

Ein beliebtes Highlight stellt die Bootsfahrt mit dem legendären Fahrgastschiff „African Queen" dar. Der Motorkatamaran mit dreistöckigem Tragdeck ist weit und breit die

imposanteste Erscheinung auf dem Sambesi. Edles Interieur und Tische aus dunklem Teakholz schmücken die offenen Aussichtsdecks. Eine bestens bestückte Bar, dienstfertiges Personal mit Tabletts voller schmackhafter Snacks und fetzige Marimba-Live-Musik halten die Gäste niveauvoll bei Laune, während der Katamaran auf dem Sambesi schippert. Die Inszenierung des afrikanischen Klischees gelingt glaubwürdig.

Die African Queen kann bis zu 110 Gäste aufnehmen. Ihr kleineres Schwesterschiff, die „African Princess", bietet Platz für 70 Gäste. Ausflugsfahrten finden bei Bedarf morgens, mittags und nachmittags statt, wobei die Sundown Cruises unangefochten der Publikumsliebling sind. Im Preis von 70 US$ sind die Transfers, Getränke und Snacks enthalten.

Bilder rechts: African Queen, das nobelste Schiff am zambischen Ufer

Unterkunft in Livingstone und Umgebung

Die Stadt Livingstone verfügt über zahlreiche Gästehäuser, Privatpensionen und Hotels. In der weiteren Umgebung wird das Übernachtungsangebot durch Touristenunterkünfte ergänzt, die alle Preisklassen zwischen legeren Campingplätzen, komfortablen Zeltchalets und eleganten Luxuslodges abdecken. Einen stets aktuellen Überblick bietet die Website www.livingstonetourism.com. Wir beschränken uns auf eine überschaubare Auswahl touristisch relevanter Angebote nahe der Viktoriafälle.

Stadthotels

Protea Hotel by Marriott Livingstone

Tel. +260-213-324630, Mosi-Oa-Tunya-Road, email: reservations@phlivingstone.co.zm, Internet: www.marriott.de.
Modernes, etwas beengtes Hotel südafrikanischen Stils mit 80 klimatisierten Zimmern an der Straße zu den Viktoriafällen.

Preise: ÜF ab 115 US$/DZpP und 220 US$/EZ.

ZigZag Bed & Breakfast

Tel. +260-213-322814, email: zigzagtownlodge@gmail.com, Internet: www.zigzagzambia.com.
Motelähnliche, gepflegte Anlage mit Restaurant, Pool und Garten.

Preise: ÜF ab 35 US$/DZpP und 50 US$/EZ.

Fawlty Towers Backpackers

Tel./Fax +260-213-323432. Mosi-Oa-Tunya Road, email: ahorizon@zamnet.zm, Internet: www.adventure-africa.com.
Jugendliche Backpackerlodge mit großem Garten, Pool, lebhafter Bar und Werkstatt.

Preise: Übernachtung im Schlafsaal ab 12 US$ pP, Doppelzimmer von 45–80 US$ pro Nacht.

Jolly Boys Backpackers

Tel./Fax +260-213-324229, Kanyata Road, email: enquiries@backpackzambia.com, Internet: www.backpackzambia.com.

Nette Backpackerlodge mit engagiertem Service, lockerer Atmosphäre,schönem Garten.

Preise: Übernachtung im Schlafsaal ab 12 US$ pP, Doppelzimmer ab 45 US$ pro Nacht.

In der Peripherie von Livingstone

Während in Zimbabwe der Uferstreifen unter Schutz steht und deshalb mit Ausnahme der A'Zambezi Lodge keine Hotels direkt an den Sambesi gebaut werden durften, reihen sich in Sambia zahlreiche Resorts an das Flussufer.

Zambezi Waterfront

Safari Par Excellence, Tel. +260-213-320606, Fax 320609, email: waterfront@zamnet.zm und zaminfo@safpar.com, Internet: www.safpar.com.

Legere, weitläufige Mittelklasseanlage für den modernen Traveller am Ufer des Sambesi. Unterschiedlich ausgestattete Chalets und Mietzelte reihen sich im Palmengarten neben die Campingparzellen. Mit Restaurant, Bar, Pool und Activity-Centre. Tipp: Einen Sundowner auf der hölzernen Plattform der Bar, direkt am Ufer des Sambesi, genießen (Foto S. 131).

Preise: ÜF ab 90 US$/DZpP und 135 US$/EZ, Mietzelte ab 23 US$/DZpP und 34 US$/EZ, Camping 13 US$ pP.

Bushfront Lodge

Tel. +260-964-021625 und +260-213-322446, email: mmukena@rocketmail.com, Internet: www.facebook.com/bushfront.

Ruhige, eingewachsene Mittelklasselodge mit Chalets, Restaurant, Pool und Camping, die ruhig im Hinterland jenseits des Helikopter-Flugplatzes liegt (Foto unten).

Preise: ÜF ab 60 US$/DZpP und 75 US$/EZ, Camping 15 US$ pP.

Maramba River Lodge

Tel. +260-213-324189, Fax 323130, email: reservations@marambariverlodge.com, Internet: www.maramba-zambia.com.

Romantische Anlage am Maramba River mit Chalets, Safarizelten von basic bis luxuriös, ansprechendem Pool- und Barbereich, Restaurant und einem abseits gelegenen, einfachen Campingareal.

Preise: ÜF in den Chalets ab 62 US$/DZpP und 85 US$/EZ, ÜF in den verschiedenen Zelten von 28–62 US$/DZpP und 39–85 US$/EZ, Camping ab 20 US$ pP.

David Livingstone Safari Lodge & Spa

Riverside Drive, Tel. +260-213-324601, Fax 324615, email: lodge@dlslandspa.com, Internet: http://aha.co.za/davidlivingstone.

Lebhaftes Wellness-Ferienhotel mit 77 geschmackvollen Zimmern und Spabereich. Schöner Garten, der Pool grenzt hier unmittelbar an den Sambesi; leider gibt es auch viele Moskitos (Foto links).

Preise: ÜF ab 205 US$/DZpP und 210 US$/EZ.

Tongabezi Lodge

Tel. +260-213-327450, Fax 324268, email: bookings@tongabezi.com, Internet: www.tongabezi.com.

Die traditionsreiche, geschmackvolle Luxusherberge liegt ca. 20 km flussaufwärts am Sambesi und ist eine der feudalsten inhabergeführten Adressen am Platz. Die individuellen Chalets liegen auf dem Festland und auf Sindabezi Island im Sambesi.

All-Inclusive-Preise: ab 520 US$/DZpP.

Kubu Cabins & Camp Nkwazi

Tel. +260-213-327227/3048830, email: info@kubucabins.com,info@campnkwazi.com, www.kubucabins.com, www.campnkwazi.com

22 km flussaufwärts am Sambesi liegen die beiden Schwestercamps direkt nebeneinander am Sambesi und bieten idyllische, naturnahe und sehr beschauliche Unterkunft. Die Campingstellflächen zählen zu den schönsten und best ausgestatteten der Region, wenn auch die meisten nicht am Flussufer liegen.

Preise: ÜF ab 140 US$/DZpP und 170 US$/EZ, Chalets zur Selbstversorgung 125 US$/DZpP und 150 US$/EZ, Camping 25 US$ pP.

Direkt neben den Viktoriafällen teilen sich zwei Schwesterhotels die allerbeste Lage. Wer hier residiert, kann beliebig oft ohne Eintrittsgebühren die Wasserfälle besuchen:

Avani Victoria Falls Resort

Tel. + 260-978-777044, Mosi-oa-Tunya Road, email: victoriafalls@avanihotels.com, Internet: http://www.minorhotels.com/en/avani/victoria-falls. Das weitläufige Resort der gehobenen Mittelklasse mit großem Garten und Poolbereich bietet Reisegruppen ansprechende Unterkunft im maurischen Stil-Mix. Es verfügt über 212 Zimmer.

Preise: ÜF ab 200 US$/DZpP und 370 US$/EZ.

The Royal Livingstone Resort by Anantara

Tel. + 260-213-321122, Mosi-oa-Tunya Road, email: royallivingstone@anantara.com, Internet: http://royal-livingstone.anantara.com. Gediegenen Luxus und eine angenehm ruhige Atmosphäre finden Reisende in den 173 eleganten Zimmer des Schwesterhotels. Abends mit gedämpfter Live-Musik.

Preise: ÜF ab 1700 KR/DZpP und 2800 KR/EZ.

Chundukwa River Lodge

Tel. +260-213-327452 und +260-969-641797, email: chundukwariverlodge@gmail.com, www.chundukwariverlodge.com.
23 km flussaufwärts von Livingstone gelegen, bietet die gemütliche Mittelklasselodge sechs idyllische Holzchalets am Sambesiufer.

Preise: All-Inclusive ab 290 US$/DZpP.

Taita Falcon Lodge

Tel. +260-213-327046, email: taita-falcon@microlink.zm, Internet: www.taitafalcon.com. Ungewöhnliche Luxuslodge mit herrlicher Aussicht am Rande der Batokaschlucht.

All-Inclusive-Preise: ab 130 US$/DZpP.

Das gastronomische Angebot

Im Avani Victoria Falls Resort bietet die Poolbar mittags zur Marimba-Livemusik leichte Gerichte für 6–8 US$; beliebt ist z. B. der aromatische „Nibbler's Plate". Im Hintergrund laufen entspannte Zebras, Impalas und vereinzelte Giraffen durch das Gelände. Abends werden hier üppige Buffets aufgetragen, wie auch in der David Livingstone Safari Lodge (jeweils ca. 28 US$). Im offenen Restaurant „The Boma", das auf dem Hotelgelände zwischen den Schwesterhotels Avani und Royal Livingstone Resort liegt, finden jeden Samstagabend traditionelle Tänze mit afrikanischem Buffet statt. Für einen Sundowner gibt es keine bessere Lage als die große Bar der Zambezi Waterfront, denn hier blickt man direkt über die Hippos und Boote im Fluss in das Abendrot.

„Olga's The Italian Corner" in der Nakatindi Road gegenüber dem Shoprite Complex ist ein Tipp für Freunde der italienischen Küche. Gute Kritiken erhält auch das Fischrestaurant „Ocean Basket" in der Hauptstraße von Livingstone.

Die Preise ähneln denen in Victoria Falls; in Zambia fällt jedoch noch 10 % Service Charge an.

Praktische Infos

Orientierung in Livingstone

Livingstones älteste Straße und zentrale Lebensader ist die Mosi-oa-Tunya-Road, auch Main Road genannt. Nach Süden führt diese Straße direkt zu den 10 km entfernten Viktoriafällen und der Grenze nach Zimbabwe. In entgegengesetzter Richtung führt sie in die Landeshauptstadt Lusaka. Die wichtigste Querverbindung heißt Nakatindi Road und verlässt Livingstone parallel zum Sambesi in Richtung Sesheke nach Westen. Über die Sichango Road gelangt man zu den Bootsanlegestellen und zum Mosi-oa-Tunya Nationalpark.

Zahlungsmittel und Geldwechsel

Die Landeswährung heißt Zambia-Kwacha und wurde am 01.01.2013 neu bewertet; es gibt seither auch neue Geldscheine. 10 Kwacha enstsprechen etwa 1 US$. Für einen Kurzaufenthalt in Livingstone besteht nicht unbedingt die Notwendigkeit, Kwacha einzuwechseln; man kann hier nahezu alles auch mit US$ bezahlen. Ein Umtausch ist in den Wechselstuben und Banken in Livingstone problemlos möglich, wenn Sie Bargeld in den Währungen US-Dollar, Euro, SA-Rand, Britisches Pfund und Botswana-Pula besitzen. An den Geldschaltern der Banken und Einkaufszentren wie dem Shoprite-Komplex besteht auch die Möglichkeit, mit einer VISA- oder Mastercard-Kreditkarte Bargeld abzuheben. Man sollte alle Umtauschbelege aufheben für den Fall, dass man bei der Ausreise danach gefragt wird oder überzähliges Geld zurücktauschen möchte.

Touristeninfo und Reiseunternehmen

Gegenüber dem Eingang des Livingstone Museums befindet sich eine Tourist Information. Hilfreich ist außerdem das deutschsprachige Reiseunternehmen „Wild Side Tours & Safaris" in der Mosi-oa-Tunya Road: www.victoriafallszambia.travel.

Taxi

Sambische Taxis erkennt man an der hellblauen Lackierung. Fahrten innerhalb Livingstones und zwischen der Stadt und den Viktoriafällen kosten 8–15 US$. Da es keine Taxameter gibt, sollten die Preise vor der Fahrt unbedingt ausgehandelt werden.

Einkaufstipps

Lebensmittel

Das modernste Einkaufszentrum der Stadt, Mosi-oa-Tunya-Square, liegt zentral entlang der Stadtmitte an der Hauptstraße. Hier findet man alles für den täglichen Gebrauch: Shoprite Supermarkt, Apotheke, Bank mit ATM, Kubu Crafts, Cafés und eine sichere Parkmöglichkeit.

Souvenirs

Wer Kunsthandwerk und Souvenirartikel sucht, begibt sich entweder zum zentral gelegenen Craft Market in der Mosi-oa-Tunya Road, dem kleineren Ableger am Eingang zu den Viktoriafällen (Foto links), oder besucht den Handwerkermarkt im Mukuni Village (Seite 123).

An- und Weiterreise

Mietwagen

Am Flughafen befinden sich Zweigstellen von AVIS, Tel. 0213-321122, und Imperial Car Rentals, Tel. 0213-322753. Hemingways Zambia in der Stadt bietet Allradfahrzeuge mit Dachzelt und Campingausstattung, Tel. 0213-323097.

Busse

Expressbusse befahren die Strecke Livingstone – Lusaka mehrmals täglich in beiden Richtungen. Die rund sechsstündige Fahrt kostet je nach Ausstattung des Fahrzeugs 18–25 US$.

Flughafen

Der Internationale Flughafen von Livingstone liegt 5 km nordwestlich der Stadt. Tel. +260-213-321153.

David Livingstone: Missionar und Forschungsreisender

David Livingstone wird am 19. März 1813 im schottischen Blantyre geboren und wächst in ärmlichen Verhältnissen auf. Bereits als Zehnjähriger muss er täglich 14 Stunden in einer Baumwollfabrik arbeiten. Zusätzlich besucht er die Abendschule und lernt wie ein Besessener. Mit etwa 20 Jahren fühlt er sich berufen, als Arzt und Missionar nach China zu gehen. Er spart für das Medizinstudium und bewirbt sich bei der Londoner Missionsgesellschaft (LMS). In der Probezeit fällt er fast durch, weil er so schlecht predigt, wird aber schließlich doch noch zur Missionarsausbildung zugelassen. Während dieser Ausbildungszeit zerstört der Ausbruch des Opiumkriegs alle Träume von einer Tätigkeit in China. Zufällig begegnet er gleichzeitig Robert Moffat, dem berühmten Missionar aus Kuruman in Südafrika, der vorübergehend in London weilt. David Livingstone entschließt sich nach dieser Begegnung rasch, Robert Moffat nach Afrika zu folgen.

Im Herbst 1840 verlässt der frisch gebackene Missionar England und erreicht nach langer Reise 1841 Kuruman, zu jener Zeit die nördlichste Missionsstation im südlichen Afrika. Sofort begibt sich Livingstone auf ausgedehnte Reisen in den Norden. Seinen Auftrag, eine kleine Missionsstation nördlich von Kuruman zu gründen, erfüllt er zwei Jahre später in einem einsamen Dorf namens Mabotsa. Bei einem Jagdunglück wird er hier fast von einem Löwen getötet und seine Schulter bleibt fortan gelähmt. Schon bald verlässt er Mabotsa und versucht sich in Tchonuane niederzulassen, doch auch hier kommt er nicht zur Ruhe. Schließlich zieht er mit seiner Familie – er hat inzwischen Mary, die Tochter Moffats, geheiratet – zu den Bakwena nach Kolobeng.

Bei Sechele, dem mächtigen König der Bakwena, stoßen seine Predigten auf offene Ohren. Sechele lernt lesen und schreiben, konvertiert zum christlichen Glauben und schickt seine vielen Nebenfrauen pflichtschuldig zu ihren Familien zurück. Doch Sechele bleibt Livingstones einzige „gewonnene Seele“, das Volk steht dem Christentum und den Veränderungen Secheles sehr misstrauisch gegenüber. Als eine lang anhaltende Dürre ausbricht, wird dies als Zeichen für den schlechten Einfluss der Bibel gewertet. Die Bakwena und die Missionarsfamilie leiden an Hunger und Wassermangel. Dr. Livingstone steckt ernsthaft in einer Sackgasse.

Von Sechele erfährt Livingstone vom fruchtbaren, tierreichen Ngamiland, das hinter jenem Durstland, der Kalahari, liegen soll. Kein Europäer hat es je betreten. Livingstone findet in William Oswell einen wohlhabenden Partner, der als Jäger und Händler mit Entdeckersinn gerne für eine Expedition aufkommen würde. Doch erst nach langem Zögern erteilt Sechele die Genehmigung zur Reise nach Ngamiland. Zusammen mit Bakwenaführern, Oswell und Murray, einem weiteren Händler, bricht Livingstone schließlich am 1. Juni 1849 nach Norden auf. Zwei Monate später stehen die drei als erste Europäer am Ngamisee.

Ein Jahr später unternehmen Livingstone und Oswell eine zweite Expedition zum Ngamisee, mit dem Ziel, weiter nach Norden zu den Kololo an

den Chobe River zu reisen. Diesmal sind Livingstones Frau und seine beiden Kinder dabei. Im feuchten Klima werden die Kinder schwer fieberkrank und die Gruppe muss umkehren. Mary erwartet nach der Rückkehr in Kolobeng ihr drittes Kind, das aber schon wenige Wochen nach der Geburt stirbt.

Obwohl Mary bald wieder schwanger ist, bricht die Gruppe im April 1851 erneut nach Norden auf. Die Reise wird zur unbeschreiblichen Tortour. Neben der Malaria sind die Tsetsefliegen eine ständige Gefahr. Unter enormen Entbehrungen und halb verdurstet schlägt sich die Gruppe bis an den Chobe zu den Kololo durch. Während seine Familie dort im sumpfigen Klima des Chobe zurück bleibt, reisen Oswell und Livingstone weiter an den Sambesi. Hier erkennt Livingstone, dass das unbekannte innere Afrika keine öde Wüste ist, sondern ein Land voller Flüsse und Seen, und er beschließt, den Weg an den Atlantik zu erforschen. Damit trifft er innerlich die Entscheidung, sein Missionars- und Familienleben aufzugeben, behält sie aber vorerst noch für sich. Zügig kehrt er nun nach Kolobeng zurück und schickt seine Familie nach England, weil er allein, wie er sagt, im Lande der Kololo einen geeigneten Platz für seine künftige Missionsstation finden will.

Im Winter 1852 verlässt Livingstone Kolobeng endgültig und schlägt sich erneut zum Chobe durch. Hier verirrt er sich in überschwemmten Sümpfen, berichtet von undurchdringlichem Schilf und Altwassern, wo er mit seinen einheimischen Begleitern im Wasser watend umherirrt. Im Mai 1853 trifft er endlich auf die Kololo.

Von einer neuen Mission ist nicht mehr die Rede, Livingstone hat längst das Entdeckerfieber gepackt. Ausgiebig erforscht er die weitere Umgebung und besucht dabei als erster Europäer die Viktoriafälle. Anschließend startet er vom Chobe aus seine erste große Expedition. Sie führt ihn den Sambesi flussaufwärts durch die Barotseflutebenen ins Reich der Lunda und weiter bis an den Atlantik. In Luanda, der portugiesischen Hafenstadt, macht er kehrt und wandert mit seinen 27 Kololo-Begleitern wieder an den Chobe zurück. Dort untersucht er zunächst auch noch den weiteren Verlauf des Sambesi bis an den Zusammenfluss mit dem Luangwa bei Zumbo.

Als er schließlich nach 16 Jahren Abwesenheit 1856 nach England zurückkehrt, ist er ein berühmter Mann. Er hat den Ngamisee, die Viktoriafälle und den Lauf des Sambesi entdeckt, aber auch den Sklavenhandel mit all seinen grausamen Auswirkungen kennen gelernt. Wie besessen ist er von dem Vorhaben, den britischen Einfluss auf das Innere Afrikas auszuweiten, um den grausamen Menschenhandel zu unterbinden. Sollte der Sambesi schiffbar sein, würde dies einen wichtigen Weg für den britischen Handel öffnen. Weder sein Beruf noch die Familie können Livingstone davon abhalten, eine zweite Expedition vorzubereiten. Er wird dabei von der Regierung unterstützt und von mehreren Wissenschaftlern begleitet. Die „Zambezi Expedition“ reist mit dem offiziellen Auftrag, einen schiffbaren Weg nach Zentralafrika zu finden.

Weil die Cahora Bassa Stromschnellen des Sambesi eine unüberwindbare Barriere darstellen, konzentriert sich die Expedition auf die Erforschung des unbekannten Shire. Zu Livingstones Begleitern zählen sein Bruder und die Ärzte Dr. Kirk und Dr. Meller. Mit Dr. Kirk unternimmt Livingstone wochenlange Fußmärsche, und gemeinsam erblicken sie im Herbst 1859 bei Mangochi erstmals den Malawisee. Livingstone ist von den Manganja beeindruckt, die ihre Dörfer mit Euphorbien einzäunen und geschickte Handwerker sind. Die Expedition entdeckt zwar Seen und Gebirge, doch wieder keinen schiffbaren Fluss. Auch der Shire hat oberhalb des Dorfes Chibisa (Chikwawa) unzählige Stromschnellen. Livingstone reist deshalb zurück an den Sambesi und kommt erst 1861 wieder an den Shire. Im Manganjaland ist inzwischen Krieg ausgebrochen. Mit Entsetzen erkennt er, wie seine Reiseberichte den Sklavenhändlern den Weg geebnet haben. Statt der bebauten Felder sieht er nun überall Zerstörung, Not und Plünderung. Ständig verfangen sich Leichen in den Schaufelrädern des Dampfschiffes „Pioneer". Immer wieder begegnen ihnen Sklavenkarawanen und Menschen auf der Flucht.

Wenig später erliegt Livingstones Frau, die ihm nachgereist war, der Malaria. Der Unglücksfaden reißt nicht ab, auch drei Expeditionsmitglieder sterben nach schweren Malaria-Attacken. 1863 ruft England die glücklose Expedition zurück. Einsam und verzweifelt, angesichts des zerstörten Landes, das er zurücklassen muss, kehrt Livingstone nach Europa heim.

Zwei Jahre später nimmt er von der Heimat zum letzten Mal Abschied. Diesmal wieder ganz allein mit einigen wenigen afrikanischen Weggefährten durchkämmt er die ganze Region um die zentralafrikanischen Seen Malawi-, Mweru- und Tanganjikasee, hängt jahrelang wie besessen dem Irrglauben nach, hier die Quellen des Nils aufzustöbern. Dabei zehrt er seine Gesundheit völlig aus.

Ende April 1873 liegt Livingstone fiebernd in einer notdürftig gebauten Hütte. Er ist oft bewusstlos, kann nicht mehr laufen, behält das Essen kaum noch. Seit Wochen irrt der alte Mann mit seinen Gefährten durch unwegsame Sümpfe. Die Männer sind durchnässt, Kleidung und Zelte zerrissen, die Vorräte aufgebraucht. So krank Livingstone auch ist, gilt sein einziges Interesse der Nilquelle, die er im Süden der Bangweulusümpfe vermutet. Dass er einem Irrtum verfällt, ahnt der kranke Mann nicht. Am Abend des 30. April wird der Sechzigjährige zuletzt lebend gesehen. Nachts finden ihn seine Gefährten wie im Gebet kniend. Als sie ihn berühren, ist sein Körper schon kalt. Susi und Chuma, seine langjährigen, treuen Begleiter, befinden sich zu diesem Zeitpunkt mit über 50 Trägern, Frauen und Kindern 1500 Meilen von ihrer Heimat Sansibar entfernt. Sie sind in einer verzweifelten Lage, verloren in einer fremden Region voller kriegerischer Völker und Sklavenjäger. In dieser Nacht fällen die beiden dennoch eine bemerkenswerte Entscheidung: Sie wollen zusammenbleiben und die einbalsamierte Leiche Livingstones quer durch Afrika zurück zu den Briten tragen. Daraufhin wird der Leichnam gesalzen, tagelang in der Sonne getrocknet und nachts gegen die Hyänen bewacht. Sie wickeln ihn in Segeltücher und Baumrinde, die sie mit Teer aus Livingstones Beständen überziehen. Mit dem präparierten Leichnam beginnen sie den langen, gefährlichen Rückweg zur afrikanischen Ostküste.

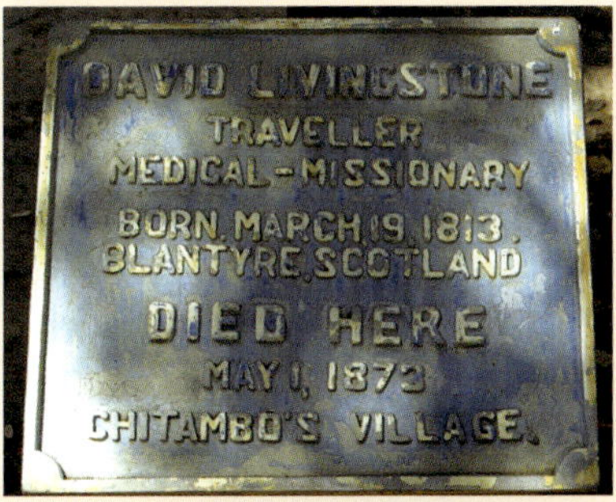

Fünf Monate später, im September 1873, trifft die zerlumpte Truppe in Tabora, Zentraltansania, auf die ersten Engländer. Offizier Cameron führt eine Suchexpedition nach dem vermissten Forscher und ist vollkommen perplex, als ihm Susi und Chuma den Leichnam präsentierten, den sie monatelang durch Afrika geschleppt haben. Cameron will Livingstones Leichnam an Ort und Stelle begraben lassen, stößt aber auf den Widerstand der Afrikaner. So trennen sie sich schließlich wieder. Cameron durchquerte in den nächsten Jahren den afrikanischen Kontinent, Susi und Chuma tragen die Mumie weiter bis nach Sansibar, wo der Leichnam nach England überführt wird. Elf Monate nach dem einsamen Tod in den zambischen Sümpfen erhält David Livingstone ein Heldenbegräbnis in der Westminster Abbey.

Livingstones Tod und die Umstände der Bergung seines Leichnams wühlen die britische Gesellschaft auf. Die hohe Moral des Verstorbenen und die außergewöhnliche Initiative seiner treuen Begleiter beeindrucken die Bevölkerung. Susi und Chuma haben mit großer Ausdauer, viel Geschick und Diplomatie ihre Mannschaft sicher durch feindliche und gefährliche Landstriche geführt. Ihre Tat zeichnete bei den Europäern ein ganz neues Bild vom schwarzen Menschen.

Bilder S. 134: Livingstones Medizinkiste, S. 136: Museumsdarstellung des Sklavenhandels, S. 137: Denkmal am Todesort Livingstones in Nordostzambia, Britische Pfundnote mit seinem Konterfei.

Foto oben: Markante, uralte Baobabs säumen das Hochufer des Lake Liambezi, eine weite Flutebene, die der Chobe bildet

Ausflug nach Botswana: Chobe NP

Der Nordostzipfel Botswanas lebt wie Victoria Falls heute nahezu ausschließlich vom Tourismus, was er seiner exponierten Lage am Vierländereck und seinem spektakulären Wildreichtum im Chobe Nationalpark verdankt. Die Viktoriafälle liegen praktisch „vor der Haustüre“ und deshalb kombinieren viele Reiseveranstalter und Individualreisende den Besuch beider Naturschauspiele. Und wie in Victoria Falls und Livingstone ist auch in Kasane eine moderne Hotellerie mit breitem Ausflugsangebot entstanden.

Die Grenze nach Botswana liegt 60 km westlich von Victoria Falls. Direkt an die Grenze schließt sich die Ortschaft Kazungula an und 10 km dahinter, am Rande des Chobe Nationalparks, liegt die Kleinstadt Kasane.

„Chobe Day Trip“: In Victoria Falls zählen Tagesausflüge in den Chobe Nationalpark zum festen Programm. Die Preise liegen bei 170 US$ pP und beinhalten die Fahrt, ein Mittagessen und eine Pirschfahrt oder einen Bootsausflug in den Chobe Nationalpark. Zweitägige Touren gibt es ab 350 US$.

Kasane und Kazungula

Touristentrubel im Vierländereck

Zu Zeiten David Livingstones lag hier die Hauptstadt der Kololo, die den Forscher damals zu den Viktoriafällen geführt hatten. Als dieses Gebiet 1890 dem britischen Protektorat einverleibt und zu Kronland umgewandelt wurde, war das Reich der Kololo schon zusammengebrochen, und es lebten hier inzwischen die Basubya und Shua-Khoi. Jahrelang interessierte sich das „Mutterland“ nicht wirklich für diesen wildreichen, schwül-sumpfigen Ort am Zusammenfluss von Chobe und Sambesi. In den 1920ern löste die neue Siedlung Kasane das alte Kazungula als Verwaltungszentrum des Nordostens ab, blieb aber dennoch viele Jahrzehnte lang ein geruhsames, verschlafenes Nest fernab des politischen Geschehens. In den 1960er und 70er Jahren tauchten bereits die ersten Safarigäste auf, doch das riesige touristische Potenzial entfaltete sich erst nach 1985, als Kasane mit der Teerstraße nach Nata verkehrstechnisch an den Süden des Landes angebunden wurde.

Oben: Ein bemalter Kiosk in Kazungula

Seit eine Teerstraße von Süden bis Kasane führt, strömen die Besucher aus aller Welt immer zahlreicher in die Kleinstadt

Kasane ist seither zum touristischen Drehkreuz angewachsen. Wie an einer Perlenschnur säumen Hotels, Safarilodges, Boutiquen und Lokale die Hauptstraße entlang dem südlichen Chobeufer und konkurrieren mit geschmackvollen Anlagen und abwechslungsreichen Ausflugsprogrammen um die Gunst der Besucher. Der wildreiche Chobe Nationalpark beginnt direkt hinter der Ortschaft und der Chobe River ist ein Terrain für Wasserfreunde: Haus- und Motorboote tummeln sich praktisch den ganzen Tag auf dem trägen Strom.

Kazungula, der historisch ältere Ort, muss sich heute mit einem Schattendasein neben Kasane begnügen. Der deutlich beschaulichere Grenzort liegt nur 10 km östlich von Kasane. Die Straße, die beide Orte verbindet, führt an großflächigen Obstplantagen vorbei, mit denen die Gemeinde ein zweites Standbein neben dem Tourismus aufbauen möchte.

Unten: Hinweisschild an der Fernstraße zwischen Kasane und Nata

Trotz des Touristenrummels und obwohl die Uferzone allmählich flächendeckend bebaut ist, sind Kasane und Kazungula eine „Wildlife Area“. Ganze Familienverbände unbedarfter Warzenschweine haben sich in den Hotelanlagen häuslich eingerichtet und spazieren ganz selbstverständlich durch die Straßen. Zebramangusten und Meerkatzen laufen durch die Gärten und während der Trockenzeit wandern Elefantenherden in Kazungula zwischen dem Hinterland und ihren wenigen verbliebenen Tränken am Chobeufer umher.

Oben: Hausboot-Fahrten gehören zu den typischen Freizeitaktivitäten am Chobe River

Sehenswertes in Kazungula und Kasane

CARACAL World of Wildlife

Informativ und lehrreich, dabei kurzweilig und spannend, entführen die Mitarbeiter der Reptilienfarm und Auffangstation Besucher in das Reich der Schlangen, Skorpione, Frösche, Schildkröten, Mangusten, Papageien und Chamäleons. Das interessante Naturschutzprojekt am Rande Kasanes wendet sich dabei an Einheimische und Touristen gleichsam. Größte Attraktion ist ein ganz besonderer Gast: Ethel, ein Baby-Erdferkel, fand hier 2015 schwer verletzt eine neue Heimat. Besucher können Ethel mit etwas Glück beim Füttern beobachten und sogar streicheln.

Oben: Erdferkel Ethel

Öffnungszeiten: täglich von 8–17 Uhr. Die Standardtour kostet 5 US$ Eintritt; lohnenswert ist jedoch die 7-US$-Tour mit direktem Kontakt zu den Tieren.

Game Drives und Bootsausflüge

Alle Lodges organisieren morgens und nachmittags Pirschfahrten in den Chobe Nationalpark, bei großer Nachfrage sogar in den Mittagsstunden. Game Drives liegen je nach Anbieter und Gruppengröße zwischen 25 und 38 US$ (zzgl.

Parkeintritt). Safaris im Motorboot sind mit 21–35 US$ zzgl. Parkeintritt etwas günstiger und besonders in den späten Nachmittagsstunden zu empfehlen. Sie überzeugen nicht nur wegen der romantischen Stimmung auf dem Chobe, auch Hobby-Ornithologen kommen vom Boot aus bestens auf ihre Kosten. **Zur Info**: Wer an einem Pauschalausflug teilnimmt, bezahlt nur 70 Pula Parkeintritt gegenüber den 120 Pula für individuell in den Park fahrende Touristen.

Oben: Jeden Tag herrscht zu den besten Zeiten für Pirschfahrten ein starker Andrang beim Sedudu Gate

Restaurants

Die Gastronomie ist hier weitgehend auf die Hotelanlagen beschränkt. Das legere Gartenrestaurant „The Old House" am Chobeufer in Kasane, wo die Gäste im begrünten Garten oder auf einer hölzernen Stelzenbar dinieren, ist sehr beliebt. Einen gepflegten Rahmen für ein Dinner bietet die Kubu Lodge in Kazungula; hier werden schmackhafte Menüs serviert. Wer sich lieber an einem Hotelbuffet selbst bedienen möchte, sollte in der Chobe Safari Lodge oder der Mowana Safari Lodge nachfragen. Beide Hotels veranstalten bei guten Belegungszahlen üppige Buffets.

Info In Botswana dominieren auf den Speisekarten Rindfleisch und Hühnergerichte

Unterkunft in Kazungula

Big 5 Chobe Lodge (ex Toro Lodge)

Tel. 76527355, Fax 6252695,
email: charms-talula@info.bw,
Internet: http://thebig5chobelodge.com.

Die parzellierte Bungalow- und Campinganlage steht unter neuem Management. Die klimatisierten Chalets und der Restaurantbereich sind ansprechend, dahinter reihen sich etwas schmuckloser zahlreiche Bungalows und ein Campingplatz mit individuellen Duschen/Toiletten und Stromanschluss.

Preise: Bungalows kosten je nach Lage ab 108 US$ pro Nacht, Camping 13 US$ pP.

Kubu Lodge

P. O. Box 43, Kasane. Tel. 6250312,
Fax 6251092, email: kubu@botsnet.bw,
Internet: www.kubulodge.net.

Die mittelgroße Hotelanlage liegt inmitten eines herrlich eingewachsenen tropischen Gartens mit schattigen Schirmakazien. Die geräumigen Stelzenchalets bieten viel Privatsphäre, weil sie sich großzügig im schönen Garten verteilen (Foto oben). Für Individualisten und Naturfreunde ist die ruhige Kubu Lodge sicherlich erste Wahl. Leider ist der Campingplatz weniger liebevoll gestaltet; es gibt wenig Schatten und nur einen bescheidenen Pool für die Campinggäste. Dafür spazieren hier in aller Ruhe zutrauliche Buschböcke umher.

Preise: Die Chalets kosten mit ÜF 175 US$/DZpP und 295 US$/EZ, Camping 15 US$ pP.

Unterkunft in Kasane

Mowana Safari Lodge

P. O. Box 266, Kasane. Tel. 6250300, Fax 6250301, email: resmowana@cresta.co.bw,
Internet: www.crestahotels.com.

Die größte Hotelanlage am Platz ist eine feine Adresse, wirkt aber wegen der vielen Reisegruppen etwas unpersönlich. Die Architektur ist ansprechend, das Golfgelände großzügig; es gibt einen üppigen Garten, viele Ausflugsangebote und einen Naturpfad am Flussufer.

Preise: ÜF kostet offiziell ab 290 US$/DZpP und 490 US$/EZ, All-inclusive 460 US$/DZpP und 650 €/EZ, Sonderangebote und Rabatte für Gruppenreisende sind allerdings häufig.

Chobe Marina Lodge

AHA Group, Kasane, Tel. 6252221, Fax 6252224, email: res1@chobemarinalodge.com, Internet: www.chobemarinalodge.com.

Die moderne Hotelanlage mitten in Kasane gehört mit 66 klimatisierten Zimmern, Restaurant/Bar und Pool zu den neueren Einrichtungen. Gelungene Architektur.

Preise: All-inclusive kostet je nach Saison ab 460 US$/DZpP und 940 US$/EZ.

Chobe Safari Lodge

Tel. 6250336, Fax 6250437, email: reservations@chobesafarilodge.com, Internet: www.chobesafarilodge.com.

Die beliebte Chobe Safari Lodge ist schon seit Jahrzehnten eine berühmte Institution am Ufer des Chobe. Sie liegt direkt am Parkrand und Campinggäste erleben gelegentlich nächtliche Elefantenbesuche am Zaun. Seit einem Totalumbau zeigt sich das Hotel im modernen Safaristil, mit imposantem Hauptgebäude und einem tropischen Garten- und Poolbereich. Viele halbzahme Tiere wie Mangusten, Warzenschweine, Meerkatzen und Vögel leben auf dem Gelände. Breites Ausflugsangebot, Spa, Pool.

Preise: Zimmer und Rundbungalows kosten ab 150 US$ pro Nacht, Camping 10 US$ pP. Mittagbuffet 15 US$, Abendbuffet 26 US$.

Chobe Bush Lodge

Tel. 6250336, Fax 6250437, email: reservations@chobebushlodge.com, Internet: www.chobebushlodge.com.

Die Schwesterlodge der Chobe Safari Lodge mit 38 modern-eleganten, klimatisierten Chalets schließt sich direkt dahinter an (kein Flussblick). Sie ist deutlich ruhiger.

Preise: Die Chalets kosten 189 US$/Nacht.

The Garden Lodge

Tel. 6250051, Fax 6250577, email: reservations@oshaughnessys.org, Internet: www.thegardenlodge.com.

Die kleine, gemütliche Lodge mit acht Zimmern steht unter deutscher Leitung. Reisenden, die eine gepflegte Unterkunft mit ruhigem Ambiente und persönlichem Service suchen, durchaus zu empfehlen.

Preise: HP 275 US$/DZpP und 400 US$/EZ.

Thebe River Campsite

Tel. 6250995, Fax 6250314, email: reservations@theberiversafaris.com, Internet: www.theberiversafaris.com.

Das Camp dieses Safariunternehmens mauserte sich zum rührigen Overlander- und Backpacker-Treffpunkt und richtet sich genau nach den Bedürfnissen dieser Klientel aus. Es bietet großzügige Stellflächen, eine entsprechend legere und geräumige Bar und einen großen Pool. Gute Sanitäranlagen, gratis WLAN, viele Ausflüge und Pirschfahrten im Angebot. Für Backpacker stehen im Hostel Mehrbettzimmer mit Ventilatoren bereit.

Preise: Chalets kosten ab 95 US$ pro Nacht (ohne Frühstück), Mietzelte 50 US$ pro Nacht, Camping 10 US$ pP.

Chobe River Cottages

Tel. 6252863, Fax 6250414, Internet: www. chobericottages.com.

Kleine gepflegte Anlage, zentral gelegen am Chobe, mit gemauerten Ferienhäusern zur Selbstversorgung. Gute Ausstattung mit Küche, Safe, WLAN und Pool.

Preise: Die Cottages kosten 135 €/Nacht.

The Old House

Tel. 6252562, Fax 6252561, email: reservations@oldhousekasane.com, Internet: www.oldhousekasane.com.

Das nette Gästehaus mit beliebtem Gartenlokal bringt frische Farbe nach Kasane und bietet neun klimatisierte Zimmer an.

Preise: ÜF kostet je nach Ausstattung ab 61 US$/DZpP und 90 US$/EZ.

Water Lily Lodge

Janala Tours & Safaris, Tel. 6251775, email: janala@botsnet.bw, Internet: www.janalatours.com.

Die kleine moderne Lodge in Kasane hat einen ungewöhnlichen runden Grundriss und wirkt insgesamt etwas zu beengt. Alle zehn Zimmer sind klimatisiert, und es gibt einen kleinen Garten mit Pool und Bar.

Preise: ÜF ab 65 US$/DZpP und 100 US$/EZ.

Kasane Self-Catering

Tel. 6250114, ax 6250414, Internet: www.chobeselfcatering.com.

Neben der Water Lily Lodge liegen zwei sehr schöne Ferienhäuser, die gut betreut werden.

Preise: 85 US$/Nacht.

Unterkunft in der Peripherie

Senyati Safari Camp

Louw Barnard, Tel. 71881306, email: senyatisafaricamp@gmail.com, Internet: www.senyatisafaricamp.com.

Das Safaricamp im Leshoma Valley bietet viel Komfort für Camper durch individuelle Sanitäranlagen, Licht und Unterstände sowie Ruhe und echte Wildnis mit einem nahen Wasserloch, das Elefanten und andere Wildtiere besuchen. Wer hier nächtigt, braucht eigentlich keine Pirschfahrten mehr zu unternehmen, denn vom Hide aus, in dem sich eine Bar befindet, überblickt man das rege Treiben am Wasserloch. Ein Restaurant gibt es hier allerdings nicht. Senyati ist daher ein Platz nur für Selbstversorger und

Naturfreunde. Zufahrt: 8 km südlich von Kazungula an der Straße nach Nata zweigt die tiefsandige, 2 km lange und beschilderte Allradzufahrt nach Osten ab (Foto unten).

Preise: Chalets zur Selbstversorgung kosten ab 70 US$/DZpP, Camping ab 18 US$.

Elephant Valley Lodge

Tel. 6200054, in Südafrika 0027-11-7811661, email: sherryl@africananthology.co.za, Internet: www.evlodge.com.

Im Leshoma Valley, einem Elefantengebiet mit herrlichem Baumbestand, liegt dieses Luxuszeltcamp 8 km südlich von Kazungula und bietet richtiges Safari- und Buschambiente. Mit Wasserloch für die Wildtiere und zwei Swimmingpools für die Gäste.

Preise: All-inclusive ab 330 US$ pP.

Water Lily Bush Camp

Janala Tours (siehe oben links) eröffnete 2012 ein Bush Camp mit Stelzenchalets an einem Wasserloch im Leshoma Valley.

Preise: All-inclusive ab 230 US$ pP.

Chobe Chilwero Lodge

Sanctuary Retreats, P. O. Box 45, Kasane. Tel. 6862688, Fax 6863526, email: info@sanctuaryretreats.com, Internet: www.sanctuaryretreats.com.

Vom Feinsten: Einsam und idyllisch thronen die eleganten A-Frame-Chalets der Luxusklasse direkt am Chobe NP auf einem Hügel und genießen einen herrlichen Ausblick auf den Fluss. Mit edlem Spa-Bereich.

Preise: All-inclusive ab 630 US$ pP.

Unterkunft im Chobe NP (am Chobeufer)

Chobe Game Lodge

P. O. Box 32, Kasane. Tel. 6250340, Fax 6250280, email: info@desertdelta.com, Internet: www.chobegamelodge.com.

Luxuslodge von Desert&Delta Safaris. Die hotelähnliche, schattige Anlage mit 47 klimatisierten Zimmern, Fitnessraum und schönem Poolbereich liegt mitten im Nationalpark leicht erhöht über dem wildreichen Chobeufer. Hier haben schon Liz Taylor und Richard Burton eine ihrer Hochzeitsreisen verbracht.

Preise: All-inclusive ab 585 US$ pP.

Muchenje Safari Lodge

P/Bag K31, Kasane. Tel./Fax 62360013/ 62300014, email: info@muchenje.com, Internet: www.muchenje.com.

Die Luxuslodge liegt ca. 3 km westlich von Ngoma Bridge mit Blick auf den Chobe. Nicht ganz so spektakuläre Lage, da der Besucherblick hier wie in Ihaha auf namibische Rinderherden fällt. Dafür steht sie unter freundlicher, engagierter Leitung.

Preise: All-inclusive ab 425 US$ pP.

Ngoma Safari Lodge

Tel. 6200108 oder 00263-13-43211, email: office@ngomasafarilodge.com, Internet: www.ngomasafarilodge.com.

3,5 km westlich vom Ngoma Gate liegt eine weitere Lodge mit acht Luxuschalets.

Preise: All-inclusive ab 585 US$ pP.

Camping: Ihaha Campsite

Kwalate Safaris: P. O. Box 2280, Gaborone, Tel. 6861448, 71307435, 71308283, Fax 6861448, email: kwalatesafari@gmail.com.

Der Campingplatz inmitten des Nationalparks liegt am flachen Chobeufer mit weitem Ausblick in die Ebene. Ihaha verfügt über zehn großzügig verteilte Stellplätze und drei Reserveplätze, die sich alle entlang dem Ufer reihen (Foto oben). Das Gebiet ist eine typische Büffelgegend, die hier sogar mitten

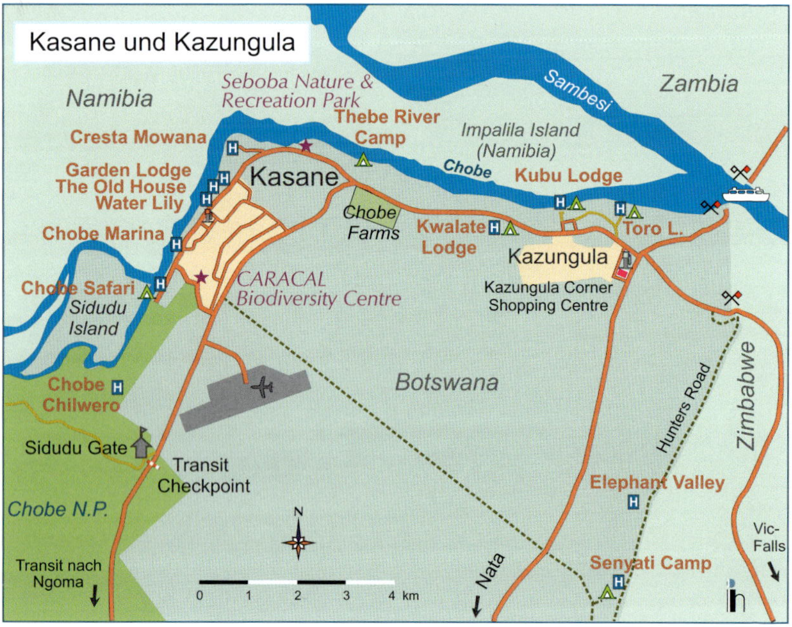

Tipp Vorausbuchungen sind für den beliebten Campingplatz empfehlenswert

durch das Camp stapfen. Zu den Stellplatzbesuchern zählen diebische Paviane, harmlose Schopffrankoline, Sand- und Perlhühner. Die Sanitärgebäude sind mit solarbeheizten Duschen und Toiletten ausgestattet; alle Campingstellflächen bieten Grillstellen und Betontische. Ausblick auf den mäandernden Chobe gewähren die Plätze Nr. 6 bis 10, gut liegen auch die Nr. 2, 7, 9, und nahe den Sanitäranlagen Nr. 4 und 7.

Preise: Die Campingpreise betragen 40 US$ pP (für SADC-Bürger und Kinder die Hälfte). Zusätzlich fallen NP-Eintrittsgebühren an, die für Übernachtungsgäste bis 11 Uhr am nächsten Vormittag gelten.

Mwandi View Camp

Tel. 75579025, email: res@mwandiview.com, Internet: http://mwandiview.com.

Kurz vor Kavimba, direkt an der Straße nach Savuti, liegt ein Camp mit fünf Selbstversorger-Zeltchalets auf Plattformen, Pool und begrünten Campsites (mit Strom/Wasser). Viele Wildtiere, Blick zum Fluss.

Preise: Zeltchalets 85 US$/Nacht, Camping 13 US$ pP.

Muchenje Campsite

Tel. 75007327, email: info@muchenjecampsite.com, Internet: www.muchenjecampsite.com.

Das neue Camp an der Straße zwischen Kavimba und Savuti verfügt über drei Ferienhäuser und sehr schöne Campingstellflächen.

Preise: Cottages für 70 US$/Nacht, Camping 12 US$ pP.

Bild rechts: Gemalter Stadtplan von Kasane beim The Old House

Praktische Informationen

Geldwechsel

Wechselstuben und Bankfilialen mit ATM-Außenschaltern findet man in Kasane im Audi Centre, dem Madiba Centre neben der Shell-Tankstelle, dem SPAR-Komplex und in der Water Front Mall. Die Wechselstuben tauschen US-Dollar, Euro, britische Pfund und SA-Rand in bar und akzeptieren auch Reiseschecks, öffnen am Wochenende aber nur vormittags. An den ATM-Außenschaltern der Barclay's Bank und der FNB kann man mit Mastercard und VISA Geld abheben. Die Shell-Tankstelle akzeptiert Mastercard.

Tourist Info und Reiseagenturen

Das Tourismusministerium, Tel. 6250357, in der Ortsmitte von Kasane, verteilt ein paar Prospekte. Öffnungszeiten: Mo–Fr 7.30–12.30 und 13.45–16.30 Uhr. Für Informationen zum Freizeitangebot in Kasane empfehlen wir das Reisebüro „Go Wild" im Garten der Chobe Safari Lodge, wo Bootsausflüge und Pirschfahrten angeboten werden.

Einkaufstipps

Die breiteste Auswahl bieten der Choppies-Supermarkt in der Water Front Mall vor der Chobe Safari Lodge und der SPAR-Komplex direkt im Ortszentrum von Kasane. Bei beiden Läden gibt es auch Bottle Stores (Getränkehändler). Die Bottle Stores beim Choppies öffnen auch an Feiertagen. Backwaren vertreibt der "Hot Bread Shop" im Madiba Shopping Centre mitten in Kasane. In Kazungula bietet das „Corner Shopping Centre" auch eine Wechselstube.

Souvenirs: Zahlreiche Einkaufsmöglichkeiten bieten die Boutiquen und Läden beim SPAR-Shopping Centre und die Souvenirläden der größeren Hotels. Einen offenen Handwerkermarkt wie in Victoria Falls und Livingstone gibt es hier nicht.

Die Transitstrecke im nördlichen Chobe NP

6 km südlich von Kasane liegt Sedudu Gate, der Hauptzugang in den Chobe Nationalpark. Im Westen begrenzt das Ngoma Gate den Parkbereich entlang der Chobe-Uferfront.

Eine gut ausgebaute, 48 km lange Transit-Asphaltstraße verläuft zwischen Sedudu Gate und Ngoma Gate. Diese Transitstrecke darf man kostenlos befahren, unterwegs allerdings auch nicht von der Straße abweichen um Pirschfahrten zu unternehmen. Die eher langweilige Strecke führt durch eintönigen, einsamen Wald und ist definitiv kein Ersatz für eine Pirschfahrt am Chobeufer.

Chobe Nationalpark

Das mit 11 698 km² drittgrößte Schutzgebiet Botswanas erstreckt sich über mehrere Vegetationszonen und wurde verwaltungstechnisch in vier unterschiedliche Sektionen aufgeteilt, die sich bezüglich ihrer touristischen Anziehungskraft und der Landschaftseindrücke deutlich voneinander unterscheiden. Der Park wird im Norden vom Chobe River begrenzt, berührt im Westen das Sumpfgebiet am Linyanti und reicht im Südwesten bis an das Moremi Wildschutzgebiet.

Das nördliche Parkgebiet, die Uferfront entlang des Chobe Rivers, ist der mit großem Abstand am stärksten besuchte Teil des Chobe Nationalparks und die einzige für diesen Reiseführer relevante Region, denn die anderen Gebiete gehören nicht mehr zur Umgebung von Victoria Falls. Wildreiche Auen und Schwemmgrasflächen am trägen, schmalen Chobe River prägen das beliebte Safarigebiet.

Natur und Tierwelt

An den flachen Ufern des sanft fließenden Chobe River bilden die weiten Flussauen ausgezeichnetes Weideland für Büffel, Hippos, Rote Moorantilopen und Warzenschweine. Hier schließt sich ein attraktiver Uferwald mit Kastanien, Mahagoni-, Mangostan- und Teakholzbäumen an, in dem sich bevorzugt Paviane, Impalas, Schirrantilopen und Elefanten aufhalten. Südlich des Flusses geht die Vegetation schließlich in Trockenwälder über, wo sich Kudus und Perlhühner wohlfühlen. Die in einer Flussschleife gelegenen Puku Flats gelten als Afrikas südlichster Bereich, in dem Pukus vorkommen.

Eine weitere Besonderheit unter den Säugetieren ist der Chobe-Buschbock (*Tragelaphus scriptus*). Mit viel Glück entdeckt man hier auch die seltenen, scheuen Greisböcke und Oribis. Es lohnt sich stets, das Augenmerk auf kleinere Zeitgenossen zu richten, die hier durchaus verbreitet sind, z. B. Zebramangusten, Nilwarane und Pantherschildkröten. Viele Wildtiere ziehen in der Regenzeit vom Ufer des Chobe weg nach Süden ins Landesinnere.

Die Chobe-Uferregion bietet Elefantengarantie! Man sagt, hier sei die dichteste Konzentration Afrikas mit etwa sechs Elefanten pro km^2. Die großen Herden halten sich besonders während der Trockenzeit am Chobe auf, wenn im Hinterland alle Wasserstellen versiegen. Die hohe Elefantenpopulation richtete in den Dürrejahren der 1990er massive Schäden an der Ufervegetation an. Bäume wurden entwurzelt, Äste abgebrochen, ganze Wälder verwüstet. Seither lösen die Vegetationsschäden immer wieder Diskussionen um das gezielte Dezimieren von Elefanten aus.

Vogelfreunde besuchen besonders gern die Uferregion des Chobe Rivers, denn hier kommen nicht nur die meisten der etwa 450 registrierten Vogelarten des Chobe Nationalparks vor, sondern auch viele Spezies, die sonst nirgendwo in Botswana gesichtet werden können. Naturgemäß besiedeln besonders viele Wasser- und Watvögel das Chobeufer. Zwischen Oktober und März überwintern am Chobe außerdem sehr viele Zugvögel aus dem Norden.

Ein wenig störend sind die namibischen Rinder und Fischerhütten, auf die der Blick über den Chobe besonders im westlichen Teil, bei Ihaha, immer wieder fällt. Dafür ist diese Gegend weniger überlaufen als der östliche Parkbereich nahe dem Sedudu Gate.

Info Tageseintrittsgebühren in den Chobe NP: Erwachsene 120 Pula, Kinder von 8–17 Jahren 60 Pula, Fahrzeuge bis 3,5 t Gewicht 50 Pula, von 3,5–7 t 1000 Pula. Gäste eines lokalen Reiseunternehmens bezahlen nur 70 Pula Eintritt (Kinder die Hälfte). Öffnungszeiten: April bis September von 6–18.30 Uhr, Oktober bis März von 5.30–19 Uhr

Bilder oben: Felsentoko, Grünschwanz-Glanzstar und Rotschnabelfrankolin

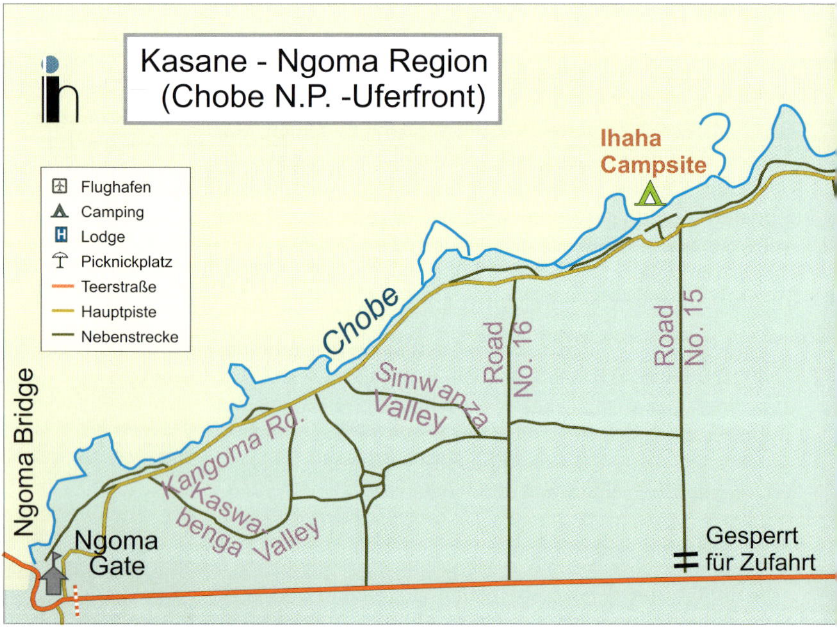

Das Chobeufer zwischen Kasane und Ngoma Bridge

Der am besten erschlossene Bereich des Nationalparks erfreut sich eines nicht enden wollenden Besucherstroms. Ein ehrliches Wort: Hier gibt es Zustände, wie man sie sonst nur aus Kenia kennt. Die Fahrzeuge der Hotels und Lodges sind praktisch den ganzen Tag über in diesem Parkbereich unterwegs; sogar in den grellen Mittagsstunden werden Pirschfahrten unternommen. Der Wildnischarakter leidet darunter, aber wer sich gleich auf diese Situation einstellt, kann hier trotzdem großartige Tiererlebnisse genießen. Die Wildtiere haben sich offenbar prima mit den Safarifahrzeugen arrangiert und zeigen eine hohe Akzeptanz gegenüber neugierigen und fotografierwütigen Touristen. Und so ist die fotografische „Ausbeute" einer Safari entlang dem Chobe River in aller Regel geradezu außergewöhnlich.

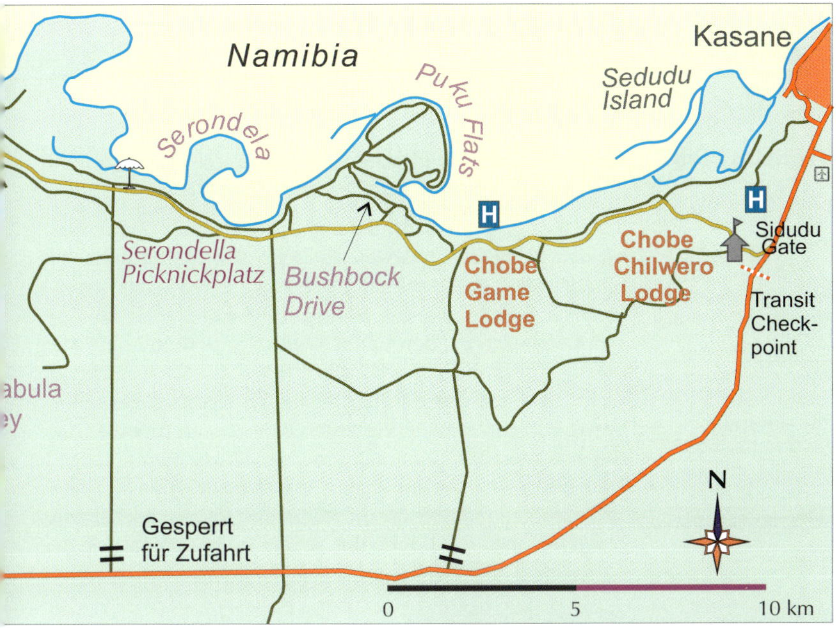

Infos für Selbsfahrer

Wegen des Massenansturms entlang der Chobe Riverfront gelten offiziell drastische Regulierungsmaßnahmen für die Pirschfahrten zwischen Sedudu Gate und Serondela Picnic Site, wonach Selbstfahrer dieses Teilstück am Chobeufer nur von 9–14.30 Uhr befahren dürften und die attraktiveren Tageszeiten einheimischen Veranstaltern und Lodges vorbehalten blieben (Selbstfahrer müssen vor 9 Uhr und nach 14.30 Uhr zuerst 17 km entlang der geteerten Transitstraße fahren und dort zum Chobe hin abbiegen). Zudem gilt dort ein Einweg-Verkehrsleitsystem: Die River Bank Route direkt am Ufer darf nur vom Gate nach Westen befahren werden, die Main Road in der Gegenrichtung. Auch die Anzahl der Fahrzeuge, die dieses Teilstück pro Tag befahren dürfen, wurde für die ansässigen Safarianbieter limitiert.

Oben: Dieses Schild markiert die so genannte „Stretch Point Area", an der Besucher das Fahrzeug verlassen und sich „einmal Ausstrecken" dürfen, um eine kleine Verschnaufpause einzulegen. Ganz in der Nähe befindet sich auch eine Toilette.

Tipps für die Pirschfahrten

Die besten Wildbeobachtungen gelingen am Chobeufer, wo zahlreiche Loops und Wegschleifen abwechslungsreiche Pirschfahrten ermöglichen. Zur Uferszenerie zählen neben Elefanten und Hippos im Schlamm suhlende Warzenschweine, umhertollende Meerkatzen und allerlei Wasservögel wie Marabus, Nimmersattstörche und Heilige Ibisse.

Der Picknickplatz Serondela am Hochufer des Chobe bietet den Besuchern Toiletten, mehrere sonnige Betontische und die hohe Wahrscheinlichkeit, von Elefanten und Meerkatzen besucht zu werden. Viele geführte Pirschfahrten beschränken sich auf den Bereich zwischen dem Sedudu Gate und dem Serondela Picknickplatz. Je weiter man von dort in Richtung Ihaha und darüber hinaus bis Ngoma Gate fährt, um so ruhiger wird es. Elefanten bevorzugen offenbar die Gegend zwischen Serondela und der Chobe Game Lodge. Beim Bushbock Drive und an der „Stretch Point"-Area tummeln sich mitunter hunderte Dickhäuter; selbst Herden mit Kälbern reagieren erstaunlich furchtlos auf die vielen Safariautos.

Wer Botswanas einzige Pukus sehen möchte, sollte sich in die Flussschleife „Puku Flats" begeben. Nur dort bestehen Chancen, die zierlichen Grasantilopen zu entdecken. In Zambia, dem nördlichen Nachbarn Botswanas, zählen Pukus zu den verbreiteten Böcken entlang grasbewachsener Flüsse, doch ihr Lebensraum reicht nicht südlich über den Sambesi.

Der Park beherbergt stattliche Büffelherden mit jeweils Hunderten von Tieren. Sehr gute Beobachtungschancen bietet die Region beim Ihaha Camp. Kudus, die zierlichen scheuen Waldbewohner, bevorzugen dagegen die Nähe des Sedudu Gates. Zebras, Giraffen, Pferde- und Rappenantilopen kommen speziell nachmittags gerne zum Trinken an den Chobe.

Info Bis Ende der 1990er Jahre der Ihaha Campsite errichtet wurde, lag in Serondela der staatliche Campingplatz. Seither wird Serondela aber nur noch als Picknickplatz genutzt.

Unten: Prächtige Löwen. Foto rechts: Eine stattliche Herde Rappenantilopen

Die Tierwelt

Aufgrund seiner vielfältigen Vegetationsformen weist auch die Fauna des Nationalparks eine enorme Artenvielfalt auf. Wassergebundene Wildtiere wie Hippos, Krokodile, Warane, Wasserböcke, Moor- und Schirrantilopen sind ebenso zahlreich vertreten, wie klassische Busch- und Waldbewohner, zu denen Kudus, Büffel, Elen- und Pferdeantilopen zählen. Raubtiere – z. B. Löwen, Geparden, Leoparden und Hyänen – sind aufgrund des guten Nahrungsangebots weit verbreitet, ebenso Schabrackenschakale, Honigdachse und Afrikanische Wildhunde.

Besonders spektakulär sind die Elefantenherden im Chobe NP, halten sich hier doch die meisten Dickhäuter Botswanas auf. Weil auch der Chobe NP nicht eingezäunt ist, können die Herden sowohl innerhalb des riesigen Nationalparks als auch darüber hinaus bis in die Nachbarländer ihren saisonalen Wanderungen nachgehen. Die vielen Tausend Elefanten Nordbotswanas gelten daher als die natürlichsten und glücklichsten Herden der Welt – nirgendwo sonst können sie so ungestört und frei umherziehen.

Der Chobe River: Ein Fluss mit wechselnden Namen

Dieser bemerkenswerte Fluss, der dem Nationalpark seinen Namen gab, wechselt während seines langen Weges aus Angola bis zur Mündung in den Sambesi immer wieder seinen Namen. Seine Quelle liegt im angolanischen Hochland, wo die Flüsse Utembo und Cuando sich zum **Kwando** vereinen, welcher auf seinem Weg nach Süden den Caprivi durchströmt, bis er auf eine Erdspalte trifft, die Selinda Spillway, die ihn zu einem 90°-Knick nach Nordosten zwingt. An dieser Stelle verzweigt sich der Fluss zu einem fast 900 km² großen Sumpfgelände und wird jetzt **Linyanti** genannt. Auf seinem Weg nach Nordosten erreicht der Linyanti das Bett des ausgetrockneten Lake Liambezi und heißt von nun an **Itenge**. Etwa bei Ngoma Bridge kristallisiert sich aus der feuchten Schwemmebene wieder deutlich ein Fluss – nun wird er **Chobe** genannt und fließt gemächlich nach Osten, wo er sich bei Kasane schließlich mit dem Sambesi vereint.

Hwange Nationalpark

Mit 14 651 km² dehnt sich der größte Nationalpark des Landes über eine Fläche aus, die halb so groß wie Belgien ist. Im Westen grenzt der Park an das Nachbarland Botswana, im Süden und Osten an dünn besiedeltes Farmland und im Norden an weitläufige Jagdgebiete. Weite Teile des Parks sind für die Öffentlichkeit unzugänglich, nur der nördliche Teil wurde touristisch erschlossen. Ein rund 480 km langes Wegenetz erstreckt sich über dieses Gebiet.

Info Der Name des Nationalparks geht auf Chief Wange, den Erbauer Bumbusis, zurück. Nach der Unabhängigkeit wurde der Wankie NP „afrikanisiert", und dabei die Shona-Schreibweise Hwange verwendet.

Parkentwicklung

Wegen ihrer trockenen Sandböden und des Wassermangels wurde diese Region kaum je besiedelt. Um 1834 ließen sich nördlich des heutigen Sinamatella Camps, wo kleine Flüsse dauerhafte Siedlungen ermöglichten, Angehörige der Nambya unter Chief Wange nieder. Sie gründeten die Hauptstadt Bumbusi, deren Ruinen heute noch in der Nähe des Bumbusi Camps stehen. Neben überwucherten Mauerresten blieb dort auch noch ein großer Eisenschmelzofen erhalten. Die Ndebele unter König Mzilikazi vertrieben die Nambya wenige Jahre später und erklärten weite Teile des heutigen

Oben: Elefantenherde an der Ngweshla Pan

Nationalparks zum königlichen Jagdgebiet. Nach dem Fall des Matabelereichs drangen zahlreiche europäische Jäger und Siedler in die Region vor und dezimierten den dichten Tierbestand. Zwischen 1904 und 1910 teilte die BSAC das ehemalige Nambya-Land unter den weißen Farmern auf, die damit allerdings nicht sehr glücklich wurden. Als man 1928 das Wankie Game Reserve einrichtete, geschah dies weniger zum Schutz der Tiere, denn als Notlösung für eine Region, die wegen ihres latenten Wassermangels zur landwirtschaftlichen Nutzung ungeeignet war. Ted Davison, erster Aufseher im Wildreservat, durchwanderte das noch weitgehend unbekannte Gebiet und deckte durch seine Erhebungen das wahre Ausmaß der ungezügelten Jagd auf. Kaum noch 1000 Elefanten zählte die Region, Nashörner waren vollkommen ausgerottet, viele andere Tierarten in ihrem Bestand bedroht. Mit großem Engagement förderte Davison die touristische Entwicklung, ging vehement gegen Wilderer vor und errichtete über 60 Bohrlöcher an trockenen Pfannen, um die Tiere ganzjährig mit Wasser zu versorgen und so auch während der Trockenzeit im Reservat zu halten. Unterstützung erhielt er bei seinen Ideen zum Tierschutz durch Herbert George Robins, der auf seinen weitläufigen Ländereien seit jeher Jagd und Wilderei untersagte, so dass sein Gebiet beim heutigen Robins Camp ein Refugium für Wildtiere darstellte. Nach Robins' Tod 1939 wurden seine Ländereien zum Robins Game Sanctuary erklärt.

Oben: H. G. Robins, Ausstellung im Main Camp; Unten: Ted Davison

Die vielen Wasserlöcher, die Davison im Park errichten ließ, um das Wild ganzjährig zu versorgen, waren der entscheidende Schritt für die Genesung des Tierbestands. 1949 fügte man das Wildreservat mit dem Robins Game Sanctuary zum Wankie Nationalpark zusammen. Damals gab es nur zwei Camps (Main Camp und Shumba), wo Besucher in einfachen Hütten unterkommen konnten, und es bestand die Möglichkeit, bei Robins' alter Farm ein Campinglager aufzuschlagen. Eintritt wurde im neuen Nationalpark noch nicht verlangt. In den folgenden Jahrzehnten entwickelte sich der junge Park allmählich zu einem beliebten Reiseziel. Nun wurden mehrere Touristencamps errichtet und Wege für Pirschfahrten angelegt. Mitte der 1970er Jahre wanderten endlich wieder 20 000 Elefanten durch den Park.

Seit den 1980er Jahren leidet die Nationalparkbehörde allerdings unter zunehmendem Geldmangel, der sich im neuen Jahrtausend katastrophal zuspitzte. Korruption ließ die zunächst noch hohen Einnahmen aus dem Jagdtourismus in unbekannte Kanäle fließen, während die Parks vernachlässigt wurden. Die Wege wurden nur noch unregelmäßig gewartet, Wilderei nahm kontinuierlich wieder zu, und viele Bohrlöcher trocknen nun regelmäßig aus, weil die Pumpen nicht mehr funktionieren und nicht ersetzt oder repariert werden. In manchen Regionen, wie im Dete Vlei und in der Linkwasha Concession, übernahmen bereits in den 1990ern Privatpersonen und -firmen die Instandhaltung von Wegen und künstlichen Wassertränken sowie die Pflege der Vegetation. Seit dem freien Fall der zimbabwischen Wirtschaft ab dem Jahr 2000 hat sich die Lage in den Parks massiv verschlechtert. Die Wildhüter hatten keine Fahrzeuge oder keinen Treibstoff mehr, um gegen Wilderer vorzugehen. Ihre Motivation blieb vollends auf der Strecke, als sie keinen Lohn mehr erhielten. Die Kommunikation zwischen den Camps brach zusammen. Hungersnöte trieben die verarmte Bevölkerung zum Wildern von „Bush Meat" in die Wildgebiete, gleichzeitig blühte der illegale organisierte Handel mit Elfenbein und dem Horn von Nashörnern wieder auf. Doch erstaunlicherweise gibt es anscheinend genügend Menschen, die den Hwange NP lieben und trotz aller Rückschläge nicht aufzugeben bereit waren. So blieben selbst in den dunkelsten Jahren der aktuellen Krise überall im Park

Bilder von oben: Mr. Matthew Nkomo, Wildlife Officer beim Robins Camp; Brückeneinsturz nahe Sinamatella; ein Schild weist Spendernamen aus.
Rechts: Szenerie im Süden und im Sinamatella Camp

Wildhüter und Camp-Attendants auf ihren Posten und hielten die Verwaltung zumindest notdürftig aufrecht. Engagierte Naturfreunde im Umfeld des Parks schlossen sich zu NGOs zusammen und gründeten Vereine, die auf der ganzen Welt Unterstützung suchten und direkt vor Ort tätig wurden. Sie reparierten Dieselpumpen und trieben mühevoll den Treibstoff für deren Betrieb auf, sie renovierten mehrere Picknickplätze und stellten sogar kostspielige Windräder als Wassertränken auf. Die Tierbestandsermittlung wurde ehrenamtlich fortgeführt, „Anti-Poaching-Units" zur Bekämpfung der Wilderei finanziert, das Wegenetz gewartet und viel Aufklärungsarbeit in den Dörfern geleistet. Die wenigen privaten Safarilodges, die weiterhin hier ausharrten, organisierten viele Einsätze, die weit über ihr Aufgabengebiet hinausgingen. Sie fuhren die staatlichen Scouts für ausgedehnte Patrouillen im Park zu entlegenen Posten, übernahmen teilweise deren Verpflegung, sammelten Fallen und Drahtschlingen der Wilderer ein, und bildeten eigenes Personal aus, um verwundete Tiere zu betäuben und zu verarzten. Die dauerhafte und engagierte Leistung von NGOs wie Painted Dog Conservation und von Lodges wie The Hide, Somalisa und Wilderness Safaris hielt die Grundsätze des Parks zumindest regional aufrecht. Im Umfeld dieser Aktivisten ging der Kampf um den gesunden Tierbestand nicht verloren.

Inzwischen hat sich vieles zum Guten gewendet und zahlreiche Safarilodges öffneten wieder bzw. entstehen neu. Den oben genannten Akteuren gebührt jedoch besondere Anerkennung für ihren dauerhaften Einsatz.

Old Bulawayo Road

Entlang des Nationalparks kann man ab und zu noch Reste der Old Bulawayo Road entdecken. Diese frühkoloniale Fernverbindung bestand aus zwei schmalen Teer- oder Betonstreifen in der Spurbreite eines Fahrzeugs. 1968 wurde sie durch die moderne Asphaltstraße ersetzt.

Parköffnungszeiten

Februar – April:	6–18.30 Uhr
Mai – Juli:	6–18.00 Uhr
August – Oktober:	6–18.30 Uhr
November – Januar:	5.30–19 Uhr

Unten: Der Parkeingang an der Zufahrt von Victoria Falls zum Robins Camp

Infos für den Parkbesuch

Anreise

Die 22 km lange Hauptzufahrt zum Main Camp im Hwange NP beginnt an der Fernstrecke zwischen Bulawayo und Victoria Falls, etwa 175 km von Victoria Falls und 264 km von Bulawayo. Die gesamte Strecke ist geteert. Ab Victoria Falls sollte man ca. 3 Std. Fahrtzeit ansetzen.

Info: Bei KM-Stein 350, etwa 90 km südlich von Victoria Falls, passiert man eine Mautstation. Für Pkws ist 2 US$ Gebühr zu zahlen, für Minibusse und Taxis 4 US$.

Sinamatella Camp liegt 40 km von der Minenstadt Hwange entfernt. Man fährt von Victoria Falls zunächst 108 km auf der Teerstraße nach Hwange und von dort weitere 40 km auf einer breiten Piste zum Mbala Control Gate und dem Sinamatella Camp.

Robins Camp ab Victoria Falls: 48 km folgt man der Teerstraße nach Bulawayo, dann zweigt eine beschilderte Piste zur Matetsi Safari Area und dem Nationalpark ab. Nach 37 km, die größtenteils durch ansprechende Buschlandschaft führen, trifft man auf eine Gabelung. Hier geht es links nach 15 km zum beschilderten Parkeingang. 12 km dahinter liegt Robins Camp. In der Regenzeit sind auf dieser einsamen Strecke Allradantrieb und gute Bodenfreiheit wegen der vielen Auswaschungen und losen Steine erforderlich.

Touristische Infrastruktur

Früher gab es in allen drei Hauptcamps Main Camp, Sinamatella Camp und Robins Camp Tankstellen, Restaurants und Lebensmittelläden, doch waren diese Versorgungsstellen zwischenzeitlich vollkommen zusammengebrochen und werden nach und nach wieder aufgebaut. Derzeit sollte sich jeder individuell in den Hwange NP Reisende möglichst selbst versorgen können und entsprechende Treibstoff-, Wasser- und Lebensmittelvorräte einplanen.

Straßenzustand

Innerhalb des Parks bemüht sich die Verwaltung um eine regelmäßige Wartung des Wegenetzes. Die meisten Drives und Loops sind gut befahrbar, wenn auch mitunter etwas steinig. Nach Regenfällen können in manchen Bereichen Auswaschungen auftreten.

Oben: Die Beschilderung wird gelegentlich erneuert. Unten: Kudus und Grünmeerkatze

Unterwegs im Park

Parkregeln für Autofahrer: Die Höchstgeschwindigkeit beträgt 40 km/h. Tiere haben Vorfahrt, Nacht- und Offroadfahrten sind verboten. Das Fahrzeug darf man nur an ausgewiesenen Plätzen verlassen. Zur Sicherheit der Besucher sollte bei allen drei Hauptcamps notiert werden, wohin die Fahrzeuge aufbrechen, um notfalls einen Suchtrupp losschicken zu können. Früher wurde dieses System streng eingehalten, inzwischen hat es sich allerdings deutlich gelockert. Nur beim Main Camp bemüht man sich weiterhin um eine ordnungsgemäße Registrierung aller Fahrzeuge.

Fahrten zwischen dem Main Camp und dem Sinamatella Camp werden offiziell nach 14 Uhr nicht mehr gestattet, weil man die 125 km lange Strecke andernfalls kaum vor Einbruch der Dunkelheit bewältigen kann. Zwischen dem Main Camp und Robins Camp (rund 150 km) gilt als späteste Abfahrt 12 Uhr mittags, zwischen Robins Camp und Sinamatella Camp (70 km) gilt 15 Uhr.

Info Die drei Hauptcamps sind für die Vergabe der „Private Campsites" zuständig.

Main Camp: Kennedy I, Ngweshla Pan, Guvulala Pan, Jambile Picnic Site.

Sinamatella Camp: Shumba Pan, Mandavu Dam, Masuma Dam.

Robins Camp: Deteema Dam & Picnic Site

Oben: Toilette und Dusche in einem Private Camp, Rechts unten: Main Camp

Tipp Da die Private Campsites im Süden des Parks in der Regel nur kalte Duschen bieten, sollte man dort in den kühlen Monaten schon mittags duschen!

Die staatlichen Camps im Nationalpark

In den drei Hauptcamps stehen Chalets, Cottages, Lodges (Ferienhäuser) und Campingplätze zur Verfügung. Lodges und Cottages sind komplett zur Selbstversorgung ausgestattete Ferienhäuser mit ein bis zwei Schlafzimmern, Küche mit Herd/Ofen, Kühlschrank, Badezimmern, Stromanschluss (soweit vorhanden). Die Lodges bieten außerdem Kochgeschirr und Besteck. Bei den Chalets gibt es dagegen nur externe, gemeinschaftliche Kochgelegenheiten und Sanitäranlagen. Alle Lodges, Cottages und Chalets werden morgens und nachmittags für ein paar Stunden von einem „Attendant" (Hauspersonal) betreut, der die Unterkunft sauber hält, bei Bedarf Geschirr spült, Betten bezieht, das Feuer schürt. Preise: Pro Nacht kosten die Zweibett-Chalets 40 US$, die Cottages 69 US$ und die Lodges 86 US$. Die Exclusive Camps Bumbusi und Lukosi wurden stillgelegt, im Nantwich Camp nahe dem Robins Camp kann man für 138 US$ pro Nacht unterkommen. Es besteht die Möglichkeit, Übernachtungen vorab zu reservieren (Adresse siehe rechts). Die Parkbehörde verlangt dazu nach erfolgter Reservierung die Zahlung der Übernachtungsgebühren per Auslandsüberweisung.

Camping: Die drei Hauptcamps verfügen jeweils über ein großes Campingareal mit einfchen Einrichtungen. Eine Übernachtung kostet auf diesen Plätzen pauschal 50 US$ pro Stellplatz für bis zu 3 Personen.

Zusätzlich verteilen sich im Park mehrere „Exclusive" oder „Private Campsites". Sie liegen alle mehr oder weniger spektakulär an einem Picknickplatz oder Hide (Aussichtsplattform) bei einem Wasserloch. Hier zu übernachten, war früher den wenigsten Reisenden vergönnt. Die idyllischen Camps wurden stets nur an eine Einheit vergeben und waren schon viele Monate im Voraus ausgebucht. Auch heute werden diese beschaulichen Campingplätze bevorzugt, denn sie bieten meistens einen besseren Komfort als die Hauptcamps. Eine Übernachtung in diesen Camps kostet 173 US$ pro Nacht für bis zu sechs Personen zzgl. 29 US$ für jede weitere Person. Man kann die Camps in Harare vorbuchen. Bucht man sie als „Walk-In-Client" vor Ort, kosten sie stets 29 US$ pro Person. Dabei ist zu beachten, dass für die Plätze jeweils eines der drei Hauptcamps zuständig ist und eine Buchung auch nur dort getätigt werden kann.

Die Regel, solche Camps nur an eine Einheit pro Nacht zu vergeben, wurde teilweise aufgeweicht. So gibt das Management im Sinamatella Camp in seinem Zuständigkeitsbereich für Mandavu Dam, Masuma Dam und Shumba Pan auch mehreren Touristeneinheiten die Campingerlaubnis. Es wurden dafür sogar zusätzliche Feuerstellen angebracht. Im Main Camp beharrt man dagegen auf der Exklusivitätsregel. Weitere Infos dazu: ab S. 188.

Die „Bush Camps“ Tshakabika, Lu-kosi, Vhikani, Rhino Bar, Salt Spring werden nicht vermarktet bzw. bleiben .

Kontaktadresse zum Parkmanagement:

Hwange National Park
P. Bag DT 5776, Dete
Tel. +263-18-371/2 , Fax 378

Central Reservations Office
Parks & Wildlife Management Authority
Corner Sandringham & Borrowdale Roads, Botanical Gardens
P.O. Box CY140, Causeway, Harare.
Tel. +263-4-706077/8, Fax 793867
email: bookings@zimparks.co.zw,
Internet: www.zimparks.org

Eintrittsgebühren pro Tag

Besucher aus den SADC-Staaten im südlichen Afrika zahlen 15 US$ Eintritt (Übernachtungsgäste 8 US$); internationale Gäste (z. B. Europäer) 20 US$ Eintritt (Übernachtungsgäste 10 US$). Fahrzeuge mit Zimbabwe-Kennzeichen kosten 3 US$, alle anderen 10 US$.

Bei allen Camps ist ein Attendant anwesend, der die Anlage säubert, sich um Wasser und Feuerholz kümmert, die Dieselpumpe der Wasserstelle in Ordnung hält und ansonsten eher unauffällig im Hintergrund bleibt. Diese Männer verbringen meist elf Monate ohne Unterbrechung im Camp und erhalten nur einmal monatlich Lebensmittel geliefert (einen großen Sack Maismehl). Ihre einzige Unterhaltung sind die wechselnden Besucher. Attendants erhalten derzeit einen Lohn von rund 180 US$ für 30 Tage Arbeit. Sie machen Ihrem Attendant daher eine große Freude, wenn Sie ihm z. B. eine Tageszeitung oder Zigaretten mitbringen, noch viel wertvoller ist eine kleine Ernährungsaufbesserung in Form frischer Lebensmittel.

Die Vegetation

Der Park liegt auf einem flachen Plateau zwischen 940 und 1155 m Höhe. Seine verschiedenen Vegetationsformen sind Folge unterschiedlicher Bodenarten. Den größten Teil des Parks bedecken lockere Kalaharisandböden, die sich besonders im Süden und Zentrum ausbreiten. Vor Jahrmillionen bedeckten bis zu 80 m hohe Dünenzüge das Gebiet, die seither durch Erosion auf maximal 10 m Höhe abgetragen wurden. Die Wellenstruktur kann man beim Überfliegen des Gebietes noch erkennen. Wie in Botswana findet man hier noch Zeugen alter Flussläufe, die einst dem Makgadikgadi-Becken der Zentralkalahari entgegenströmten. Diese fossilen Flussbette, heute Vleis genannt, entsprechen Sumpfsenken, die während der Regenzeit teilweise bewässert werden. Die frischen Grasdecken solcher Vleis bilden beliebte Weidegründe für Gnus, Zebras, Büffel, Rappenantilopen und Impalas.

Mehr als tausend verschiedene Pflanzen, darunter 200 Gräser und 250 Bäume, sind im Hwange Nationalpark heimisch. Im sandigen Süden und Zentrum herrschen Mopanegestrüpp, Combretum-Busch, Akazienwälder und Grassavannen vor. Die beiden Kennedy Pans und Linkwasha Vlei sind schöne Beispiele fossiler Flussbette, wie sie vorab beschrieben wurden. An den Rändern von Graspfannen und Vleis wachsen blassgrüne Silberterminalia (*Terminalia Seringa)* zwischen den Grasebenen und dem angrenzenden Wald. In der Nähe des Main Camps, das auf einem großen Kalaharisanddepot liegt, findet man lockeren Combretum-Busch und prächtige Exemplare des Falschen Mopane (*Guibourtia coleosperma*).

Bei den beiden anderen Camps, die sich nördlich einer kaum merklichen, auf Höhe der Shumba Pan verlaufenden Wasserscheide befinden, dominieren Mischwälder mit Mopane, Teak-, Terminalia- und Brachystegia-Hölzern. Die Sinamatella-Region liegt auf etwa 200 Millionen Jahren altem Gestein der Karroo-Periode, in der die immensen Kohlenvorkommen entstanden, die in der Mine von Hwange abgebaut werden. Typisch sind hier Granitfelsen und steinige Höhenzüge, auf denen bevorzugt Teakholzwälder gedeihen.

Im Nordwesten, beim Robins Camp, begünstigen Basaltböden mit schwarzer Lehmerde den dichten Mopanewald und kräftigen Grasbewuchs. Entlang der vielen Flüsse und Bäche wachsen vereinzelt Akazien, Mukwa, Ebenholz und Leberwurstbäume.

Windräder und Dieselpumpen sind im Hwange NP stets an natürlichen Senken und Pfannen angelegt, die in feuchten Perioden als natürliche Wasserquellen dienen. Somit handelt es sich eigentlich nicht um künstliche Wasserstellen, sondern eher um Tränken und Sumpfsenken, die künstlich am Austrocknen gehindert werden.

Oben: Die Rinde einer Kameldornakazie *(Acacia erioloba)* an der Ngweshla Pan

Unten: Typische Vegetation im Kalahari-Sandbett beim Main Camp

Bilder links von oben: Die Karroo-Vegetation bei Sinamatella; Früchte der Blättrigen Platane (*Ochna pulchra*); blühendes Löwenauge (*Tricliceras longi pedunculatum*); Herero-Buschweide (*Combretum hereroense*)

Wie der Tierbestand ermittelt wird

Manch einer wird sich fragen, wie die Wissenschaftler die Bestandszahlen der Wildtiere ermitteln, wo doch viele Arten große Wanderungen im Park und bis nach Botswana unternehmen. Man spricht bei Elefanten von Abweichungen von bis zu 30 %, denn wer kann schon sagen, ob ein Elefant nicht auch in Namibia, Botswana und Zambia gezählt wurde oder vielleicht nirgendwo? Daher sind solche Zahlen immer mit einer gewissen Vorsicht zu betrachten. Leichter hat man es da mit sesshaften Tierarten wie den Impalas. Eine der Methoden, wie im Hwange NP Tierzählungen durchgeführt werden, ist das gleichzeitige Erfassen aller Tiere, die bestimmte Wasserstellen im Park innerhalb von 24 Stunden aufsuchen. Für Tiere, die einmal täglich trinken müssen, ergeben sich daraus verwendbare Zahlen.

Die Tierwelt

Vorweg ein paar Zahlen, die untermauern, wie artenreich dieser Nationalpark ist: 107 verschiedene Säugetiere, davon 27 Raubtierarten, leben im Hwange Nationalpark. Von den 33 Antilopenarten des südlichen Afrikas sind hier 18 vertreten. Zu den häufigsten zählen Impalas, Ducker, Kudus, Gnus, Rappenantilopen und Wasserböcke. Seltener sind Pferde- und Leierantilopen, Buschböcke, Klippspringer, Oribis, Riedböcke und Oryxantilopen. Auch die Reptilien sind zahlreich vertreten. So sind 30 verschiedene Echsen bekannt, 24 Frosch- und 45 Schlangenarten, von denen übrigens nur sechs Arten giftig sind. Sehr auffallend ist die hohe Verbreitung von Landschildkröten, vor allem der Pantherschildkröten.

Die Elefanten, deren Bestand sich in weniger als 50 Jahren von knapp 1000 Tieren (1930) auf möglicherweise momentan fast 40 000 Elefanten erholte, gelten heute als Naturgefährdung, weil diese Anzahl deutlich über der verträglichen Menge von 12 000 bis 15 000 Tieren liegt. Weder die Nahrung noch das Wasser im Park reichen für so viele Elefanten. Betrachtet man die zerstörte Landschaft um das Sinamatella Camp, wo durchziehende Elefantenherden praktisch keinen Baum über 2 m stehen ließen, kann man die Sorgen verstehen – hier waren offensichtlich zu viele Elefanten in einer Region. Doch den offiziellen Zahlen stehen viele Tierschützer skeptisch gegenüber. Weil Elefanten riesige Wanderungen unternehmen, ist es leicht möglich, dass einzelne Herden doppelt gezählt und erfasst werden. Außerdem hat die Wilderei im letzten Jahrzehnt deutlich zugenommen. Niemand kann heute mit Bestimmtheit sagen, wie viele Elefanten im Park leben. Wann zählt ein Elefant denn eigentlich als Hwange-Elefant? Ist er nicht gleichzeitig ein botswanischer Chobe-Elefant und womöglich auch ein zambischer und ein namibischer Caprivi-Elefant, weil er im Vierländereck frei umherziehen kann? Wahrscheinlich sollte man die Elefantenpopulation nicht so regional und auf einzelne Parks begrenzt bewerten.

Die von den Europäern vollständig ausgerotteten Nashörner wurden 1966 wieder angesiedelt, als man 35 Tiere aus Natal im Park aussetzte. Davon haben allerdings nur wenige Breitmaulnashörner überlebt, die sich überwiegend im südlichen Teil des Parks aufhalten. Der Wilderei ist man nie ganz Herr geworden, deshalb wurde die Breitmaulnashorn-Familie, die in direkter Umgebung des Main Camps lebte, schon in den 1990ern in den Matobo NP deportiert. Von dort wiederum siedelte Wilderness Safaris vorübergehend einige Breitmaulnashörner in die Linkwasha Concession um. Eine unbekannte Anzahl Spitzmaulnashörner lebt noch in den Wäldern bei Sinamatella und dem Masuma Dam.

Links von oben: Pferdeantilopen, Impalas
Unten: Eines der seltenen Breitmaulnashörner im Park

Südrhodesische Jagdverordnung im Jahre 1948

In der Mitte des 20. Jahrhunderts war die Jagd auf afrikanisches Wild nicht nur von kommerziellem Interesse, sondern auch ein weit verbreiteter Freizeitsport von ansonsten häuslichen Familienvätern und urlaubenden Stadtbewohnern in den afrikanischen Kolonien. Die meisten europäischen Siedler peilten Wildtiere damals lieber mit Kimme und Korn an als mit einer Fotokamera. In Südrhodesien gab es dafür klare Regeln. Nur ein Britisches Pfund kostete die Lizenz zum Töten „gewöhnlichen Wilds", dem Ducker, Steinantilopen, Oribis, Warzenschweine, Gnus, Greisböcke, Klippspringer, diverse Enten, Gänse und Hühnervögel zugeteilt wurden. „Spezielles Wild", das waren Büffel, Zebras, Ried- und Buschböcke, Rappenantilopen, Wasserböcke, Pukus, Lechwes, Tsessebe und Impalas, kosteten Einheimischen 5 Pfund Gebühr, einem Fremden 25 Pfund. „Royal Game" war bei einheimischen Schützen 25 Pfund wert, bei Ausländern das Doppelte. Dafür durfte der Lizenznehmer dann ein Tier der Spezies Elefant, Nashorn, Hippo, Giraffe, Sitatunga, Strauß, Elen-, Kuh- oder Pferdeantilope töten. Ausdrücklich ohne Lizenz geschossen werden durften Löwen und Leoparden – sie waren tatsächlich Freiwild.

Unheilsboten: Kaffernhornraben

Weit verbreitet ist der Aberglaube, Kaffernhornraben (Bild unten) seien Unglücksboten. Sie gelten zusammen mit Hyänen und Nachtschwalben als Hexenbegleiter. Ihre rote Kehle sei ein Symbol des Verderbens, des Blutes und der Todesgefahr.

Ornithologen haben 420 Vogelarten im Nationalpark identifiziert, darunter mehr als 50 verschiedene Raubvögel. Die Kalahari-Sandfelder mit ihren trockenen Savannen im südlichen Parkgebiet besiedeln Gelbschnabeltokos, Lappenstare, Amethystglanzstare, Fleckenflughühner und Kronenkraniche. In der waldreichen Sinamatella-Region sind Haubenbartvögel, Rotschnabeltokos und Kaffernhornraben verbreitet. Drongos, Wiedehopfe und Sporenkuckucke sind im ganzen Park heimisch. An den Tümpeln und Stauseen halten sich vor allem Waffenkiebitze, Hammerköpfe, Marabus und Kuhreiher auf.

Achten Sie nach Regenfällen auf Schildkröten und Chamäleons. Nach dem ersten heftigen Regen der Saison verlassen fliegende Termiten zu Tausenden den Boden und quaken die lauten Frösche offenbar voller Lebensfreude um die Wette.

Die riesigen Ausmaße des Schutzgebiets verführen manchmal zu Fehleinschätzungen über den Tierbestand. Außerdem zeigen viele Wildtiere ein ausgeprägtes Wanderverhalten. So verlassen die meisten Herden nach starken Regenfällen innerhalb eines Tages die Wassertränken an den Pfannen und ziehen für Monate in das dicht bewachsene Hinterland. Zurück bleiben dann nur sesshafte Tierarten wie z. B. Buschböcke. Für den Touristen entsteht dann schnell der Eindruck, es gäbe keine Tiere mehr im Park.

Fotos von oben: Fleckenflughuhn, Perlhühner auf der Piste.
Fotos rechts: Streifenskink, Pantherschildkröte, Frosch und Termiten, Blatthornkäfer.

Klima und Reisezeit

Die beste Saison für Tierbeobachtungen ist die trockene Jahreszeit zwischen Mai und Oktober. Ab Juni, wenn die Nächte bitterkalt und die Tage kühl sind, fallen die Blätter von den Bäumen, die Vegetation lichtet sich, und viele natürliche Wasserquellen versiegen. Früher mussten die Tiere dann lange Wanderungen in feuchtere Regionen unternehmen, doch seit künstliche Wasserstellen eingerichtet wurden, können sie ganzjährig im Park bleiben. Sie konzentrieren sich jetzt in größeren Herden auf die verbliebenen Wasserstellen, was die Pirschfahrten sehr erleichtert. Ab September wird es deutlich wärmer, die Nächte sind nicht mehr so kalt, dafür klettert das Thermometer tagsüber auf 30° C und mehr. Jetzt beginnen die heißen Wochen (der Oktober wird im Volksmund 'Suizid-Month' genannt), in denen kühle Morning Drives noch Spaß machen, man aber die Mittagszeit am liebsten im Schatten verbringt. Andererseits sind Sonnenuntergänge niemals schöner als in dieser heißen Jahreszeit. Während der Regenzeit, die im November oder Dezember einsetzt, muss man seine Erwartungen schon etwas zurückschrauben, denn die dichte Vegetation bietet den Tieren guten Sichtschutz. Die Herden können sich weit verteilen, da sie jetzt überall frisches Wasser finden. Dafür lockt die Vogelwelt um so stärker, weil viele Zugvögel zum Überwintern in den Park kommen und Wasservögel in dieser Zeit brüten. Die Bedingungen für das Fotografieren sind sehr unterschiedlich, an regenverhangenen Tagen ungünstig; wenn die Sonne dagegen nach einem Schauer vor dunkelblauem Himmel strahlt, ganz besonders gut.

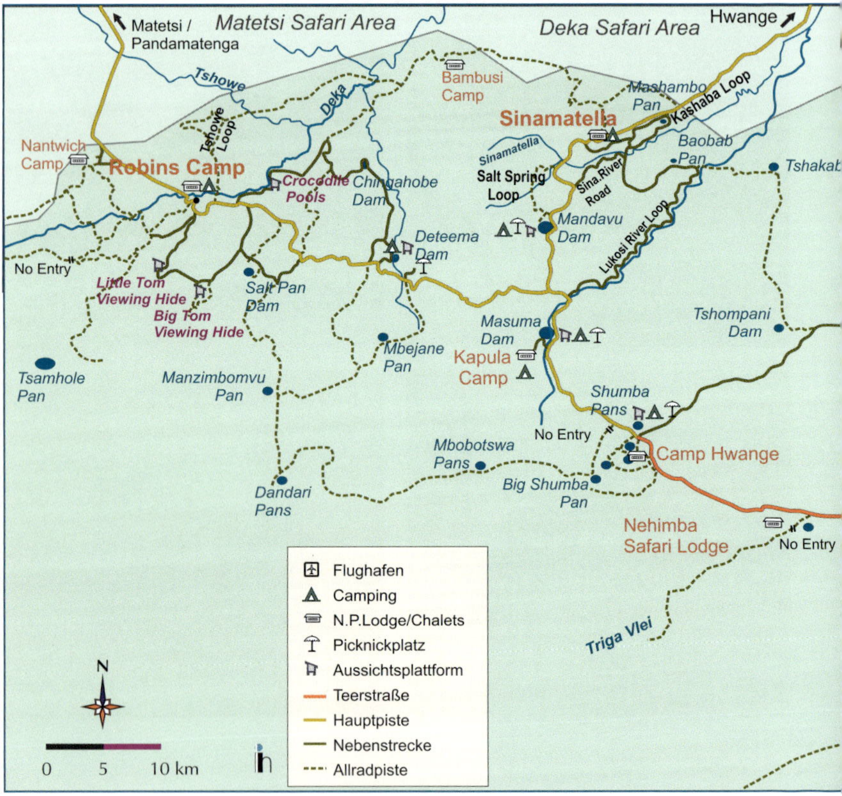

Tipp Was hier besonders reizvoll ins Auge des Betrachters sticht, sind die weiten gelben Grassavannen mit ihrem Akazienbestand und knorrigen Exemplaren des „Falschen Mopane“, zwischen denen sich ganz offensichtlich Giraffen, Rappenantilopen und Kudus sehr wohl fühlen

Rechts: Touristen auf der Nyamandhlovu Plattform

Pirschfahrten in der Main Camp Area

Die Main Camp Area ist das touristische Zentrum des Parks. Früher begegneten dem Reisenden überall die Pirschfahrzeuge der Luxuslodges. Zwar ist hier weiterhin die stärkste Konzentration, doch überlaufen kann man dieses Gebiet wahrhaftig nicht mehr nennen.

Plattformen und Pans der Umgebung: Die Nyamandhlovu Plattform & Pan eignet sich gut für ein ausgiebiges Picknick, während man Wildtiere und Vögel an der Wasserstelle beobachtet. Bei Vollmond kann man auch Nachtfahrten zur Plattform unternehmen (40 US$, die Anmeldung zum Moonlight Viewing erfolgt im Main Camp). Folgt man der Teerstraße, erreicht man nach weiteren 18 km die einsamere Guvalala Plattform & Pan, wo die meiste Zeit Gelbschnabeltokos auf Brotkrumen warten. Diese Tränke wird sehr gerne von

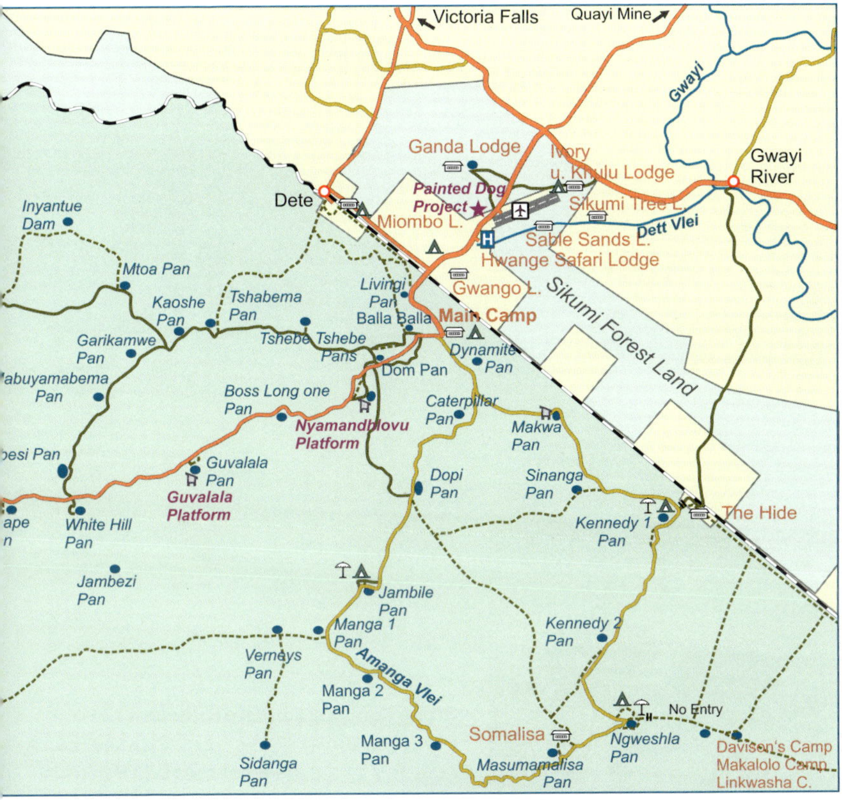

Steinantilopen, Gnus, Giraffen und Zebras aufgesucht. Noch 11 km weiter, an der Abzweigung zur White Hill Pan, kann man auf einer einsamen, ruppigen Schotterpiste über die Bembesi, Kaoshe und Tshebe Tshebe Pans wieder zurückkehren. Bembesi Pan, eine natürliche Senke, füllt sich zur Regenzeit mit Wasser und liegt den Rest des Jahres als Grasebene brach. Mabuyamabema Pan wird durch ein Bohrloch gespeist, Kaoshe Pan ist dagegen wieder ohne Wasserpumpe.

Große Rundfahrt durch den Süden (133 km): Eine Augenweide ist die Strecke zur Kennedy 1 Pan, die an der Makwa Pan (mit neuem Hide) vorbei durch abwechslungsreiche Wälder mit Falschen-Mopanebäumen führt. Leider ist der Streckenabschnitt viel befahren und daher meistens voller Wellblechschäden. Das wird besser, sobald man bei Kennedy1 Pan nach Süden in Richtung Kennedy 2 Pan und zur Ngweshla Pan abknickt, denn jetzt folgt die deutlich schmalere Fahrspur dem lieblichen fossilen Flusstal Ngweshla Vlei. Hinter dem hohen gelben Gras stehen am Horizont „Acacia Woodlands", dichte Akazienwälder mit uraltem Baumbestand. Die sanfte Graslandschaft des Vleis und die Tränke bei Kennedy 2 sind das bevorzugte Weidegebiet für viele Antilopen. Speziell zwischen April und Oktober weist die Gegend bei Kennedy 1

Pan und Kennedy 2 Pan eine ungewöhnliche Dichte an Giraffen und Zebras auf. Wenn sie im späten Nachmittagslicht friedlich im gelben Gras stehen und ein paar flinke Schakale geräuschlos am Horizont vorbei huschen, gehört die Szenerie zu den schönsten Eindrücken des Hwange Nationalparks (alle Bilder dieser Seite).

In diesem Bereich hat man auch die besten Chancen, Braune Hyänen oder gar eines der Breitmaulnashörner zu entdecken, die das Unternehmen Wilderness Safaris in der Linkwasha Concession ausgewildert hat. Das Gebiet an der Ngweshla Pan bietet mehrere Rundwege inmitten einer wunderschönen Naturlandschaft, in der Ordeal Tree (*Erythrophleum africanum*) und verkrüppelte Herero-Buschweiden (*Combretum hereroense*) vorherrschen. Hier sollten Sie nach Oryxantilopen und Pferdeantilopen Ausschau halten. Oryxantilopen kommen in Zimbabwe nur hier im südlichen Hwange Nationalpark vor. Außerdem sind Elefanten, Büffel, Zebras, Warzenschweine und Giraffen häufig. Bei den Vögeln sind auch stattliche Vertreter wie Sekretär, Riesentrappe und Kronenkranich (Foto links) heimisch. Auf der Weiterfahrt über die mit Wasserpumpen ausgestatteten Pfannen Manga 1–3 verändert sich die Vegetation; man fährt nun durch Terminalia- und Akaziengebüsch. Der Jambile Picnic Site liegt in einer sehr trockenen Umgebung und ist berühmt für Elefanten, Hyänen und Rappenantilopen. 9 km weiter trifft man an der ausgetrockneten Dopi Pan auf eine Gabelung, wo es links zur Dom Pan oder über die Caterpillar Pan zum Main Camp zurück geht.

Oben: Giraffen auf der Strecke nach Shumba Pan

Unten: Verkehrsschild beim Main Camp

Vom Main Camp zum Sinamatella Camp: Anreise bis zur White Hill Pan wie vorab beschrieben. Bald danach ist die einspurige Teerstraße von Schlaglöchern übersät und führt durch eine halboffene Savannenlandschaft mit mehreren Pfannen. Der struppige Mopane- und Combretumbewuchs erreicht durch die Überweidung kaum mehr als Buschhöhe. An der Shapi Pan, die etwas abseits der Straße liegt, versorgt ein neues Windrad die Wildtiere mit Wasser. Elefanten und Büffel lieben diese sandige Tränke, wie ihre Losung und die vielen Spuren verraten. Danach wird die Strecke noch einsamer und verfällt zusehends. Die Vegetation verdichtet sich, die hellen Kalaharisandböden bleiben zurück und machen dem Karroo-Gestein Platz. An manchen Stellen ist die Teerstraße jetzt nur mehr in unvollständigen Resten erkennbar. Sie endet schließlich nach 80 km am **Shumba Picnic Site** und der nahegelegenen kleinen Plattform an der Shumba Pan. Der engagierte „Save Hwange Trust“ renovierte das winzige Camp unter dem ausladenden Feigenbaum liebevoll zu einem schattigen, idyllischen Kleinod. In diesem Gebiet liegen eine Reihe kleinerer Pfannen, die eine Wasserscheide kennzeichnen. Die Region ist bekannt für viele Elefanten, Zebras, Kudus und Löwen. Auf der Weiterfahrt auf breiter Piste verändert sich die Umgebung schlagartig. Der Boden wird nun felsig und steinig, die Landschaft hügelig, in der Ferne treten Berge und Felsplateaus hervor. Kurvig führt die Strecke durch Felsen und dichten Mopanewald, dem bevorzugten Lebensraum von Kudus, Buschböcken, Mangusten und Buschhörnchen. Auch Leoparden schätzen diese trockenen Flussbette und deckungsreichen Felsblöcke. Sie bieten außerdem eine der besten Gelegenheiten, um im Hwange Nationalpark äußerst scheue Klippspringer-Antilopen zu entdecken.

Unten: Klippspringer nahe Masuma Dam; Kleinfleck-Ginsterkatze auf nächtlichem Beutezug; ein prächtiger Leopard und ein typischer Markierungsstein am Wegesrand.

Upside-Down-Hippo

In den 1990er Jahren gab es vormittags an der Shumba Pan ein ungewöhnliches Schauspiel zu besichtigen: Ein einzelgängerisches Flusspferd pflegte dort aus unerklärlichen Gründen die Marotte, auf dem Rücken liegend alle vier Füße in die Luft zu strecken. Weil es dabei seinen Kopf unter Wasser hielt, musste sich das Hippo alle fünf Minuten zum Luftholen umdrehen. Stundenlang genoss das Flusspferd seinerzeit vormittags diese merkwürdige Rückenlage.

Bald erreicht man den beliebten, leicht erhöhten **Masuma Dam** Picnic Site, wo eine große Plattform weiten Ausblick über die Wasserstelle gewährt. Die Gegend ist extrem wildreich. Von allen Himmelsrichtungen führen Elefantenpfade auf den Wassertümpel zu. Wasserböcke, Kudus, Giraffen und Pferdeantilopen gesellen sich zu den Dickhäutern, in der späten Dämmerung manchmal auch Hyänen und Löwen. Krokodile und Hippos genießen das kühle Nass, während im Westen die Sonne glutrot über dem Wassertümpel verschwindet. Und es gibt hier häufig etwas besonders Ulkiges zu beobachten: Wasserschildkröten, die dicht gedrängt auf dem Rücken der Flusspferde sonnenbaden! Wann immer die Flusspferde abtauchen, gleiten auch die Schildkröten ins Wasser, um kurz danach wieder auf einen Hipporücken zu klettern.

Entlang der Strecke zum **Mandavu Dam** wird die Vegetation wieder trockener und zeigt schwere Erosions- und Pflanzenschäden. Elefanten haben dem Wald derart zugesetzt, dass die meisten Bäume kaum mehr höher als in Buschgröße wachsen. Mandavu Dam Picnic Site liegt abseits über einem ausgedehnten Stausee, aus dem noch die abgestorbenen Zweige überfluteter Bäume ragen. Dieser Picknickplatz bietet viel Raum und einen schattigen Unterstand über dem Seeufer. Wildtiere kommen nicht so oft nahe an das Camp heran, dafür haben Klippschliefer-Familien das Gelände annektiert (Fotos rechts). Sie sind relativ zutraulich und ein beliebtes Motiv für endlose Fotoserien.

Die letzten 12 km schlängelt sich der steinige Weg durch die hügelige Landschaft und führt schließlich in einem weiten Bogen zum knapp 60 m hohen Felsplateau und dem Sinamatella Camp hinauf.

Von oben: Impressionen vom Masuma Dam Picnic Site, Giraffe, Zufahrtsschild zum Mandavu Dam

Der Klippschliefer,
(*Procavia capensis*)

eine kuriose Spielart der Evolution

Es klingt wie ein Aprilscherz, wenn man hört, dass des Klippschliefers näheste Verwandten Elefant und Seekuh heißen. Äußerlich lässt jedenfalls nichts auf dieses vertrackte Verwandtschaftsverhältnis schließen. Schliefer sehen aus wie pummelige Murmeltiere mit einer höchst merkwürdigen Anatomie: Sie haben einen zusätzlichen Blinddarm, kleine Hufe und einziehbare, gummiartige Fußsohlen, die von Schweißdrüsen ständig feucht gehalten werden. Das ist das Geheimnis der höchstens 55 cm großen Kletterkünstler, die auch auf glattem Gestein behände und sicher unterwegs sind. Die Vegetarier sind so sonderbar, dass sie im Tierreich eine eigene Ordnung darstellen. Ihre Backenzähne gleichen denen von Nashörnern und ihre Schneidezähne denen der Elefanten. Die DNS der Klippschliefer verrät schließlich, was kaum zu glauben ist, nämlich dass ihr Erbgut für den Knochenbau dem der Seekühe und Elefanten so ähnlich ist, dass alle drei Spezies einen gemeinsamen Vorfahren, die Überordnung *Afrotheria*, hatten – allerdings vor rund 80 Mio. Jahren.

Pirschfahrten in der Sinamatella Area

Oben: Der Ausblick von der Restaurant-Terrasse im Sinamatella Camp

Unten: Rappenantilope

Fotos rechts von oben: Buschhörnchen, Haubenbartvogel, Angola-Schmetterlingsfink, Abendszenerie am Mandavu Dam

Tierbeobachtungen im Camp: Morgens turnen auf den Bäumen, die an den Hängen des steil abfallenden Plateaus wachsen, muntere Klippschliefer. Zur gleichen Zeit sind am Boden Zwergmangusten und Buschhörnchen auf Nahrungssuche unterwegs. Auffallend zahlreich und zutraulich sind die Vögel. Meves-Glanzstare, Graulärmvögel (der „Go-away-Bird"), Mahaliweber, Haubenbartvögel und Graubülbül gehören zu den regelmäßigen neugierigen Campbesuchern. In der Regenzeit kommen Schmarotzermilane hinzu, die sich in einem eleganten Steilflug auf Essensreste hinabstürzen. Das eine oder andere Mal wandert ein Elefant durch das Camp, aber im Allgemeinen kommt Großwild nicht so nahe heran. Vom Camp aus kann man die Tiere in der Ebene gut beobachten. Nachts besuchen gelegentlich Hyänen und Schakale das Camp, auch streifen manchmal wieder Honigdachse umher.

Die Umgebung: In den teils dichten Mischwäldern dieser Region fühlen sich Spitzmaulnashörner traditionell sehr wohl, doch werden sie massiv von Wilderern bedrängt. Man sieht auch kaum noch Pferde- oder Rappenantilopen. Zwei kleinere Afrikanische Wildhund-

Rudel sollen hier ihr Revier haben. Am Kashawa Loop Drive und dem Lukosi River Drive, wo man meist entlang der gewundenen Flussbette fährt, sollte man nach Leoparden Ausschau halten. Die Wege sind während der Trockenzeit in passablem Zustand, die meisten Furten wurden betoniert. Nach Regenfällen weichen viele Streckenabschnitte aber auf. Der Salt Spring Loop sollte dagegen generell nur mit Allradfahrzeugen befahren werden.

Vom Sinamatella Camp zum Robins Camp: Achtung: Diese Strecke darf offiziell in beiden Richtungen nicht mehr nach 15 Uhr angetreten werden! Etwa auf halber Strecke zwischen Mandavu und Masuma Dam zweigt die breite Schotterstraße zum Robins Camp ab. Sie führt bis zum Deteema Dam durch Mopanewald. An der ersten kurzen Zufahrt zum Deteema Dam Picknickplatz liegen entlang des Weges versteinerte Hölzer. Die zweite, etwas längere Zufahrt kommt 2 km später und führt zur Aussichtsplattform direkt am Stausee. Der Platz ist leider schattenlos, bietet aber einen weiten Blick auf den See und ist deshalb beliebt bei Campern. Je weiter man sich Robins Camp nähert, um so lehmhaltiger wird der Boden. Die Landschaft wirkt wieder freundlicher und die Vegetation weniger angegriffen als in Sinamatella. Schon von Weitem sieht man den Turm von Robins Camp, der als einzige Erhöhung aus der flachen Landschaft ragt.

Pirschfahrten in der Robins Camp Area

Tierbeobachtungen im Camp: Nahe Robins Camp ist eine kleine Wasserstelle, die gerne von Wasserböcken, Zebras und Büffeln besucht wird. In dem kleinen Hide direkt daneben haben ein bis zwei Personen Platz (Zugang über den Campingplatz). Untertags grasen Warzenschweine seelenruhig auf den Wiesen im Camp, und Mangusten durchforsten vormittags den Campingplatz nach Essensresten. Aus dem gleichen Grund stöbern nachts Hyänen herum. Früher liefen sie vor den Augen erschreckter Touristen mitten durch Robins Camp und schmissen Abfalltonnen um. Heute sind sie stiller unterwegs. Die Nationalparkangestellten berichten, dass neuerdings manchmal sogar Löwen nächtliche Campbesuche unternehmen. Nachts hört man auch die Hippos im Deka River grunzen.

Die Umgebung: Die Region gilt als typisches Löwengebiet. Weite Flächen sind mit Mopanewald bedeckt, wie ihn Impalas und Wasserböcke lieben. Hier leben auch Tierarten, die anderswo im Hwange Nationalpark kaum vorkommen, z. B. Riesentrappen, die größten noch flugfähigen Vögel Afrikas. Beliebt sind die Pirschfahrten zu Little Tom's und Big Tom's Viewing Hides, deren 6 km lange Zufahrt im Gebüsch entlang eines sumpfigen Vleis verläuft. Little Tom ist ein steinerner Ausguck mit Dieselpumpe am Wasserloch. 5,6 km weiter gewährt die hohe, schmale Plattform von Big Tom einen deutlich schöneren Ausblick auf die Tümpel im Flussbett des Tom River (auch mit Dieselpumpe). Von hier kann man nach 11 km den weitflächigen Salt Pan Dam erreichen. Da in seinem Gebiet mehrere Quellen liegen, führt er stets Wasser. Furchtsame Elefantenherden und zahlreiche schnatternde Frankoline sind hier auffällig. Der Rundweg kann nach anhaltenden Regenfällen jedoch nicht befahren werden, weil der dunkle Lehmboden stark aufweicht.

Ein weiterer netter Ausguck mit algengrünem Wasserloch steht Besuchern nach 3 km Zufahrt bei Crocodile Pools zur Verfügung. Von hier führt der Weg weiter zum sehr einsamen Chingahobe Dam, der jedoch häufig trocken liegt.

Auch am Tshowe Loop im Norden werden manchmal Löwen erspäht.

Fotos links: Die einsame Aussichtsplattform Big Tom und das beschauliche Robins Camp.

Fotos rechts: Eine Tüpfelhyäne auf Diebestour und der winzige Ausguck im Robins Camp.

Grab eines Pioniers

Beim Nantwich Camp am westlichen Rand des Nationalparks ruht Percy Durban Crewe, einer der ersten Siedler in Rhodesien, der hier schon 1896 für die BSAC tätig war. Er starb 69-jährig im April 1931 in Wankie. An seiner Ruhestätte, die mit einer Steinmauer umfriedet ist, genießt man einen wunderschönen Weitblick über die Buschsavanne.

Unten: Wasserbock, Löwen- und Elefantenspuren

Rechts: Fußabdruck eines Pavians, Losung von Hyäne und Büffel

Empfehlungen für die Tierbeobachtung im Park

Morning Game Drives (Morgenpirschfahrten): Frühmorgens bestehen die besten Chancen, Raubkatzen, die nachts gejagt haben, zu entdecken, weil sie sich oft noch bei ihrem Riss aufhalten. Anhaltspunkte, ob Raubtiere mit einem frischen Riss in der Nähe sind, geben z. B. eintrudelnde Geier, die erst mit einsetzender Thermik fliegen können, oder Hyänen und Schakale. Manchmal verraten auch frische Tierspuren eine versteckt im Gebüsch liegende Großkatze. Antilopen halten sich morgens noch eher versteckt, dafür veranstalten die Vögel ein um so größeres Spektakel. Mangusten und Löffelhunde genießen in den ersten Sonnenstrahlen gerne ein wärmendes Morgenbad, selbst Pythonschlangen suchen nach einer kühlen, feuchten Nacht die Morgenwärme auf offener Straße. Halten Sie auch nach Leoparden Ausschau, die man meist nur für einen Augenblick entdeckt, ehe sie sogleich wieder verschwinden.

Tagsüber: Während der Mittagszeit ruhen die meisten Tiere. Zebras, Wasserböcke, Impalas und andere kommen zum Trinken ans Wasser, ansonsten halten die Tiere Siesta. Am besten macht man es ihnen gleich und verbringt die Zeit mit Fernglas und Vogelkundebuch auf dem Gelände der Lodge oder bei einer Aussichtsstelle.

Afternoon Game Drives: Die besten Lichtverhältnisse und die schönste Stimmung bringen in der Regel die letzten beiden Stunden vor Sonnenuntergang, wenn die Hitze nachlässt und die Schatten lang werden. Kurz vor Sonnenuntergang finden sich Paviane in der Nähe ihrer Schlafplätze ein, kehren Warzenschweine zu ihren Erdbauten zurück und schließen sich viele Antilopen zu schützenden, größeren Herden zusammen. Löwen und Hyänen werden jetzt munter, Elefanten bleiben ungerührt auf Futtersuche. Keine andere Tageszeit drückt das afrikanische Klischee besser aus!

Night Drives: In den Nationalparks sind Nachtpirschfahrten nicht erlaubt. Sie bleiben den Lodges außerhalb des Parks und in eigenen Konzessionsgebieten vorbehalten. Ihre Besonderheit liegt darin, Raubkatzen und nachtaktive Tierarten zu entdecken, die man sonst nicht zu sehen bekommt. Meist wird fieberhaft nach Leoparden, Hyänen und Wildkatzen gesucht, dabei sind Springhasen und Stachelschweine ebenso faszinierend. Die Safari Guides leuchten den Busch mit Lichtstrahlern und Fernscheinwerfern aus. Vorsicht: Elefanten und Flusspferde darf man niemals direkt anleuchten.

Generelle Tipps: Man sollte sich Tieren nie abrupt nähern, weil sie sonst schnell die Flucht ergreifen oder sich sogar bedrängt und angegriffen fühlen. Wenn man ihre Fluchtdistanz akzeptiert, kann es vorkommen, dass sich neugierige Tiere, z. B. Elefanten, Giraffen oder Buschböcke, dem Auto oder Menschen nähern. Schade wäre es, wenn Sie mit dem festen Ziel, eine bestimmte Tierart zu suchen, auf Game Drive gehen. Sie verkrampfen sich dann leicht, und viele aufregende Pflanzen und Tiere am Wegesrand bleiben unbemerkt.

Selbstfahrer: Erkundigen Sie sich vor einer Fahrt im jeweiligen Informationsbüro, welche Strecken befahrbar sind und wo man momentan die besten Tierbeobachtungen macht. Sehen Sie sich dazu auch die Eintragungen im Visitor Book an. Es ist meist effektiver, nicht zuviel umherzufahren, sondern an Wasserstellen, Pfannen oder weiten Grasebenen abzuwarten. Auch wenn zuerst nichts zu sehen ist, kann sich die Situation innerhalb weniger Minuten dramatisch verändern. Interessante Zusammenhänge im Verhalten der Tiere untereinander kann man sowieso nur beobachten, wenn man sich viel Zeit an einem Standort nimmt.

Tierbeobachtung im Camp: Sehr lohnenswert ist mitunter auch das Verweilen in den Camps und an Picknickplätzen, weil man hier vielen zutraulich gewordenen Tierarten weitaus näherkommt, als dies in der freien Wildnis möglich ist. Das gilt besonders für Vögel, Buschhörnchen und Mangusten, aber durchaus auch für Buschböcke, Warzenschweine, Elefanten, Flusspferde und Hyänen. Auf diese Weise ergeben sich oft ausgezeichnete Fotochancen.

Unterkunft im Hwange NP

Main Camp

Main Camp verfügt über insgesamt 118 Betten in den verschiedenen Kategorien Chalet, Cottage und Lodge. Zudem gibt es einen sehr großen Campingplatz. Von allen drei Hauptcamps befindet sich dieses Camp im besten Zustand. Die Unterkünfte sind gepflegt und werden regelmäßig gereinigt, das Personal bemüht sich sehr, den Eindruck eines Normalbetriebs aufrechtzuerhalten. Buschhörnchen und Fuchsmangusten springen zwischen den Chalets übers Gras, während die Gärtner Laub rechen und die Blumenbeete pflegen. Trotzdem sind auch hier die Anzeichen des Niedergangs während der Krisenjahre sichtbar. Und wo einst auf dem weitläufigen Campingplatz Zelte und Fahrzeuge dicht an dicht standen, verlieren sich heute die wenigen Touristen. Immerhin: Die Tankstelle, der Lebensmittelladen und das Restaurant mit der schönen Terrasse unter dem riesigen Afrikanischen

Schotenbaum (*Peltophorum africanum*) haben wieder geöffnet; und das kleine Museum soll auch wieder aufgebaut werden. Der Laden vertreibt Brot, gefrorenes Fleisch, haltbares Gemüse und Getränke. Das Restaurant bietet Frühstück für ca. 5 US$, Lunch für 6–10 US$ und Abendessen für 10–16 US$. Die Rezeption hat Internetzugang. Dort lassen sich auch Übernachtungen an den Picknickplätzen Kennedy 1 Pan, Ngweshla Pan, Jambile Pan und an der Guvalala Plattform reservieren.

Das Main Camp ist rund um die Uhr zugänglich, und man darf das Camp verlassen, um z. B. im Garten der Hwange Safari Lodge vor der beleuchteten Wasserstelle zu dinieren. Die nächtlichen Temperaturen sind im Main Camp etwas kühler als in den anderen Camps.

Für Autofahrer: Weitere Tankstellen befinden sich in Dete und an der Hwange Safari Lodge.

Zu Fuß durch den Busch

Auf Wunsch werden im Main Camp Walking Safaris in Begleitung eines bewaffneten Wildhüters angeboten. Dabei nähert man sich den Wildtieren nicht so weit wie mit einem Fahrzeug, aber dafür stehen andere Eindrücke im Vordergrund. Der Scout entlockt dem Busch viele seiner Geheimnisse: Er erklärt Tierspuren, zeigt die Plätze, wo ein Tier ein Staubbad genossen hat und kann auch seltene Pflanzen und Vögel bestimmen. Reisenden, bei denen sich Spaß an der Bewegung und die Leidenschaft für die afrikanische Wildnis paaren, kann man eine Walking Safari wärmstens empfehlen.

Links: Das Restaurantgebäude und ein „Rhodesian Donkey", die Vorrichtung zum Heizen von Brauchwasser

Rechts von oben: Zebramangusten, Campinggelände, ein Chamäleon und die Lodges im Main Camp

Sinamatella Camp

Zweifellos die schönste Lage und den besten Ausblick genießt das Sinamatella Camp. Es liegt auf einem knapp 60 m hohen Felsplateau mit atemberaubendem Blick in die weite Ebene zu seinen Füßen. 20 Chalets und Lodges stehen den Besuchern hier zur Verfügung, die sich wie auch der Campingplatz direkt an die Steilkante schmiegen.

In glücklicheren, sorgenfreien Zeiten war es gar nicht so einfach, hier unterzukommen, denn Sinamatella genoss den Rang als beliebtestes Camp im Park. Die Chalets und die vorderste Reihe der Campingstellflächen waren praktisch immer belegt und das Elephant & Dassie Restaurant legendär. Die Gäste liebten es, bequem von den robusten Granittischen auf der Terrasse in der Ebene vorbeiziehende Elefanten und Giraffen zu beobachten, während sich direkt zu ihren Füßen Buschhörnchen, Mangusten und Baumschliefer im Gestrüpp und an der

Vogeltränke tummelten. So mancher Reisende, der hier zum Frühstück kam, sah sich auch noch am Nachmittag dort sitzen und auf den Sonnenuntergang warten. Abends attackierten Honigdachse die Mülltonnen der Restaurantküche so unverfroren, dass sie zur Plage wurden. Doch das ist leider Geschichte. Die Restaurantbesitzerin ist vor Jahren nach Südafrika ausgewandert, der Betrieb wurde eingestellt, und der Chefkellner arbeitslos. Seit 2014 gibt es hier wieder Snacks und Getränke. Auch die alte Tankstelle vertreibt wieder Diesel, der kleine Laden hat geöffnet und die Sanitäranlagen des Campingplatzes sowie einige Chalets wurden renoviert. Das Camp wird allerdings eher nachlässig geführt, und so sind hier Engpässe jederzeit möglich.

Im Parkbüro dämmert eine kleine Ausstellung zum Tierschutz im Hwange Nationalpark vor sich hin (Bild oben). Hier kann man auch Übernachtungen am Masuma Dam, Mandavu Dam und der Shumba Pan buchen, Walking Safaris arrangieren und WLAN nützen.

Mashambo Pan: Rund 4,5 km von Sinamatella in Richtung Hwange liegt eine neue Wasserstelle. Infos dazu gibt es ebenfalls im Parkbüro.

Fotos: Im Sinamatella Camp: Honigdachs, Unterstand beim Camping. Unten: Puffotter.

Noch ein Unheilsbote: Das Chamäleon

Die meisten Afrikaner fürchten sich vor dem Chamäleon und halten es für ein schlechtes Zeichen, wenn sie einen dieser harmlosen Wurmzüngler sehen. Einer Legende nach soll das Chamäleon schuld sein an der Sterblichkeit des Menschen. Gott habe es nämlich einst ausgesandt, um dem Menschen das ewige Leben zu verkünden. Das Chamäleon aber trödelte fürchterlich, ließ sich Zeit beim Sammeln von Insekten und vergaß schließlich ganz den göttlichen Auftrag. Das erzürnte Gott und er sandte postwendend eine Eidechse mit dem Fluch der Sterblichkeit zu den Menschen. Die Eidechse rannte los und übermittelte eilfertig diese Botschaft. Und seither sind die Menschen gar nicht mehr gut auf das träge, selbstvergessene Chamäleon zu sprechen...

Robins Camp

Das beschaulicheRobins Camp verströmt seit jeher am stärksten eine koloniale Atmosphäre. Wenn man von den beiden anderen Camps kommt, scheint die Zeit hier noch mehr still zu stehen. Es ist das kleinste der Camps, liegt abseits und hatte immer schon die wenigsten Besucher. Entsprechend desolat präsentierte sich Robins Camp bis vor wenigen Jahren. Doch es hat sich etwas getan. Fließendes heißes Wasser und Strom sind selbst auf dem Campingplatz wieder vorhanden, der kleine Laden vertreibt „Basics", und die nette „Hyena Bar" mit den Steintischen zwischen Blumen und Zitronenbäumchen öffnet stundenweise abends. Die Tankstelle ist weiterhin geschlossen. Die rund 35 Parkangestellten verharren eifrig, gastfreundlich und motiviert auf ihren Posten. Nicht zuletzt ihrem Service ist zu verdanken, dass die Besucherzahlen deutlich stiegen: Waren 2010 erst 90 internationale Übernachtungsgäste im Robins Camp, steigerte sich diese Zahl in zwei Jahren auf 460 Gäste. Auch das Museum im Turm ist geöffnet und unbedingt besuchenswert.

Zum Übernachten stehen 22 Zweibettchalets und drei Ferienhäuser für bis zu sechs Personen sowie ein großer Campingplatz zur Verfügung. Robins Camp hat eine höhere Luftfeuchtigkeit als die anderen beiden Camps und eher Moskitos.

Versäumen Sie nicht einen Besuch des Turms, dessen Plattform nicht nur eine hübsche Aussicht auf die flache Landschaft gewährt, sondern der außerdem als Museum eingerichtet wurde. Name und Geschichte dieses Camps gehen nämlich auf Herbert George Robins (1867–1939) zurück, der sich 1914 hier niederließ. Er gründete die Rinderfarm „Litte Tom's Spruit", die ihm bald zu klein wurde. 1915 erweiterte er sein Land um die Farm „Big Tom's Spruit" und schließlich auch um die „Tom's Extension". Auf allen seinen Ländereien verbot er unverzüglich die Jagd und Wilderei. Der Rinderzüchter, der in seinem Leben weit in Afrika herumgekommen war, wandelte sich immer stärker zum Naturfreund und unterstützte den Tierschutz auch gegen den Willen seiner europäischen Nachbarschaft. Er zog das Eremitendasein zwischen den

Wildtieren und seinen gefürchteten Hunden dem gesellschaftlichen Leben der Kolonisten vor und galt zu Lebzeiten als reichlich exzentrisch. Im hohen Alter begann er sich um die Zukunft seines persönlichen Schutzgebiets zu sorgen und vermachte seine Ländereien der Regierung mit der Bedingung, darauf für immer ein Wildschutzgebiet auszuweisen. 1949 erklärte man dieses Robins Game Sanctuary mit dem Wankie Game Reserve zum Nationalpark.

Die Farm von H. G. Robins und der Turm, den er 1934 errichtete, bilden heute noch das Zentrum des Robins Camps. Verlässt man das Camp in Richtung Sinamatella, findet man das Grab des Tierschützers etwa 50 m nach der Ausfahrt auf der linken Seite.

Fotos links: Im Museum des Turms, Braunkopfliest.
Fotos rechts von oben: Ausstellung im Museum, der Turm im Zentrum des Robins Camps und der Ausblick von oben

Private Campsite: Kennedy 1 Pan

Ein schöner, sehr gepflegter Platz unter hohen Kameldornakazien mit heißer Dusche, Toiletten, Küchenraum, überdachter Sitzgelegenheit und Grillplätzen. Skurril wirken die drapierten Tierschädel zwischen den Pflanzensetzlingen. Reichlich Schatten ist vorhanden. Das Camp liegt in einem reizvollen und wildreichen Naturraum, es besteht jedoch kein direkter Blick zur Pan. Besonders zahlreich sind Raubtiere wie Leoparden, Löwen, Wild Dogs und Hyänen. Außerdem können Tierfreunde hier zwei weitere Highlights entdecken: Tagsüber schwärmen laut zwitschernd Goldbugpapageien umher und am frühen Abend springen muntere Steppengalagos die Zaunpfähle entlang! Kennedy 1 Camp liegt im Zuständigkeitsbereich des Main Camps.

Oben: Ein kleiner Steppengalago

Private Campsite: Ngweshla Pan

Das weitab im Süden gelegene, hübsche Camp bietet direkten Blick zur gleichnamigen Graspfanne und der Wasserstelle. Zwei Grillplätze, zwei Unterstände mit Betontischen und -bänken, Toiletten, heißer Dusche und ein kleiner Küchenraum verteilen sich in dem umzäunten, kleinen Campbereich. In der Umgebung kann man mehrere Rundfahrten unternehmen und dabei Elefanten, Oryxantilopen, Pferdeantilopen, Schakale, Riesentrappen, Zebras und Büffel beobachten. Im Hintergrund der Pfanne stehen dichte Akazienwälder. Zum Ende der Trockenzeit treffen unentwegt große Elefantenherden ein. Nachts bringt einen das Spektakel am nahen Wasserloch schier um den Schlaf. Sollte einmal an der Wasserstelle nichts los sein, kann sich der Fotograf der Vogeltränke im Camp zuwenden, die hier von der Vogelwelt besonders gewürdigt wird (Foto S. 171). Ngweshla Pan Camp liegt im Zuständigkeitsbereich des Main Camps.

Private Campsite: Jambile Pan

Das beschauliche Camp ist mit kalter Dusche, Toilette und einem Küchenraum mit nostalgischem Ofen ausgestattet. Hier herrscht eine trockenere Vegetation vor. Das Wildhundrudel Silele lebt in dieser Region, ansonsten ist es weniger wildreich, weil das Wasser von Jambile kaum Mineralstoffe enthält. Jambile Camp liegt im Zuständigkeitsbereich des Main Camps.

Private Campsite: Guvalala Plattform

An dieser Plattform kann man ebenfalls nächtigen; hier allerdings ohne einem Attendant und ohne Umzäunung (als einzigem der Private Campsites). Es bestehen nur äußerst rudimentäre Sanitäreinrichtungen, Wasser oder eine Grillstelle gibt es hier auch nicht. Die Guvalala Plattform liegt im Zuständigkeitsbereich des Main Camps.

Private Campsite: Shumba Pan

Liebevoll renoviert vom Save Hwange Trust bietet das kleine Shumba Camp eine Dusche, einen Küchenraum, zwei betonierte Unterstände zum Sitzen oder für Zelte sowie mehrere Betontische und Feuerstellen. Ein Attendant versorgt die Gäste mit Feuer und heißem Duschwasser. Da hier derzeit mehr als eine Besuchereinheit gleichzeitig nächtigen dürfen, wird es mitunter eng im Camp. Shumba Camp bietet Schatten unter hohen Ebenholzbäumen und eine herrlich einsame Lage, aber vom Camp besteht kein direkter Blick zur solarbetriebenen Tränke und dem Hide. Denn die befinden sich etwa 400 m vom Camp entfernt und sind berühmt für spektakuläre Elefanten- und Löwenbesuche. Shumba Camp liegt im Zuständigkeitsbereich des Sinamatella Camps.

Private Campsite: Masuma Dam

Dieser Platz ist sehr beliebt, da wildreich und direkt an der Wasserstelle gelegen. Es kann vorkommen, dass hier gleichzeitig drei oder vier Campingeinheiten nächtigen. Es gibt Toiletten, eine neue heiße Dusche und eine Grillstelle mit Wasserhahn. Wer möchte, kann die ganze Nacht an der erhöhten Plattform vor derm Wasserloch sitzen (ideal bei Mondschein). Ein sehr kleiner Nachteil ist tagsüber der Durchgangsverkehr, weil die Straße direkt durch das Camp führt.

Private Campsite: Mandavu Dam

Ein schönes Camp mit großer Plattform und weitem Ausblick, das genussvolle Campingnächte verspricht. Es bietet eine heiße Dusche, Toiletten, Grillstellen und Unterstände bei Regen. Die Besonderheit dieses Camps sind viele Klippschliefer. Auch für größere Gruppen ist Mandavu Dam gut geeignet; ein Attendant ist anwesend. Die Camps am Masuma Dam und am Mandavu Dam liegen im Zuständigkeitsbereich des Sinamatella Camps.

Private Campsite: Deteema Dam & Deteema Picnic Site

Hier gibt es zwei Plätze. Der Picknickplatz schmiegt sich in einer leichten Senke zwischen Felsen, Aloen und Sukkulenten. Hier stehen eine Toilette, ein Küchenraum und mehrere teilweise überdachte Betontische zur Verfügung. Obwohl sich beim nahegelegenen Deteema Dam Hide nur eine Toilette und eine Aussichtsplattform befinden, campieren die meisten Besucher lieber dort, denn die Aussicht auf den Stausee ist grandios. Hier steht man allerdings allein (ohne Caretaker). Viele Elefanten durchziehen die trockene, steinige Gegend. Wie bei den meisten Private Camps sind die Umzäunungen beschädigt.

Die "Presidential Elephants"

Außerhalb des Hwange Nationalparks, im Sikumi Forest Land an der Dete Vlei, sind die „Presidential Elephants“ zuhause. Präsident Mugabe hatte die Herde 1991 unter Schutz gestellt und seit 1993 steht die auf 500 Tiere angewachsene Gruppe im Mittelpunkt eines Forschungsprojekts über Verhalten und Sozialstruktur der Elefanten. Doch waren es leider nur Lippenbekenntnisse, die der Präsident damals ausgesprochen hatte. Denn seit dem wirtschaftlichen Niedergang Zimbabwes müssen die Tierforscher um Sharon Pincott, die sich dem Schutz der Herde verschrieben hatte, hilflos mitansehen, wie die grausame Wilderei auch vor den berühmten Presidential Elephants nicht Halt macht.

Safarilodges im Nationalpark

Die Wilderness Safaris-Gruppe verfügt über drei Luxuscamps in der privaten, sehr wildreichen Linkwasha Concession im südöstlichen Parkgebiet. Kontakt: 373 Rivonia Boulevard, Rivonia, Südafrika, Tel. +27-11-8071800, Fax +27-860-5060482, email: enquiry@wilderness.co.za, Internet: www.wilderness-safaris.com. Preise: Die drei Camps werden mit All-inclusive angeboten, Kombinationsangebote sind häufig.

Davison's Camp

Das lässige Adventure Camp bietet neun schattige Zeltchalets vor einem eigenen Wasserloch. Preise: ab 345 US$/DZpP.

Little Makalolo Camp

Dieses Classic Camp bietet erstklassige Wildbeobachtungen, Luxus pur und einen Pool zum Entspannen. Preise: ab 420 US$/DZpP.

Linkwasha Camp

Nahe der wildreichen Ngamo Plains eröffnete 2016 dieses luxuriöse neue Classic Camp. Preise: ab 490 US$/DZpP.

Somalisa Camp

African Bush Camps, Tel. +263-9-772126986, Fax 09-230582, email: contact@africanbushcamps.com, Internet: www.africanbushcamps.com.

Sechs Luxuszelte mit viel kolonialem Flair inmitten des wildreichen Südens im Park. Diese traditionsreiche Lodge zählt zu den wenigen, die auch in der größten Krise durchgehalten haben. Mit kleinem Pool.

Preise: All-Inclusive ab 420 US$ pP.

Kapula Private Camp

Tel. + 27-12-3616397, Fax + 27-12-3489021, email: stay@kapulacamp.com, Internet: www.kapulacamp.com.

Selbstversorgercamp mit je vier Zeltchalets im North Camp und South Camp, die sich nahe der Masuma Pan an ein eigenes Wasserloch schmiegen.

Preise: Vierbettchalets ab 41 US$/DZpP und 58US$/EZ.

Camp Hwange

email: info@camphwange.com, Internet: www.camp-hwange.com.

Ansprechende, exklusive Lodge mitten im Park auf Höhe der Shumba Picnic Camps, im klassischen Safaristil angelegt mit acht Zelten und einer riesigen Boma.

Preise: All-inclusive ab 436 US$ pP.

Nehimba Lodge

Imvelo Safaris Tel./Fax +263-9-232331, email: res1@imvelosafarilodges.com, Internet: www.imvelosafarilodges.com.

Mitten im Nationalpark liegt die Luxuslodge exklusiv auf privatem Konzessionsgebiet. Mit sieben Chalets und kleinem Pool.

Preise: All-inclusive ab 550 US$ pP.

Safarilodges am Rande des Parks

Miombo Lodge & Campsite

Hwange, Tel. +263-18-695, +263-13-45139, 077-5174523, email: miombo@mweb.co.za, Internet: http://miombosafaricamp.com.

Sympathische, ältere Mittelklasseanlage an der Bahnlinie nahe Dete mit Holzchalets, Baumhäusern, Zelten, Pool, Hide am eigenen Wasserloch und Campingplatz (mit Strom).

Preise: All-inclusive ab 180 US$ pP (kein EZ-Zuschlag), Camping 20 US$ pP.

Ganda Lodge (Foto rechts)

71 A Fife Street, Bulawayo, Tel. +236-9-76009/76053, Fax 77967, email: booking@ngamosafaris.co.zw, Internet: www.ngamophotosafaris.co.zw.

Ältere Anlage der Forestry Commission mit zweistöckigen Holzchalets in großartiger, wildreicher Lage und Pool an der Ganda Pan.

Preise: All-inclusive ab 128 US$ pP.

Sable Sands Lodge

Tel. +263-778-454840, 715588, email: info@sablesands.co.zw, Internet: www.sablesands.co.zw.

Die legendäre Sable Valley Lodge wurde wieder aufgebaut und bietet traditionsreiche Safarigenüsse im Dete Vlei.
Preise: All-inclusive ab 300 US$ pP.

Hwange Safari Lodge

Dete/Hwange, Tel. +263-18-333, email: pacro@africansunhotels.com, Internet: www.africansunhotels.com.

Große abgewohnte Hotelanlage mit abends beleuchteter Wasserstelle. 200 Betten.

Preise: ÜF ab 90 US$/DZpPund 135 US$/EZ, All-inclusive ab 210 US$/DZpP. Mit Tankstelle.

Gwango Elephant Lodge

Hwange, Tel. +263-78-3557773, 0782-288742, email: elisabeth@gwango.com, Internet: www.gwango.com.

Nahe dem Main Gate haben eine Lodge (Elephant) und mehrere KM entfernt ein einfaches Camp (Heritage Cantre) mit Camping und Bar&Grill-Restaurant eröffnet.

Preise: Forest Chalets in der Lodge mit VP 189/DZpP und 269 US$/EZ. Heritage Centre: Bush Chalets 85 US$/Nacht, Camping 10 US$.

Ivory Lodge & Tuskers Campsite

23 Old Gwanda Road, Hillside, Bulawayo, Tel. +263-9-243954/246430, email: reservations@amalindacollection.co.zw, Internet: www.ivorysafarilodge.com.

Neun Baumhäuser, elektrisch umzäunt, mit Blick auf ein Wasserloch. Hide und Pool. Nebenan liegt der Campingplatz mit guter Ausstattung, Boma, Strom und Hide.

Ein paar Kilometer weiter liegt die moderne **Khulu Lodge**. Sie bietet sechs Luxuszeltchalets am eigenen Wasserloch und ein Pooldeck.

Preise: All-inclusive ab 300 US$/DZpP und 370 US$/EZ, Camping 20 US$ pP.

The Hide

74 Steppes Road, Chisipite, Harare, Tel. +263-4-498835, Fax 498480, email: reservations@thehide.com, Internet: www.thehide.com.

Luxuriöses Camp in herrlicher Lage bei Kennedy 1 mit zehn Zeltchalets und viel Athmosphäre. Seit mehr als zwanzig Jahren eine Legende. Hemingway-Style pur!

Preise: All-inclusive ab 390 US$/DZpP und 480 US$/EZ.

Camelthorn Lodge & Bomani Tented Lodge

Imvelo Safaris Tel./Fax +263-9-232331, email: res1@imvelosafarilodges.com, Internet: www.imvelosafarilodges.com.

Zwei Luxuslodges im wildreichen, exklusiven Ngamo Forest nahe dem Ngoma Park Gate an der südöstlichen Parkgrenze.

Preise: Bomani Tented Lodge: All-inclusive ab 360 US$/DZpP; im Flaggschiff Camelthorn Lodge: All-inclusive ab 550 US$/DZpP.

Ein Tagesablauf in der Safarilodge

Wecken der Gäste im Morgengrauen. Wenig später heißt es „Tea or Coffee", dann folgt der Aufbruch zur Morgenpirschfahrt oder einer Walking Safari (Wanderung durch den Busch). Unterwegs gibt es ein kleines Picknick. Nach der Rückkehr im Camp wird ein üppiger, stärkender Brunch serviert. Gäste, Guides und Lodgemanager sitzen beieinander, man spricht sich mit Vornamen an und unterhält sich über die Erlebnisse der Pirschfahrt. Danach beobachtet man Vögel, ruht oder liest einschlägige Literatur; Tier- und Pflanzenbücher liegen aus. Bis 15.30 Uhr ist Freizeit angesagt, in der man z. B. am Pool die Sonne genießt. Dann trifft man sich erfrischt zum Afternoon Tea mit etwas Gebäck und startet kurz danach zum Afternoon Drive. Unterwegs wird bei Sonnenuntergang eine Pause eingelegt und der Guide bietet aus der Kühlbox einen Sundowner an (Bier, Wein, Soft Drinks). Auf der Rückfahrt strahlt der Guide mit einem Scheinwerfer, um nachtaktive Tiere aufzustöbern. Zurück im Camp rufen die Trommeln zum Abendessen. Anschließend lässt man den Tag mit einm Drink am Lagerfeuer oder an der beleuchteten Wasserstelle ausklingen.

Management und Guides bemühen sich um einen persönlichen Kontakt zu den Gästen und legen Wert auf niveauvolle Betreuung. Man versucht jedem Gast einen bestimmten Guide zuzuweisen, mit dem er alle Ausflüge unternimmt. Die Übernachtungspreise einer Lodge richten sich eher nach ihrer außergewöhnlichen Lage, der maximalen Bettenanzahl und ihrem Image als nach der Ausstattung.

Anstelle von Klimaanlagen bieten die meisten Lodges nur Ventilatoren, was aber durchaus ausreicht, weil es im Hwange NP kaum heiße, schwüle Nächte gibt. Im Gegenteil: Zwischen Juni und August wird es nachts empfindlich kalt. Erfahrene Gäste scheuen sich nicht, neben warmer Kleidung auch eine Mütze und Handschuhe einzupacken. Während der Pirschfahrten im offenen Fahrzeug sind diese Dinge ein Segen, vielleicht sogar nachts zum Schlafen, denn die Zeltchalets sind luftig. Und selbst bei 20° C Außentemperatur wird es beim Morning Drive auf offenen Fahrzeugen durch den Fahrtwind unangenehm kalt. Zum Schutz liegen Wolldecken bereit, und viele Lodges versorgen ihre Gäste in den kalten Wochen sogar mit Wärmflaschen oder elektrischen Heizdecken. Während dieser kalten Monate werden häufig keine Game Drives vor dem Frühstück unternommen, sondern als Vormittagsfahrten nachgeholt.

Painted Dog Conservation

Wem ist schon bewusst, dass der Afrikanische Wildhund, auch Wild Dog, Hunting Dog, Painted Dog und Hyänenhund genannt, heute an zweiter Stelle der meist bedrohten Tierarten Afrikas steht (nach dem Abessinischen Wolf)? Der Afrikanische Wildhund leidet fälschlich unter einem schlechten Image und findet viel zu wenig überregionale Beachtung. In den letzten zehn Jahren hat sich sein Bestand erneut halbiert. Kaum 3000 Tiere sollen heute noch von dieser Spezies existieren; viel zu wenige für eine gesunde Population. Und selbst diese Tiere sind bedroht, weil sie einen enorm großen Revierbedarf haben. Sie geraten bei ihren Streifzügen regelmäßig in Farmgebiete, wo sie sofort getötet werden. Ihre häufigste Todesursache ist denn auch die Begegnung mit dem Menschen (60 %).

Der Wildbiologe Gregory Rasmussen ist für die Afrikanischen Wildhunde Zimbabwes das, was Professor Grzimek einst für die Serengeti war. Er verschrieb sich schon vor Jahrzehnten der Forschung und dem Schutz dieser faszinierenden Rudeltiere am Rande des Hwange Nationalparks, wo es heute von einst 300 nur noch rund 120 Tiere gibt. Der engagierte Forscher stattete seine Hunde zum Schutz vor nächtlichen Verkehrsunfällen mit Peilsendern und Reflektoren aus und ließ in Parknähe Wild-Dog-Verkehrsschilder aufstellen.

Gegenüber dem Hwange Airport eröffnete das Team um Greg Rasmussen ein besuchenswertes **Visitor Centre** mit einer weitläufigen **Auffangstation** für die bedrohten Tiere, wo die Lebensgeschichte des Hundes „Eyespot" erzählt wird, Besucher für die Belange des Projekts sensibilisiert werden und die Tiere im Rehab Centre besuchen dürfen. Öffnungszeiten: täglich von 8–18 Uhr. Es wird kein Eintritt verlangt, aber eine Spende erwartet. Denn wenn wir diese faszinierenden Tiere nicht für immer verlieren wollen, ist es höchste Zeit, ihnen endlich den Schutz zu gewähren, den sie brauchen.

Weitere Infos: www.painteddog.org sowie bei www.hupeverlag.de

Verhaltenstipps für die Wildnis

- Auf einer Safari immer möglichst dezente **Kleidung** in Naturfarben tragen.
- Bei **Pirschfahrten** und im Camp verhält man sich möglichst leise und defensiv. Lassen Sie sich nicht täuschen; wenn Sie keine Tiere sehen, heißt das nicht, dass Sie nicht selbst genau beobachtet werden! Auf den Campingplätzen sollte man auf Nachbarn Rücksicht nehmen und unnötigen Lärm vermeiden.
- **Vogelfreunde** kommen oft direkt in den Camps auf ihre Kosten. Viele Vögel haben sich an die Anwesenheit der Menschen gewöhnt und kommen nahe heran. Das gleiche passiert auch bei Buschhörnchen, Mangusten oder Warzenschweinen.
- Ganz wichtig: **Niemals** im offenen Zelt oder unter freiem Himmel schlafen! Wildtiere attackieren keine geschlossenen Zelte. Dagegen führt leichtsinniges Verhalten wie das Schlafen im unverschlossenen Zelt leider immer wieder zu Todesfällen, weil Raubtiere Schlafende mitunter aus dem offenen Zelt zerren.
- Lassen Sie nachts keine **Nahrungsmittel** im Freien liegen und deponieren Sie diese auch nicht im Zelt, sondern ausschließlich im Fahrzeug. Nachts können die Gerüche Hyänen und Elefanten anlocken, tagsüber richten Meerkatzen und Paviane ein Chaos an, um an die begehrten Nahrungsmittel zu gelangen. Hyänen zerbeißen übrigens auch Kühlboxen und Schuhe.
- **Versorgung**: In den Parks sind selten Lebensmittel und Treibstoff erhältlich. Auch Pannendienste, Wechselstuben und öffentliche Verkehrsmittel sucht man vergebens. Man ist folglich auf sich allein gestellt und muss auf entsprechende Ausrüstung und großzügige Reserven, vor allem bei Sprit und Wasser, achten.
- Dass man seinen **Abfall** überall dort, wo keine Abfallbehälter zur Verfügung stehen, wieder mitnimmt, sollte selbstverständlich sein.
- **Wildtier-Gefahren**: Alle Tiere haben eine Fluchtdistanz, die man nicht unterschreiten darf. Reizen oder provozieren Sie sie nicht! Kommt es trotzdem einmal zu unliebsamen Begegnungen, ziehen Sie sich langsam und ruhig zurück, auf keinen Fall rennend. Einzelne Büffel können sehr aggressiv und gefährlich sein, wenn sie aufgeschreckt werden. Bei Elefantenkühen mit Kälbern ist immer respektvolle Distanz zu halten.
- **Joggen** Sie niemals im Busch und entfernen Sie sich nicht allein vom Camp oder Auto. Achten Sie ganz besonders auf kleine Kinder, deren Rennen oder Schreien Raubtiere schnell reizen kann.
- **Hilfsbereitschaft** im Busch ist eine sehr wichtige und manchmal lebensrettende Grundregel. Es sollte selbstverständlich sein, sich in der Wildnis gegenseitig bei Pannen oder Krankheitsfällen zu helfen.
- **Schlangen** wird man wenige sehen. Festes Auftreten lässt die Erde vibrieren, so dass sich fast alle Schlangen rechtzeitig zurückziehen (mit Ausnahme der Puffotter, die sehr träge ist). Besten Schutz gegen Bisse und Stiche von Schlangen, Skorpionen, Spinnen oder Zecken bieten feste, knöchelhohe Schuhe. Im Busch sollte man niemals barfuß laufen!

Das Geheimnis uralter Elefantenpfade

Ende der 1970er Jahre spielte sich im Karibasee zwischen Spurwing Island und dem Ort Kariba eine unglaubliche Geschichte ab. Eines Tages wurden drei junge Elefantenbullen beobachtet, die in direkter Linie von Spurwing Island nach Kariba schwammen. Die zurückzulegende Entfernung von mehr als 25 km schien nach menschlichem Ermessen unmöglich für Elefanten zu bewältigen. Die in Kariba stationierten Mitarbeiter des Nationalparks machten sich ungläubig per Boot auf den Weg zu den schwimmenden Elefanten. Die Tiere hatten in der Zwischenzeit rund ein Drittel des Weges zurückgelegt. Zuerst wollten die Männer die Tiere erschießen, um ihnen den qualvollen Tod durch Ertrinken zu ersparen, doch dann versuchte man, sie mit Schüssen zur Rückkehr ans Ufer zu bewegen. Dies gelang schließlich und die Parkwächter kehrten nach Kariba zurück. Doch am nächsten Tag wurden die Elefanten wieder entdeckt, diesmal nur zwei von ihnen, und sie hatten bereits zwei Drittel der Strecke zurückgelegt, als die Parkwächter sie erreichten. Die Männer hatten Seile mitgebracht, mit denen sie die Tiere abstützen wollten, doch schwammen die beiden ohne Anzeichen von Schwäche oder Ermüdung nach Kariba. Von Zeit zu Zeit erholte sich einer der beiden, indem er seine Vorderbeine auf dem Rücken des Kameraden auflegte. Auf diese Weise erreichten sie zügig und von den staunenden Parkangestellten eskortiert das Ufer bei Kariba, wo sie rasch entlang eines uralten Elefantenpfades in die Berge verschwanden. Nie zuvor haben Menschen Elefanten so weit schwimmen sehen. Mit der Natur vertraute Einheimische erinnerten sich, dass vor der Stauung des Karibasees ein alter Elefantenweg genau dort entlang führte, wo rund 20 Jahre später die Elefanten schwammen. Wie war es möglich, dass die Tiere davon Kenntnis hatten und sogar solch eine gewaltige Anstrengung auf sich nahmen, um diesem ehemaligen Pfad zu folgen?

Reisevorbereitung

Gesundheitsvorsorge: Malaria

Die Region Victoria Falls ist ein Malariagebiet. Ganzjährig ist daher eine Prophylaxe ratsam. Wir empfehlen eine tropenärztliche Beratung bei einem Tropenmediziner oder direkt in einem Tropeninstitut.

Gepäck

Empfehlungen für die Kleidung

Leichte, sportliche Baumwollbekleidung ist angebracht. Auf Safaris trägt man das klassische „Safari-Outfit" in Khaki- und Naturfarben und knöchelhohe, bequeme Lauf- oder Wanderschuhe. Tragen Sie im Busch bitte niemals rein weiße oder knallige Farben, wie Rot und orange, sondern ausschließlich dezente Naturfarben. „Military Look" ist in Zimbabwe nicht erlaubt.

In Victoria Falls sind bequeme Freizeitkleidung und Sandalen üblich. Auf alle Fälle sollte man neben der leichten Sommerkleidung auch einen dicken, wärmenden Pulli oder eine warme Jacke einpacken (vor allem zwischen Juni und August). Regenschutz (zwischen November und April), Sonnenhut und Badebekleidung dürfen auch nicht fehlen. In den Firstclasshotels wird nach Sonnenuntergang der sog. Formal Dress erwartet, d. h. lange Hose und ein Hemd für die Herren (keine Shorts, kein T-Shirt, keine Sandalen).

Empfehlungen für die Reiseapotheke

(Vorschläge zum Inhalt einer Notfallapotheke gemäß dem Bayerischem Gesundheitsamt)

Beschwerden	Substanz (Medikament)
Fieber, Entzündung, Schmerzen	Paracetamol, Acetylsalicylsäure (Aspirin)
Insektenstiche	diverse Repellentien, Chlorphenoxamin-Creme
Kreislaufanregung	Etilefrin, Norfenefrin
Durchfall	Elektrolyt-Glukose-Präperate, Hefe-Präperate, Loperamid (Imodium)
Erbrechen & Übelkeit	Metoclopramid (Paspertin)
Bauchkrämpfe	Butylscopolamid
Augenentzündung	Tetrazyklin-Augentropfen
Harnwegsinfektionen	Antibiotika, Nieren-Blasen-Tee
Ohrenentzündung	Acetylsalicylsäure (Aspirin), Phenazon

Außerdem: Kleine Schere, Sicherheitsnadeln, Rasierklinge, Fieberthermometer, Pinzette, Pflaster, Verbandszeug, Desinfektionsmittel, ggf. Allergie- und Magentabletten, ein Magnesiumpräparat, evtl. Einwegspritzen und generell alle Medikamente, die Sie regelmäßig einnehmen.

Kontaktlinsenträger sollten wegen des Staubs zur Sicherheit auch eine Brille einpacken. Für die Kameraausrüstung empfiehlt sich ein guter Wasser- und Staubschutz. Tagsüber sind ein kleiner Tagesrucksack und eine Trinkflasche sehr nützlich. Eine gute Sonnenbrille und viel Sonnenschutzcreme sind ganzjährig empfehlenswert, ferner eine Mückenschutzcreme und eine Reiseapotheke mit Notfallmedikamenten und Malariatabletten. Für Vogel- und andere Naturbeobachtungen benötigt man ein möglichst lichtstarkes Fernglas und gute Bestimmungsbücher für die Säugetiere, Vögel und Pflanzen Afrikas. Taschentücher, eine Taschenlampe und ein Feuerzeug (für Kerzen) ergänzen die Packliste.

Weitere Empfehlungen für das Reisegepäck

Trinkgeld-Empfehlungen

Jeweils pro Person und Tag:
Safari Guide in der Lodge: 10 US$
Tip-Box im Camp/Lodge: 5 US$
Fahrer bei Transfers: 2 US$
Fahrer bei Tagestouren: 5–10 US$
Kofferträger: 1 US$ / Zimmerservice: 1–2 US$
Im Restaurant: In der touristischen Gastronomie sind 5–10 % des Betrags für die Speisen angebracht.

Länderspezifische Informationen: Zimbabwe

Einreisebestimmungen

In Zimbabwe besteht Visapflicht für Deutsche, Österreicher und Schweizer. Ein Touristenvisum mit einmaliger Einreise kostet 30 US-Dollar und wird sowohl vorab bei der entsprechenden Landesvertretung als auch direkt bei der Einreise ausgestellt. Ein Double-Entry-Visum kostet 45 US-Dollar und ist vor allem dann ratsam, wenn der Reisende einen Ausflug nach Sambia oder Botswana plant. Ein sechs Monate gültiges Visum mit mehreren Einreisen kostet 55 US-Dollar, wird aber nicht an den Landesgrenzen ausgestellt. Bei Einreise aus einem Gelbfieber-Infektionsgebiet (z. B. Ost- und Zentralafrika) wird ein Gelbfieber-Impfnachweis verlangt.

Info Bei der Einreise werden max. 30 Tage Aufenthalt eingestempelt, die man später kostenlos bei einem Immigrationsbüro im Land auf bis zu 90 Tage verlängern kann.

Wer mit einem Fahrzeug einreist, benötigt entweder das Zolldokument Carnet de Passage oder ein **TIP** (Temporary Import Permit), welches bei der Einreise ausgestellt wird. Eine **Kfz-Haftpflichtversicherung** ist Pflicht (ca. 30 US$). Für Fahrzeuge aus den COMESA-Staaten gibt es eine günstigere COMESA-Haftpflichtversicherung, die wahlweise für einzelne Mitgliedstaaten abgeschlossen werden kann.

Info Die COMESA-Versicherung wird auch „Yellow Card" genannt

Darüber hinaus fallen **Straßengebühren** (Custom/Road Access Fee) und eine **Abgassteuer** (Carbon Tax) an. Die Custom Fee/RAF beträgt je 10 US$ für Caravans und Trailor, 20 US$ für Motorräder, 30 US$ für Privatfahrzeuge und ab 50 US$

Info Diese Gebühren sind auch in Pula, Euro, Brit. Pfund oder SA-Rand in bar bezahlbar

für Commercial Cars, wozu hier auch alle Mietwagen gerechnet werden. Die Carbon Tax ist abhängig vom Hubraum des Wagens: bis 1000 ccm 6 US$; bis 2000 ccm 11 US$; bis 3000 ccm 15 US$; über 3000 ccm 30 US$. Reisende, die mit einem großen Wohnmobil unterwegs sind, sollten unbedingt auf eine Einstufung als „Private Vehicle/Caravan" bestehen, sonst wird es erheblich teurer.

Eine Besonderheit bei Auto-Grenzgängern in den Ländern des südlichen Afrika ist der **Gate Pass**; ein kleiner Zettel, der beim Immigration Officer mit dem Autokennzeichen und der Anzahl der Fahrzeuginsassen beschrieben und anschließend von ihm und dem Zöllner abgestempelt wird. Der Beamte an der Grenzschranke sammelt diesen Zettel schließlich wieder ein, nachdem er durch die Stempel erkennen konnte, dass der Fahrer seinen Pflichten bei Immigration und Zoll nachgekommen ist.

Sicherheit

Oben: Hinweis an der Zufahrt zur Ivory Lodge Unten: Touristen auf der zambischen Seite der Viktoriafälle; Rechts: Warnschild vor einer Bodenschwelle

Vorsicht: Das Fotografieren von Grenzen, Militäranlagen und -fahrzeugen, Soldaten, Polizisten, VIPs und in irgendeiner Form sicherheitsrelevanten öffentlichen Gebäuden ist verboten. Auch das allgemeine Sammeln von Informationen und entsprechende Gespräche mit der Bevölkerung können als illegale journalistische Tätigkeit ausgelegt werden. Touristen sollten sich strikt von allen politisch motivierten Menschenansammlungen und Demonstrationen fernhalten.

Notfall-Telefonnummern:
Notruf: 999, Polizei: 995, Ambulanz: 994

Zusätzliche Informationen und regelmäßig aktualisierte Sicherheitshinweise veröffentlicht das Auswärtige Amt im Internet:
http://www.auswaertiges-amt.de

Zahlungsmittel

Seit der Zimbabwe-Dollar 2009 aus dem Verkehr gezogen wurde, sind US-Dollar und (in kleinerem Maße) SA-Rand die offiziellen Zahlungsmittel in Zimbabwe. Es sind jedoch nur Rand-Münzen im Umlauf, weshalb man als Wechselgeld mitunter Rand ausgezahlt bekommt. Im November 2016 führte die Zentralbank „Bond Notes" ein, die den US-Dollar ergänzen (nicht ersetzen) und nur in Zimbabwe als Zahlungsmittel anerkannt werden, genau wie die bereits seit einiger Zeit im Umlauf befindlichen „Bond Coins".

Wegen der günstigeren Wechselkurse und der Geldknappheit im Land empfiehlt es sich, bei der Ankunft bereits ausreichende Bargeldbestände in US-Dollar dabei zu haben. Kreditkartenzahlung ist in touristischen Geschäften, Hotels und Restaurants weit verbreitet.

Diplomatische Vertretungen und hilfreiche Adressen

Adressen in Europa:

Auswärtiges Amt
Bürgerservice
11013 Berlin
Tel: 030-18172000, Fax 18173402
www.auswaertiges-amt.de

Botschaft der Republik Zimbabwe
Kommandantenstraße 80
10117 Berlin
Tel. 030-2062263, Fax 20455062
Sprechzeiten: Mo–Fr 9–13, 14–16.30 Uhr

Botschaft der Republik Zimbabwe
Chemin William Barbey 27
1292 Chambesy, Genf, Schweiz
Tel. +41-22-758 9855, Fax: 7583044
email: zimbabwemission@bluewin.ch
Amtsbereich: Schweiz und Österreich

Zimbabwe Tourist Office
Hochstraße 17
60313 Frankfurt am Main
Tel. 069-9207730, Fax 92077315
email: info@zimbabwe-tourism.de
www.zimbabwetourism.net

Adressen in Zimbabwe:

Botschaft der Bundesrepublik Deutschland
30 Ceres Road, Avondale, Harare
Tel. +263-4-308655/56, Fax 303455
email: info@harare.diplo.de
www.harare.diplo.de
Sprechzeiten: Mo 7.30–17 Uhr,
Di–Do 7.30–16.20 Uhr, Fr 7.30–15 Uhr

Botschaft der Republik Österreich
11 Dunkirk Drive, Alexandra Park,
P.O.Box 4120, Harare, Zimbabwe
Tel: +263-4-745387, Fax 705877
email: mid@yoafrica.com
www.bmeia.gv.at
Sprechzeiten: Do von 12–14

Embassy of Switzerland
P.O. Box 3440, 9 Lanark Road
Belgravia, Harare, Zimbabwe
Tel. +263-4-703829, Fax 794925
email: har.vertretung@eda.admin.ch
www.eda.admin.ch/harare
Sprechzeiten: Mo–Fr von 9–12 Uhr

Zimbabwe Tourism Authority (ZTA)
Tourism House, 55 Samora Machel
Avenue, Harare, Zimbabwe
Tel. +263-86-77005948, Fax 758826/28,
email: info@ztazim.co.zw
www.zimbabwetourism.net

Foto oben: Touristen genießen den schönen Sonnenuntergang am Sambesi von der Bar des Waterfront Resorts

Länderspezifische Informationen: Zambia

Einreisebestimmungen

Tipp Für Tagesausflüge von Victoria Falls nach Livingstone gibt es ein zambisches „Day Tripper-"Visum, das eine Gültigkeit von 24 Stunden hat und 20 US$ kostet

Info Bei der Einreise werden max. 30 Tage Aufenthalt eingestempelt, die man später kostenlos bei einem Immigrationsbüro im Land auf bis zu 90 Tage verlängern kann

Deutsche, Österreicher und Schweizer benötigen für die touristische Reise nach Zambia ein Visum. Dieses wird direkt bei der Einreise ausgestellt, kann jedoch auch vorab beim Konsulat beantragt werden. Gebühren für die Visaerteilung bei der Ankunft: Single Entry 50 US$, Double Entry 80 US$. Multiple-Entry-Visa für 80 US$ können nur die sambischen Vertretungen im Ausland und die Immigrationsbehörde in Lusaka direkt ausstellen, nicht jedoch die Beamten an den Landesgrenzen. Der Reisepass muss noch mindestens sechs Monate Gültigkeit über den geplanten Aufenthalt hinaus haben. Heben Sie stets den Zahlbeleg der Visakosten auf, besonders bei Double Entry Visa, denn die Grenzbeamten wollen sie bei der zweiten Einreise manchmal sehen. Bei der Einreise aus einem Gelbfieber-Infektionsgebiet (Zentral- und Ostafrika) ist ein Gelbfieber-Impfnachweis vorgeschrieben.

Einreise mit einem Fahrzeug: Der Fahrer benötigt zusätzlich zum nationalen einen Internationalen Führerschein und den Internationalen Zulassungsschein. Als Zolldokument wird bei ausländischen Fahrzeugen das Carnet de Passage anerkannt oder ein **TIP** (Temporary Import Permit) ausgestellt. Ferner ist für alle Fahrzeuge eine **Haftpflichtversicherung** (Third Party Insurance) für ca. 30 US$/Monat abzuschließen. Weitere anfallende Gebühren sind eine **Road Toll** für 20 US$ pro Fahrzeug und eine **Abgassteuer** (Carbon Tax), deren Höhe sich nach dem Motorhubraum des Fahrzeugs bemisst (bis 2000 ccm 100 000 Kwacha, 2000–3000 ccm 150 KR, über 3000 ccm 200 KR, Motorräder 50 KR). Gültig ist sie für 90 Tage.

Mietwagenfahrer sollten vorab mit dem Vermieter abklären, ob die Einreise nach Zambia gestattet und versicherungstechnisch abgedeckt ist. Der Vermieter verpflichtet sich, die Zollpapiere, eine Einverständniserklärung („Letter of Authorization"), die Internationale Zulassung und ggf. auch die Versicherungsunterlagen dem Fahrer auszuhändigen.

Zahlungsmittel und Geldwechsel

Im Januar 2013 wurde die nationale Währung Zambia-Kwacha (sprich: Kwatscha) neu bewertet und drei Nullen gestrichen. Zugleich wurden neue Banknoten mit den Werten 2, 5, 10, 20, 50 und 100 Kwacha Rebased (KR) ausgegeben sowie neue Münzen zu 5, 10 und 50 Ngwee und 1 Kwacha.

Die Einfuhr der Landeswährung ist verboten; die Einfuhr von Fremdwährung ist unbeschränkt möglich.

Kreditkarten (VISA, Mastercard) kann man in den meisten Lodges, Restaurants und Reiseagenturen einsetzen, nicht jedoch bei Tankstellen, Nationalparkzugängen oder kleinen Läden. An den ATM-Schaltern der Banken ist eine Bargeldabhebung mittels Kreditkarte möglich, doch oft beschränkt sich der Maximalbetrag pro Transaktion auf kleinere Summen.

Info Vorsicht: Viele Hotels verlangen bei Kreditkartenzahlung bis zu 5 % Zuschlag

Diplomatische Vertretungen und hilfreiche Adressen

Botschaft der Republik Zambia
Konsularabteilung
Axel Springer Str. 54a, 10117 Berlin
Tel. 030-2062940, Fax 20629419
email: info@zambiaembassy.de
Internet: www.zambiaembassy.de
Sprechzeiten: Mo–Do 9–13 Uhr
und 14–17 hr, Fr 9–14 Uhr

Konsulat der Schweiz
697 Kalambo Road, North End, Lusaka
Tel. +260-211-224580, Fax 225436,
email: lusaka@honrep.ch
Internet: www.eda.admin.ch
Sprechzeiten: Mo–Fr 9–12 Uhr

Botschaft der Bundesrepublik Deutschland
5219 Haile Selassie Avenue,
Longacres, Lusaka, Zambia
Tel. +260-211-250644110/109
Fax +260-211-254014
email: info@lusaka.diplo.de
Internet: www.lusaka.diplo.de
Besuchszeiten: Mo–Do 9–11 Uhr,
Telefonzeiten: Mo–Fr 8.30–9.30 Uhr
und Mo–Do 14–15 Uhr

Botschaft der Republik Österreich
Limuru Road 536, Muthaiga, Nairobi, Kenia
Tel. +254-20-4060022, Fax 4060025
email: nairobi-ob@bmeia.gv.at
Internet: www.aussenministerium.at/nairobi
Sprechzeiten: Mo, Mi, Do von 9–12 Uhr
Amtsbereich: u. a. auch Zambia

Länderspezifische Informationen: Botswana

Einreisebestimmungen

Info Strenge Richtlinien für die Einreise von Minderjährigen: Grundsätzlich ist stets die Geburtsurkunde mitzuführen. Bei der Einreise mit anderen Erwachsenen als den Eltern oder nur einem Elternteil ist zudem eine beglaubigte Vollmacht der Eltern bzw. des nicht mitreisenden Elternteils vorzulegen

Deutsche, Österreicher und Schweizer benötigen für einen Aufenthalt bis zu 90 Tagen kein Visum, sondern nur einen Reisepass (mindestens sechs Monate Gültigkeit ab dem Einreisedatum). Gelegentlich wird bei der Einreise nach ausreichenden Geldmitteln gefragt bzw. ein Rückflugticket verlangt. Bei der Einreise aus einem Gelbfieber-Infektionsgebiet (Zentral- und Ostafrika) wird auch in Botswana ein Gelbfieber-Impfnachweis verlangt.

Für die Einreise mit einem Fahrzeug verlangen die Behörden folgende Dokumente: Wer mit einem Mietwagen aus einem der Nachbarstaaten nach Botswana einreisen möchte, benötigt eine schriftliche Genehmigung der Verleihfirma (Letter of Authorization). Handelt es sich um einen Grenzübergang zwischen der Südafrikanischen Zollunion (zu der Botswana gehört) und einem Drittland wie Zimbabwe, so ist für die vorübergehende zollfreie Einfuhr des Wagens das Importdokument **TIP** (Temporary Import Permit) an der Grenze auszustellen, das bei der späteren Ausreise aus Botswana vom Zoll wieder eingesammelt wird. Fahrzeughalter von Privatfahrzeugen reisen am unkompliziertesten mit dem Importdokument Carnet de Passages des Automobilclubs ADAC. Außerdem ist der Internationale Zulassungsschein mitzuführen.

Info Die Grenze Kazungula zwischen Botswana und Zimbabwe öffnet täglich von 6–20 Uhr. Die Fähre zwischen Zambia und Botswana verkehrt von 6–18 Uhr (eine Brücke ist in Bau)

Bei der Einreise nach Botswana ist für jedes Fahrzeug eine **Kfz-Haftpflichtversicherung** (Third Party Insurance, Motor Vehicle Insurance) abzuschließen, deren Gebühr bei einer Mindestdauer von drei Monaten 50 Pula beträgt. Zugleich stellt der Zöllner die obligatorischen Straßenbenützungsgebühren „**Short Term Permit**" (One Way 50 Pula, Return 90 Pula) und „**Road Fund**" für 50 Pula aus. Während das Short Term Permit bei jeder Einreise nach Botswana anfällt, besitzt der Road Fund eine Gültigkeit bis zum Ende des Kalenderjahres. Halten Sie für diese Beträge Pula oder südafrikanische Rand in bar bereit, weil die Zahlung nur in diesen beiden Währungen akzeptiert wird. Direkt an der Grenze besteht keine Möglichkeiten zum Geldwechsel, die nächstgelegene Wechselstube liegt im neuen Kazungula Corner Shopping Centre. Notfalls erlauben die Beamten dem Einreisenden, zum Geldwechseln zu fahren und anschließend die Gebühren an der Grenze zu begleichen. Ein Internationaler Führerschein ist grundsätzlich Pflicht für den Fahrer.

An der Grenze in Kazungula müssen Autofahrer bei der Einreise in der Regel durch Wannen mit brauner Desinfektionsbrühe fahren bzw. laufen, die eine Verbreitung gefürchteter Tierseuchen wie MKS verhindern soll. In Botswana gelten strenge Regeln bzgl. der Einfuhr von Lebensmitteln und größeren Mengen Treibstoff. Mitunter finden an der Grenze Kühlschrankkontrollen statt, wenn frische Milch- und Fleischprodukte nicht nach Botswana eingeführt werden dürfen.

Please beware of Crocodiles

Zahlungsmittel und Geldwechsel

Botswanas Währungseinheit ist der Pula. 1 Pula (P) entspricht 100 Thebe (t). Es gibt Münzen zu 1, 2, 5, 10, 25 und 50 Thebe sowie zu 1, 2 und 5 Pula; Noten gibt es zu 1, 2, 5, 10, 20, 50, 100 und 200 Pula. Die Ein- und Ausfuhr der Landeswährung ist nur bis max. 500 Pula erlaubt.

Es ist nur sehr beschränkt möglich, im Land mit US-Dollar, Euro oder Namibia-Dollar zu bezahlen. Lediglich Firstclass-hotels, Lodges und Reiseagenturen stellen ihre Rechnungen in harter Währung aus. Ansonsten bezahlt man in Botswana praktisch alles mit der Landeswährung Pula.

Visa-Card, teilweise auch Diners und Mastercard, werden in den meisten Hotels, Restaurants und Geschäften akzeptiert. Allerdings: Nur an einzelnen größeren Tankstellen ist eine Kreditkartenzahlung möglich, ansonsten erwarten Tankstellen Pula in bar. Als Devisen sind US-Dollar, Euro und SA-Rand am nützlichsten und werden sowohl von den Banken als auch den Wechselstuben anerkannt.

Unten: In Botswana begegnet man Wildtieren auch außerhalb der Nationalparks

Diplomatische Vertretungen und hilfreiche Adressen

Honorarkonsulate von Botswana

Embassy of Botswana
Lennestraße 5, 10785 Berlin, Deutschland
Tel. +49-30-887195010, Fax 887195012
email: info@embassyofbotswana.de
www.embassyofbotswana.de
Sprechzeiten: Mo–Fr von 9–17 Uhr

Permanant Mission of Botswana
to the United Nations
80, rue de Lausanne, 1202 Genf, Schweiz
Tel. +41-22-9061060, Fax 9061061
Internet: www.botswanaun.org

Honorarkonsulate von Botswana

Herr Paul Eckler, Steinhöft 5–7, 20459 Hamburg. Tel. 040-7326191, Fax 7328506
Sprechzeiten: Di und Do von 11–13 Uhr
Zuständigkeit: Norddeutschland

Herr Thilo Schotte, 80339 München.
Tel. 089-839 307 29 23 23
Sprechzeiten: Mo und Do von 10–12 Uhr
Zuständigkeit: Bayern

Dr. Meixner, Linke Wienzeile 4, 1060 Wien, Österreich. Tel. +43-1-5879616, Fax 5873432,
Sprechzeiten: Mo, Mi, Fr von 9–13 Uhr
Zuständigkeit: Österreich

Diplomatische Adressen in Botswana

Botschaft der Bundesrepublik Deutschland
Queens Road, Plot 1079–1084, Main Mall,
Gaborone, Botswana
Tel. +267-3953143, 3704900
Notfall-Tel. 71300139
Fax 3953038
www.gaborone.diplo.de
Sprechzeiten: Mo–Fr von 9–12 Uhr

Honorarkonsulat von Deutschland
Dr. Michaela Sieglinde Kruck, Okavango Air Rescue, 448, Moeti Road, Maun, Botswana
Tel. +267-6861616, Fax 6861660
email: maun@hk-diplo.de

Honorarkonsulat von Österreich
Fairgrounds Holdings Park,
P.O.Box 335, Gaborone, Botswana
Tel. +267-3951514, Fax 3953876
email: doreen@doreenkhama.com

Delegation of the European Commission
758 Robinson Rd, Extension 2,
Gaborone, Botswana
Tel. +267-3914455, Fax 3913626
Internet: https://eeas.europa.eu

Konsulat der Schweiz
Specialist Services, Plot 5268, Village,
Gaborone, Botswana
Tel/Fax +267-3956462
email: gaborone@honrep.ch

Schweizerische Botschaft
225 Veale Street, Parc Nouveau
New Muckleneuk 0181, South Africa
Tel. +27-12-4520660, Fax 346605
email: southernafrica@eda.admin.ch
Internet: www.eda.admin.ch/pretoria

Tourismus & Wildlife in Botswana

Botswana Tourism Board
Privat Bag 275, Fairground Office Park,
Gaborone, Botswana
Tel. +267-3913111, Fax 3959220
www.botswanatourism.co.bw

Botswana Tourism Organisation
Deutsche Repräsentanz
c/o Interface International GmbH
Karl-Marx-Allee 91 A, 10243 Berlin,
Tel. 030-42028464, Fax 42256286
www.botswanatourism.de

Ministry of Environment, Wildlife & Tourism (MEWT), P. O. Box 131, Gaborone, Botswana
Tel. +267-3180774, 3951405,
Fax 3180775, 3912354
email: dwnp@gov.bw,
Internet: http://www.gov.bw
Zweigstelle in Maun:
Boseja, Maun, Botswana
Tel. +267-6861265, 6860386
Fax 6861264, 6860053

CAPE TOWN
1647 MILES
CAIRO
5165 MILES

Literaturverzeichnis

Natur & Tierwelt

• Hwange. Elephant Country, David Martin, APG, Zimbabwe (e)

• Zambezi. Journey of a River: Michael Main, Southern Book Publishers, SA, 1990 (e)

• Mosi-oa-Tunya. A Handbook to the Victoria Falls Region: D. W. Phillipson, Longman, Zimbabwe, 1990 (e)

• Wildlife and People: Graham Child, 1995, Wisdom Foundation, Harare (e)

• The South and East African Year Book and Guide with Atlas 1948: Union Castle Mail Steamship Co., London, GB, 1948 (e)

Pflanzen und Tiere (Bestimmungsführer)

• Palgrave, Keith Coates (2003): Trees of Southern Africa, Struik Verlag, Cape Town, South Africa. Unser Tipp für Botanik-Freunde: Der dicke Wälzer ist die Bibel für die Bäume im südlichen Afrika. Sehr empfehlenswert! (e)

• Säugetiere Afrikas (1977), BLV Bestimmungsbuch, München, BRD. (d)

• Frandsen, Robin: Säugetiere des südlichen Afrika (1998): Sandton, South Africa. (d)

• Smithers, Reay: Land Mammals of Southern Africa (1996): Southern Book Publ., SA. (e)

• Stuart, Christ & Tilde: Field Guide to the Mammals of Southern Africa (2011): Struik Publishers, Cape Town, SA. Ein Tipp für die anspruchsvolle Tierbestimmung. (e)

• Barlow, T. & Wisniewski, W.: Kosmos Naturreiseführer Südliches Afrika (1998): Kosmos Verlag, BRD. (d)

• Aiken, Bruce: The Lions and Elephants of the Chobe. Struik Publishers, Cape Town, SA. (e)

• Walker, Clive: Signs of the Wild. Struik Publishers. Cape Town, SA. Sehr interessant für alle, die auch aus den Spuren lesen wollen. (e)

• Carruthers, Vincent: Fauna und Flora im südlichen Afrika (2008): Struik Verlag, South Africa. Sehr gutes deutschsprachiges Bestimmungsbuch für die typische Tier- und Pflanzenwelt im Südlichen Afrika. (d)

•Hawthorne, Tracey: First Field Guide to Snakes and Signs of Southern Africa (2015): Sasol, Struik Publishers, Cape Town, SA. (e)

Ornithologie - Vogelbestimmung

• Sinclair, Ian: The larger illustrated Guide to Birds of Southern Africa (2005): Struik, South Africa. (e)

• Sinclair, Ian: Sasol Birds of Southern Africa (2009): Struik Publishers, Cape Town, SA. Als Field Guide unschlagbar. (e)

• Sinclair, Ian: Field Guide to the Birds of Southern Africa (1996): Struik-Verlag, Cape Town, SA. Sehr übersichtlich als Feld-Bestimmungsbuch. (e)

• Lindsay, Gordon: Roberts' Birds of Southern Africa (2005), CTP Book Printers, Cape Town. Natürlich unser Tipp: Sehr empfehlenswert, da sehr ausführlich und eine Koryphäe der Ornithologie! (e)

• Field Guide to Roberts' Birds of Southern Africa (1996), CTP Book Printers, Cape Town. Der Field Guide zum dicken Vogelbuch von Roberts. (e)

• Newman, Kenneth: Birds of Southern Africa (2010): Macmillan, UK. Sehr empfehlenswert! (e)

• Carruthers, Vincent: Fauna und Flora im südlichen Afrika (2008): Struik Verlag, South Africa. Sehr gutes deutschsprachiges Bestimmungsbuch für die Tier-, Vogel- und Pflanzenwelt am touristischen Wegesrand. (d)

Geschichte

• Hole, Hughes M.: The Passing of the Black Kings, 1994, Africana Book Society, Bulawayo, Zimbabwe (e)

• Thomas, Anthony: Rhodes – The Race For Africa. African Publishing Group, 1996, Harare, Zimbabwe (e)

• Mc Laughin, J.: On the Frontline, 1996, Baobab Books, Harare, Zimbabwe (e)

• Beach, D. N.: War and Politics in Zimbabwe 1840-1900. 1994, Mambo Press, Gweru, Zimbabwe (e)

• Wotte, Herbert (1973): David Livingstone, Brockhaus, Leipzig (d)

• Ki-Zerbo, Joseph (1981): Die Geschichte Schwarz-Afrikas, Fischer Verlag, Frankfurt (d)

• Pakenham, Thomas: The Scramble for Africa. (1991). Avon Books, New York, USA (e)

• Ansprenger, Franz: Politische Geschichte Afrikas im 20. Jh., 1992, Beck'sche Reihe (d)

Kultur

- Ndebele Religion and Customs, 1998, Mambo Press, Gweru, Zimbabwe (e)
- Shona Customs, 1997, Mambo Press, Gweru, Zimbabwe (e)
- The People Of The Great River, Fr. Michael Tremmel, 1994, Mambo Press, Gweru, Zimbabwe (e)
- Frauen in Afrika, explizit-Serie, 1992, Horlemann Verlag, Bad Honnef (d)
- Gronemeyer, R.: Der faule Neger, 1991, RoRoRo Verlag, Reinbek (d)
- Heritage of Zimbabwe Publications, History Society of Zimbabwe, Harare, Zimbabwe (e)
- Tremmel, M.: The People of the Great River (Tonga). 1994, Mambo Press, Gweru, Zimbabwe (e)
- Weiss, Ruth: Die Frauen von Zimbabwe, München 1983, (d)
- Frese-Weghöft, G.: Frauen tragen schwer. Vom Alltag der Frauen in Zimbabwe. Reinbek, 1991 (d)
- Brief Guide to the Archaeological Heritage of Zimbabwe, Webber Ndoro, National Museums 1994, Zimbabwe (e)
- Explizit: Frauen in Afrika (1993): Horlemann Verlag, Bad Honnef (d)

Kunst

- Schaedler, Karl-Ferdinand: Afrikanische Kunst. 1997, Heyne Verlag, München (d)
- Trovell/Nevermann: Kunst im Bild, Afrika und Ozeanien. Naturalis Verlag, München (d)
- Schaedler, Karl-Ferdinand: Africana. 1988, Battenberg Verlag, München (d)
- Förster, Till: Kunst in Afrika. 1988, DuMont Buchverlag (d)

Literatur

- Mukiwa. A White Boy in Africa. Peter Godwin, Picador, Südafrika, 1996 (e)
- Afrikanissimo – Ein Lesebuch, Piper Verlag München, 1994 (d)
- Lessing, Doris: Rückkehr nach Afrika. 1992. Hoffmann und Campe (d)
- Lessing, Doris: Eine afrikanische Tragödie, Frankfurt 1980 (d)

Verschiedenes

- Simbabwe Verstehen, Sympathie Magazin Nr. 36, Studienkreis für Tourismus, 1996, Starnberg, Deutschland (d)
- Encyclopedia Zimbabwe, 1989, Quest Publishing, Harare, Zimbabwe (e)
- Paterson of Cyrene, 1985, Mambo Press, Gweru, Zimbabwe (e)
- The Nature of Zimbabwe, 1988, IUCN, Harare, Zimbabwe (e)
- Tales of Zambia: Dick Hobson, Zambia Society Trust, London, GB. 1996 (e)
- They came to Northern Rhodesia: Richard Sampson, Cape Town, SA, 1956 (e)
- A Central African Odyssey: William W. Cowen, The Radcliffe Press, London GB, 1995 (e)
- A Historical Guide to Livingstone Town: Kristin Ese, CBC Publishing, Zimbabwe, 1996 (e)
- The South and East African Year Book and Guide with Atlas 1948: Union Castle Mail Steamship Co., London, GB, 1948 (e)
- Footloose Fools in Africa: Gladys Polson Burnie, Eigenverlag. Autobiographie, 2004 (e)
- Zabian Myths and Legends of the Wild: Kenneth Kangende, Minta Publishers, Lusaka, Zambia, 2001 (e)
- Pincott, Sharon (2009/2012): The Elephants and I / Battle for the President's Elephants, Jacana Media, SA. (e)

(d) = deutschsprachig
(e) = englischsprachig

A

B

C

D

E

F

G

H

I

J

K

L

M

N

O

P

U

V

W

Z

airtel
Top Up Here
TOP UP & SIM CARDS AVAILABLE HERE
Zamtel
LIVE LIFE TODAY!
MTN
Talktime & Sim Packs available here.
DAILY MAIL LIMITED
DAILY MAIL & SUNDAY MAIL
SOLD HERE
GET IT FIRST
GET IT RIGHT

Ehrenamtliche Vereine wie die „Hwange Conservation Society", „Painted Dog Conservation" und „Friends of Hwange" kümmern sich seit seit vielen Jahren um Nothilfen für die bedrohte Tierwelt im Hwange Nationalpark.

Die Tiere im Nationalpark sind alljährlich bis zum Einsetzen der Regenzeit im November auf künstliche Wasserstellen angewiesen, die zum großen Teil mit Diesel betrieben werden. Der marode Staat kann diese Pumpen schon lange nicht mehr allein aufrecht erhalten, daher kümmern sich zunehmend ehrenamtliche Natur- und Tierschützer um diese Dieselpumpen und Windräder. Doch das kostet viel Geld für die Instandhaltung der Pumpen und für den Dieseltreibstoff. Eine einzige Pumpe 24 Stunden lang laufen zu lassen, kostet z. B. rund 20 US$ für den Dieseltreibstoff.

Seit der Weltwirtschaftskrise verloren viele afrikanische Hilfsorganisationen bedeutende Zuschüsse und internationale Spenden. Den Pumpen im Hwange Nationalpark drohte sogar das Aus und den Wildtieren eine fürchterliche Not. Nur durch eine weltweite Notrufaktion konnten die finanziellen Mittel für den Erhalt der lebensrettenden künstlichen Wassertränken beschaffen werden.

Auch in diesem Jahr deutet sich aufgrund der geringen Niederschläge in der letzten Regenzeit ein Drama an. Die Tiere im Hwange Nationalpark brauchen wieder Hilfe. Es gibt hier Menschen, die den Park lieben und sich ehrenamtlich einsetzen. Doch sie brauchen für ihre Arbeit unsere finanzielle Unterstützung.

Bitte spenden auch Sie an eine der engagierten Organisationen!

Weitere Informationen erhalten Sie im Internet:

Painted Dog Conservation: www.painteddog.org (siehe auch S. 195)

Hwange Conservation Society: www.hwangecons.org.uk

Friends of Hwange: www.friendsofhwange.org

Weitere Infos: siehe Unsere Förderprojekte: www.hupeverlag.de/html/forderprojekte.html

Bibliografische Information der Deutschen Bibliothek
Die Deutsche Bibliothek verzeichnet diese Publikation in der Deutschen Nationalbibliografie: Detaillierte bibliografische Daten sind im Internet abrufbar über http://dnb.ddb.de

Liebe Leserinnen und Leser,

Danke, dass Sie unseren Reiseführer ausgewählt haben.
Wir freuen uns darauf, Ihre Meinung zu diesem Regionalreiseführer zu erfahren.
Bitte schreiben Sie uns, wenn Ihnen Veränderungen und Korrekturen auffallen, gerne auch Tipps und Verbesserungsvorschläge, damit dieser Reiseführer auch künftig aktuell und leserfreundlich bleibt.

Alle Angaben und Daten in diesem Reiseführer wurden gewissenhaft recherchiert. Dennoch sind diese Angaben und Preise häufigen Veränderungen unterworfen, auch mögliche Auslassungen sind nicht völlig auszuschließen. Für eventuelle Fehler können der Verlag und die Autoren keinerlei Verpflichtung oder Haftung übernehmen.

Keine Werbung! Dieser Reiseführer ist werbefrei und wurde unabhängig, ehrlich und neutral recherchiert.

Impressum

3. aktualisierte und vollständig überarbeitete Auflage 2017

Volkartstraße 2, 80634 München, Deutschland
Tel. +49-89-16783783 Fax +49-89-1684474
E-Mail: info@hupeverlag.de
Internet: www.hupeverlag.de

Text: Ilona Hupe
Fotos: Ilona Hupe, Manfred Vachal
Karten: Manfred Vachal
Layout & Design: Ilona Hupe
Druck: Fa. Beltz Bad Langensalza GmbH, 99941 Bad Langensalza, Deutschland

Printed in Germany

ISBN (13) 978-3-932084-74-4 / (10) 3-932084-74-8 [16,90 Euro]